U0798425

历史新阅读丛书

宋朝果然很有料

第五卷

张晓珉◎著

中国工人出版社

图书在版编目（CIP）数据

宋朝果然很有料·第五卷 / 张晓珉著. —北京：中国工人出版社，2017.5
ISBN 978-7-5008-6689-3

Ⅰ.①宋… Ⅱ.①张… Ⅲ.①中国历史—宋代—通俗读物 Ⅳ.①K244.09

中国版本图书馆CIP数据核字（2017）第117232号

宋朝果然很有料·第五卷

责任编辑	葛忠雨
责任校对	董春娜
责任印制	黄　丽
出版发行	中国工人出版社
地　　址	北京市东城区鼓楼外大街45号　邮编：100120
网　　址	http://www.wp-china.com
电　　话	（010）62005043（总编室）　（010）62005039（出版物流部） （010）62379038（社科文艺分社）
发行热线	（010）62005049　（010）62005042（传真）
经　　销	各地书店
印　　刷	三河市东方印刷有限公司
开　　本	710毫米×1000毫米　1/16
印　　张	20.75
字　　数	350千字
版　　次	2017年6月第1版　2025年5月第16次印刷
定　　价	39.80元

本书如有破损、缺页、装订错误，请与本社出版物流部联系更换
版权所有 侵权必究

序 言

明道二年（1033 年）四月三十日，在宝慈殿的御床上，宋朝第一位垂帘听政、且穿过龙袍的太后刘娥不甘心地闭上了双眼，享年 65 岁。

一代传奇，终于落幕。

刘娥的死，标志着一个时代的落幕，同时也标志着一个时代的开始。

至此，宋朝第五位皇帝宋仁宗终于走上了历史的舞台，开始了自己长达 41 年的统治生涯。

在中国历史上，宋仁宗是宋朝皇帝中的一个传奇，他创造了若干项历史之最，这些纪录至今还在那里，无人能将其打破。

这些纪录如下：

他是宋朝历史上第一个“不求下人”的皇帝；

他是宋朝历史上第一个被人“吐口水”的皇帝；

他是宋朝历史上第一个被人“当面撕圣旨”的皇帝；

他是宋朝历史上第一个娶了“有夫之妇”的皇帝；

他是宋朝历史上第一个“绝后”的皇帝。

除了上述纪录，宋仁宗还有很多其他优点：

他是号称“十全老人”、极度自负的乾隆一生最佩服的皇帝；

他是宋朝所有百姓衷心爱戴的皇帝；

他是宋朝历史上第一个、也是唯一一个死后敌国能够为之流泪的皇帝。

所以，许多历史学家认为，宋仁宗统治时期是中国历史上较为富庶、文明、开放、宽恕的时代。

如果让我选择，我愿意生活在中国的宋朝。若继续细分的话，我更愿意生活在宋仁宗统治的时代里！

这位皇帝，就是这样了不起。

宋仁宗统治时期，不仅是一个盛世，更是一个文人辈出的时代。

明代思想家李贽曾说过，整个仁宗朝，是一个“钜公辈出，尤千载一时也”的时代。明人评选的“唐宋八大家”，其中宋朝的那六个人，即欧阳修、苏洵、苏轼、苏辙、王安石、曾巩，他们都出现在了宋仁宗的时代里！

一朝聚集了“唐宋八大家”之中的“宋六家”，仁宗朝文人的鼎盛程度，可想而知。

其实，若继续拉一张宋仁宗朝的牛人名单，还可以拉得很长、很长——

王曾、李迪、鲁宗道、晏殊、吕夷简、范仲淹、韩琦、富弼、余靖、尹洙、蔡襄、滕宗谅、杜衍、庞籍、文彦博、曹玮、狄青、包拯、司马光、范镇、吕惠卿、范纯仁、柳永、宋庠、宋祁、梅尧臣、苏舜钦、曾布、章惇、张载、周敦颐、程颢、程颐、沈括……

这些名噪一时的政治家、思想家、文学家、哲学家、科学家，都在仁宗朝登上历史舞台，分别谱写各自不朽的历史。

综上所述，仁宗朝人才之盛，历史上几乎没有一个时代可以比肩。难怪苏轼说：“仁宗之世，号为多士，三世子孙，赖以为用。”

当然，宋仁宗一朝，也是宋朝边境最动乱的一个朝代。

在宋仁宗统治期间，西面的党项一族，终于另立门户、单飞独干了；而北面的大辽帝国，也背信弃义，准备撕毁“澶渊之盟”，跟宋朝重新开战了。这些国家与宋朝之间经历了数次血战，双方杀得尸横遍野、血流成河，方才罢休。

那么，在这个“最好又最坏，光明与黑暗并存”的时代里，又将上演哪些人文逸事呢？这些永载史册、光辉璀璨的文臣武将们，又将谱写什么样的历史呢？

所有的答案，尽在本书中。

目录

第一章 女主天下

就这样把你们征服

自古以来，新皇登基后，为了笼络人心，都要封赏天下，给大家加官晋爵。对于这个问题，刘娥没花费一钱一物，就把群臣给征服了。

原来，丁谓倒台后，很多官员心惊胆战、惶惶不可终日。因为，丁谓大权独揽时，为了表示自己的忠心，很多官员都给丁谓递过表示顺从的书信。

如今，这些书信就在丁谓的府里，如果刘娥愿意的话，她完全可以凭借这些证据，给他们贴上一个“丁谓同党”的标签，一起发配到海南岛！

然而，群臣眼中的罪证，却成为刘娥收买人心的最好礼物。

史料记载，铲除丁谓后，刘娥第一时间颁布了一道圣旨——中外臣僚曾有与丁谓往来者，一切不问。

此外，为了消除大家的戒心，刘娥当着群臣的面，放了一把大火，把群臣与丁谓交好的书信，都给烧了。目睹了这一切后，宋朝官员都长嘘一口气。

以上，就是刘娥赐给群臣的恩。

对待自己人，用恩足矣；但对待外人，则只能施威，这才是唯一的正道。

下面，就是刘娥送给敌国的威。

这个威，就是用强硬政策，向辽国宣布自己的主权。

史料记载，宋真宗下葬后，刘娥立刻送给辽国一封外交文书。在这封文书中，刘娥不仅告知了先皇病逝的消息，还告诉了辽国一个事实——现在，我们宋朝换皇帝了。但是皇帝还小，一切由我做主。以后有事，要找我商量。

我是谁呢？我是刘娥，你的刘大嫂，你们辽国传说里的那位强悍无比的宋朝刘太后！

如果不相信你大嫂实力的话，请看看宋朝现在的年号，就会一目了然了。

宋朝现在的年号，叫作“天圣”！

何为“天圣”？“二人圣”是也！

可见，刘娥就是要明明白白地昭告天下，如今这个宋朝，是太后和皇帝共同治理的国家，你们谁敢不服？

当时，耶律隆绪看完文书后，要回信呀。对于这个问题，辽圣宗想了一会儿，转身对一旁的萧皇后道：“我看这个回信，还是你写吧。一来，你们都是女子，互相通信方便；二来，我也让你在南朝露露脸，增加一些威望。”

就这样，在这封强势的“宣布主权”书信的作用下，刘娥在异族人眼中，变成了一个地道的强势媳妇，一个不亚于萧太后的强悍女子。从此以后，辽国人再也不敢轻视这位大嫂了。

辽国人不敢轻视刘娥的现象，竟然起到了连带的效果。得知刘娥的强悍本色后，西夏的李德明也服软了，再次声称自己叫“赵德明”，并派使者上京。在吊唁宋真宗的同时，也来窥视一下这位传说中连辽人都“害怕”的刘太后。

此后，李德明一直很乖，他一直听从刘娥的领导，再也没有窥视过中原。

至此，在刘太后的恩威并施下，政权平稳地完成了过渡，边境一片良好，朝廷也一片和谐。

接下来，刘娥就要处理那两个前朝的余孽了。

那两个前朝余孽，就是那对欢喜冤家——丁谓、寇准。

史料记载，丁谓在崖州待了三年后，因为表现良好，最终，被刘娥赦免，得以迁回内地，在雷州一代居住（后迁徙至道州）。

后来，为了改善生活水平，丁谓频繁向朝廷示好，并用“九万里鹏容出海，一千年鹤许归还”的诗词打动了皇帝。

宋仁宗亲政后，宽恕了丁谓，允许他在光州（今河南潢川县）安家落户，并授予了他一个秘书监的官职。

在光州居住期间，丁谓虽重返官场，却再无执政的想法。晚年的他，彻底皈依佛门，不再过问世事了。

也许经过了太多的宦海沉浮，丁谓早已看透了世间百态，他大彻大悟，潜心修佛，寻求一个真正的解脱。

宋仁宗嘉祐四年（1037 年），丁谓得到了解脱，他病逝于光州，享年 71 岁，也算是一个长寿之人了。

盖棺论定一下吧：

综观丁谓的一生，可谓毁过于誉，令人唏嘘不已。

早年时，丁谓以一代才子的身份进入政坛，备受瞩目；他又以干练精明的工作态度，得到了一个“能臣”的美名。当时，所有人都认为，丁谓将成为韩愈、柳宗元式的人物，成为一个治世之能臣、文坛之领袖，他甚至能替代欧阳修，成为“宋六家”之首。

然而，在官场之路上，丁谓却选择了一条投机取巧、阿谀奉承的道路，弄权祸国、害人害己，最终成为杨国忠、李林甫式的人物。

以铜为鉴，可以正衣冠；以古为鉴，可以知兴替；以人为鉴，可以明得失——丁谓的一生，足以成为一部经典的人生教科书，留给后人，慢慢品味。

当然，虽然丁谓的结局不怎么好，但是比起下一位则要好得多。

这一位，就是寇准。

处理前朝余孽

宋仁宗天圣元年（1023 年）闰九月初七，一代名相寇准病死在了“到海只十里”的雷州，享年 62 岁。

此时此刻，距离寇准金榜题名、进入仕途，已经过去了 43 年；此时此刻，距离他游说太宗，册立赵恒为太子，已经过了 29 年；此时此刻，距离他用一己之力，签署澶渊之盟，已经过去了 19 年；此时此刻，距离他第五次被轰出京城，被贬入雷州，仅仅过去了一年零七个月。

寇准一生所有的光荣与耻辱，都将伴随他的死，被永远地尘封在历史的长河里。然而，寇准虽然死了，他的动静依旧巨大无比，依旧余波未平。

因为，寇准死后，一场轰轰烈烈的“迁坟事件”，闹得满城风雨，并以一种特殊的形式被记录在了历史里。

原来，寇准死后，他的夫人宋氏（寇准的夫人叫宋娥，是赵匡胤宋皇后的小妹）上书朝廷，希望把寇准的灵柩运回长安，埋入下邽（今陕西省渭南市）寇家的祖坟内。

在当时那个叶落归根、入土为安的年代里，宋氏的这个要求，合情合理，朝廷不管怎么反对，也不能驳回。毕竟，寇准已经死了，你总不能让寇准埋在雷州，当一个孤魂野鬼吧。

对于这个“本家亲戚”的请求，刘娥没有丝毫的反对，第一时间批准了。只不过，她依旧要了一个小心眼。

当时，刘娥经过精心计算后，给了宋氏一笔运费，用来运送寇准的灵柩。然而，这笔运费，只够把寇准的棺椁运到洛阳，就再也不能前进一步了。

洛阳、长安……这两个城市距离有多远，众所周知。从洛阳运送到长安，根本不需要多花几个钱，刘娥也绝对付得起！而且，当时的大宋王朝，也不在乎这几个钱。然而，在前宰相的丧事上，大宋王朝却如此抠门。可见，这真是醉翁之意不在酒。

这种结果说明了什么——刘娥这么搞，就是诚心恶心寇准了。她就是不给寇准继续“前进”的经费，让寇准看着自己的祖坟，近在眼前，却无可奈何，只能独自伤悲。

看来，刘娥对寇准的恨，真是至死不渝。即使寇准死了，这个女人也不能释怀。

当然了，不给寇准的棺椁拨经费，除了恶心寇准外，刘娥还有一个更深层的用义——这个女人在杀鸡儆猴，她要用寇准这个死人做一次试探，看看官场的反应如何，群臣是不是臣服自己。

史料记载，这次试探的结果非常好，群臣的反应非常平淡。当时，明知道刘娥这样做不对，是在欺负寇准，但是，为了自己的前途，群臣竟然没有一个人给寇准说好话。这些人也没有借钱给宋氏让她继续前进，带着寇准的棺椁返回长安。

一群软蛋……

虽然群臣的反应软弱无比，但在民间，老百姓的反应却强硬得多。沿途百姓皆发自内心地祭拜寇准，他们的这种举动，也让人感动不已。

史料记载，寇准的灵柩北上时，凡所到之处，皆哭声震天。

寇准的棺椁经过荆州公安县（今湖北公安）时，当地有一个习俗，祭拜圣贤时，要砍下竹子，上面挂上纸钱，插在道路的两侧，以示尊敬。寇准的棺椁到来后，老百姓就用这种方式祭拜他。

寇准的棺椁离开后，居民就把这些竹子收集了起来，随便找一个地方掩埋了。结果，第二年开春后，这些竹子竟然长了出来，形成了一片郁郁葱葱的竹林。

见此情景，荆州人大吃一惊，他们认为这是寇准在天有灵，护佑苍生了。于是，他们就把这片竹林叫作相公竹，并在这里修建祠堂，安置了一面寇准的神牌，年年进贡，岁岁祈福。

荆州百姓的这种举动，正如明朝圣贤王阳明说的那样："人人自有定盘针！"天下的公理和正义，不在掌权者的手中，也不在那些后世杜撰的历史书中，更不在那些顶礼膜拜的庙堂之内，而是在天下人的心里！

哪怕刘娥再迫害寇准，朝廷再诬告寇准，史书再玷污寇准（说他腐败奢靡），但在老百姓的眼中，寇准依旧是他们的好宰相。

老百姓心里的好人与坏人的衡量指标，其实非常简单。

"一个人的行为是否有罪，人们不必熟知法条，只需根据风俗习惯、社会道理、人之常情、自己的良心，便可以做出合理的判断。"这是美国陪审团判断一个人有罪、还是没罪的法则。同样也适合判断一个人到底是好人还是坏人。

群众的眼睛是雪亮的，对于一个人物的成败，老百姓没有那么多的顾忌，也没有那么多的花花肠子，也不会明白朝廷那些什么利害关系，他们只会用最简单的、最原始的标准来衡量，辨别善恶，区别忠奸。

能够结束战争，让百姓免于兵祸；能够为民请命，替百姓说话；能够体恤百姓的疾苦，真正为百姓干几件实事。这种让百姓安居乐业的人，才是一个好官、一个好人。

仅此而已。

虽然寇准在安葬时没有受到公平的待遇，但是，只要百姓还爱戴这位好宰相，那么总有一天，寇准都将受到应有的待遇。

不管多远，这一天，也总会来到。

史料记载，寇准病逝十年后，宋仁宗明道二年（1033年）三月，终得平反。

这一天，宋仁宗下令，将寇准的灵柩运回下邽，让他落叶归根。与此同时，朝廷恢复寇准太子太傅、中书令、莱国公的官职。

两年后，即宋仁宗景祐二年（1035年）七月，当平反工作结束后，宋仁宗正式赐予寇准一个谥号，以表其一生的功绩。这个谥号叫“忠愍”。

根据谥号解释：临患不忘国曰忠；推贤尽诚曰忠；危身利国曰忠；廉方公正曰忠；事君尽节曰忠；以身报国曰忠；教人以善曰忠；世笃勤劳曰忠；死卫社稷曰忠……寇准一生对国家、对朝廷、对百姓尽忠职守，始终把国家利益放在第一位，这个“忠”字，寇准当得起。

再说“愍”，根据谥号解释：在国遭忧曰愍；在国逢艰曰愍；祸乱方作曰愍；危身奉上曰愍。

可见，这个“愍”字，是一个同情类的谥号。这也充分说明，朝廷已经承认自己错了，寇准确实受到了不公平的待遇，所以现在赐给他“忠愍”的谥号，算是对他谢罪。

至此，得到这么一个谥号，寇准若在天有灵，也足以瞑目。

刘娥的艺术

处理完了这些前朝余孽后，刘娥终于能够腾出手来，开始处理朝政，打造自己的内阁班底了。

刘娥深知“一个好汉三个帮”的道理，若想治理好如此庞大的国家，自己纵然有三头六臂，也绝不可行。因此，刘娥要找到几个合格的帮手，帮助自己一起治理这个国家。

那么，刘娥的这些帮手是谁呢？

当时，群臣中拜相声音最高的人，就是王曾了。毕竟，论资排辈，王曾资格最老；按功劳（干掉丁谓）计算，王曾功劳最大。毋庸置疑，下一任的宰相，非王曾莫属。

然而，等刘娥颁布了新一任宰相的名字后，群臣都傻了眼。大家万万没有想到，刘娥选中的那个人，竟然是他！

这个人，就是之前一直默默无闻，也没什么政绩的——冯拯。

这是什么情况呢？

纵观史料，冯拯这个人颇有意思。宋太宗时期，冯拯担任地方长官，干得风生水起，政绩斐然，他还上呈一份奏折，把寇准轰出了朝廷。然而，进入宋真宗时期，冯拯到朝廷任职后，却像变了一个人似的，锋芒全无、再无政绩了。

整整宋真宗一朝，不管王钦若、王旦、寇准、丁谓等人斗得多厉害，也没有看见冯拯支持谁或者反对谁。整个人就跟哑巴似的，唯一的一次发声，也没有留下什么美好的回忆。

冯拯唯一的一次发言，就是在“澶渊之战”时，他痛骂高琼对皇帝无礼。结果，冯拯不但没替皇帝出头，反而被高琼恶心了一顿，并在史书上留下了一个“北宋年间，唯一一个被武官讽刺的文官”的记录。

可见，这么一个人，要本事没本事、要威信没威信，刘娥为什么要重用他、让他当宰相呢？

关于这个问题，史书给出的答案是——冯拯与另一个宰相钱惟演不和，刘娥重用他，可以让权力制衡，重新维护官场平衡。

事实正是如此。

史料记载，冯拯确实跟钱惟演不和。不管是什么场合、什么事情，他都要跟钱惟演较量一下、至死方休。

前面讲过，丁谓倒台前，刘娥准备偷偷办他。当时，为了推倒丁谓，刘娥颁布了一道圣旨，念及王曾、冯拯、钱惟演“办公辛苦”，特赐他们去资善堂用膳。

当然，所谓的用膳，不过是一个幌子罢了，刘娥要把这些宰执秘密聚在一起，共同给丁谓定罪。

大家都在江湖混，谁也不傻，看见刘娥如此安排，丁谓就知道自己悬了。

于是，丁谓特意跑到资善堂，求情于自己的好友钱惟演："待会儿，若出现了什么对丁某不利的事情，还望钱公美言几句。"

当时，钱惟演正在吃饭，他端起饭碗，起身回敬道："丁公放心，我当尽力，无大忧也。"

然而，等说完后，钱惟演突然就觉得不对劲了——怎么后背传来一股冷气？一回头，钱惟演吓了一跳，但见冯拯正在对自己怒目而视。钱惟演吓得大惊，手里的筷子都掉地上了。此后，众人商量丁谓的事情时，钱惟演紧闭牙关，一句话也不敢说了。

这种冯拯和钱惟演不和的例子，还有很多。

钱惟演下岗

一次，有人提议，要在枢密院内竖一块石碑，把历任枢密直学士的名字刻上去，以作勉励。

冯拯等人认为这个建议很好，就同意了。然而，在统计名字时，钱惟演却把寇准的名字删去了。理由是，寇准结交匪人，意图谋反，理应删除。

借口合情合理，刘娥跟寇准有仇，删除寇准的名字，也符合太后的心意。然而，对于这个建议，冯拯却强烈反对，他还是把寇准的名字刻了上去。

要知道，冯拯绝不是什么善男信女，他跟寇准没什么私交，甚至有仇。冯拯之所以替寇准说话，只不过是遵循着"敌人的意见，我们就反对"这一基本惯例罢了。

虽然冯拯有私心，但不管怎么说，他的这一举动，到底还了寇准一个清白，并为自己赢得了一个爱护忠臣的美名，也算是无心插柳了。

后来，由于天天不和，冯拯和钱惟演终于到了水火不容的地步。这哥俩决定兵戎相见，大干一场，把其中一人轰出朝廷。

首先发动进攻的就是冯拯。冯拯用的办法非常简单，就四个字——直接告状。

史料记载，有一天朝会中，冯拯突然发难道："请求罢免钱惟演的官职！理由是，钱惟演的妹妹是国舅爷刘美的妻子，他是一个不折不扣的外戚。我朝有祖训，外戚不得干政，请把钱惟演轰出朝廷。”

可想而知，此言一出，朝野震惊。大家面面相觑，全都看着冯拯，无言以对。

因为，大家万万没有想到，堂堂的一国宰相，竟然能干出这种疯子之举！

在群臣眼中，虽然冯拯的话对，宋朝确实有祖训，外戚不能干政。但问题是，这么多年了，哪位皇帝遵守过这个祖训呀？

太祖时期，石保吉是驸马，以外戚身份镇守一方。太宗时期，李继隆以外戚身份出兵西夏。这些外戚执掌朝政，也没有什么不妥呀？太祖、太宗都没有遵守过的祖训，凭啥现在就要遵守？

何况，钱惟演以外戚身份参政，已经十几年了，人家当宰执，也当了好几年了。你现在要罢黜人家，就一个外戚的理由，是不是太牵强附会了点儿？如果以这个借口罢黜钱惟演，早干吗去了，为什么现在才提出来？而且，现在的局面决定了，只有刘娥还在一天，她就不可能放弃钱惟演。因为，她还需要这个自家人，替自己管理群臣。

综上所述，在大家的眼中，冯拯此举，纯粹是没事找事。不管怎么看，这哥们都死定了……

然而，奇迹就这样发生了！正当大家为冯拯捏一把汗时，垂帘听政的刘太后却开口道：“爱卿所言，准奏。现免去钱惟演枢密使的职务，发放外地，即刻出京。”

刘娥话音未落，朝廷上的所有官员都惊呆了……

这是什么情况！

在群臣的思维里，翻阅史书，无论哪一个朝代，女主若想掌管天下，就必须重用“娘家人”，否则绝不可行。

如今，看看刘娥的亲属吧。自幼孤儿，无父无母，唯一的亲人，也就是那个“哥哥”刘美，还比赵恒早死了半年。现在的她，只剩下钱惟演这一个亲人了，可是，刘娥却罢免了他。而且，钱惟演并没有干什么伤天害理、天怒人怨的事情，仅凭冯拯的一次告状，就被刘娥罢免了。

但是，换一个角度思考，罢免钱惟演，与其说是源于冯拯的谏言，不如说是刘娥蓄谋已久的结果。

这位女主从一开始，就打算罢免钱惟演这位本家亲戚，重用冯拯这个外人。

那么，刘娥为什么要罢黜追随自己十余年，一直忠心耿耿的钱惟演，反而重用数十年不开口，与自己不是一条心的冯拯呢？

其实，这个问题很好回答。只要看看冯拯和刘娥的“工作态度”，就能看出其中的端倪了。

先看冯拯的工作态度：

史料记载，整个真宗一朝，冯拯之所以不说话，其实是明智的。因为，冯拯的工作能力，绝非一般的烂，而是超级的烂，有很多例子可以证明。

比如，宋真宗入土后，冯拯上疏朝廷，请求命名宋真宗的陵墓为永定陵。结果，冯拯的这个命名，遭到了无数大臣的反对，因为，太祖、太宗的爷爷赵敬的陵墓，就叫永定陵！单凭此事，就是打死冯拯，也不冤。

再比如，丁谓倒台后，冯拯成为帝国新的宰相。结果，这哥们不知道哪根筋不对了，他竟然想延续丁谓的方案，即那个“每月初一、十五两天，皇帝和太后听政，其余时间由宰执们自行协商，宦官传递消息，太后盖章”的制度。

对于这样的傻子，众人也是无话可说了。

后来，在王曾的“好言提醒”下，冯拯这才恍然大悟，吓得一身冷汗的他，再也不敢提这件事情了。

通过这两件事，就足以说明冯拯是一个庸官，他根本无法处理朝廷政事，也无法为国家提出什么有效的建议。冯拯虽然是帝国的宰相，但他就是一个摆设，所有的国家大事，全都是刘娥一人说了算，冯拯只是执行命令而已。

那么，如此昏庸无用的冯拯，刘娥为什么要留下来呢？仅仅是因为冯拯听话、好使吗？

别急，看看刘娥的工作态度，就会恍然大悟了。

刘娥的工作态度：

史料记载，办完了宋真宗的葬礼，刘娥举办了一场宴会，就是咱们俗称的“白事宴”，以犒赏群臣。

宴会中，刘娥举起酒杯，非常真诚地向群臣道谢，说了一些什么“大家都辛苦了，如今国家内忧外患，若不是大家齐心协力，哪能把事情办得这么妥当”等。

最后，刘娥告诉大家：“为了感谢大家的功绩，请各位上交一份家族成员以及亲族的姓氏名单，我要额外推恩，大肆封赏！”

此言一出，群臣双眼立刻冒出了金光。看来，刘太后是打算散些钱财、收买人心了。这样的便宜，只有傻子才不去占！

于是，群臣马上回家，玩命地草拟名单去了。

在草拟的过程中，后世子孙、门生好友的名字，自不必说。那些什么七大姑八大姨的亲戚，亲戚的七大姑八大姨，也都要写进去。甚至那些什么印象不错的、有过一面之缘的、借过自己钱的人，也都可以写进去。

总之一句话，有钱大家一起赚！这份名单的宗旨就是——一个都不能少！

然而，等群臣把这份名单交给刘娥后，他们才知道：被骗了，大家上了这个贼婆娘的当了！

在未来的岁月里，群臣们将郁闷地看到，那些充满希望（欲望）的名字，不会得到任何赏赐。凡是交上去的名字，也没有一个被刘娥推恩过，全都被压在了人事部的最底层。

后来，刘娥索性把这份名单做成了便于查找的名册，贴在宫内的墙壁上。每当群臣推荐某人当官时，刘娥都会不自觉地看一眼墙上的名册，除非上面没有那个人的名字，刘娥才会批准。反之，如果有这个人的名字，嘿嘿……等老娘死了以后再说。

以上就是刘娥的工作态度。

那么，刘娥的工作态度结合冯拯的工作态度，说明了什么？

只能说明一个问题——刘娥，是一个极其讨厌结党营私的人；而冯拯，他的工作能力决定了，他就是一个无任何追随者、没有任何党羽的人。这种无党无派的人，才是刘娥心中的最爱，才是她宰相的唯一人选。

这才是刘娥重用冯拯、抛弃钱惟演的原因。

就这样，刘娥颁布了一道圣旨，就把钱惟演轰到洛阳，让他当西京留守去了。

至此，钱惟演就在这种稀里糊涂的情况下，被发配到了洛阳。当然了，即使到了地方，钱惟演也别想安宁。

因为，他有一个副手，此人仗着年少轻狂，不守纪律，天天迟到。为此，钱惟演没少骂他，但都无济于事，只能看着这个副手天天折腾自己了。

这个天天折腾他的人，不是别人，正是“唐宋八大家”之一、“宋朝六大家”之首，在诗、词、文、赋等方面都有极高的造诣，引领北宋文坛长达三十年之久的——欧阳修。

下一任宰相

前面已经讲过，皇帝最痛恨的事，就是结党营私。

皇帝如此，独揽大权的皇后亦如此。在刘娥的眼中，她是不允许任何人结党营私的，哪怕是自己的亲戚，也绝不可行。

这样一来，这个能力虽然一般却无门无派的冯拯，就成了刘娥最满意的人选了。

然而，随着时间的流逝，这个让刘娥满意的冯拯，却越来越不行了。

天圣元年（1023 年）正月，冯拯以业务不行为由，请求辞去相位，刘娥不批。同年二月，冯拯以年迈多病为由，再次请求辞去相位，刘娥依旧不批。同年六月，冯拯在儿子的搀扶下，上殿请求辞职，刘娥还是不批。

可见，刘娥不愧是一个标准的政治家，绝非一个生意人。

生意人讲究好聚好散、细水长流，而政治家则喜欢鱼死网破、羊死毛绝。只要你还能用，就要继续用下去，直到用废为止！

因为，万一这个官员回到地方后，在地方兴风作浪了，到时候咋办？

所以说，在帝王面前，官员甭想辞职。生，是帝王家的人；死，是帝王家的鬼。

当然了，话虽如此，眼看冯拯的身体一天不如一天，选定下一个宰相人选，就成为一个迫在眉睫的事情了。

那么，下一任的宰相，刘娥打算用谁呢？

群臣猜测，应该是王曾了吧？该轮到他了。

可惜的是，大家还是猜错了。

刘娥选择的下一任宰相，依旧出乎大家的意料。因为这个人，是那个已经发放地方多年、大家公认的毋庸置疑的小人——王钦若。

群臣莫不腹诽：重用这样一个小人为相，刘娥是疯了不成，这到底是一个什么选拔标准？

其实，刘娥选拔的标准很简单，就两个字——恩情。

在刘娥的眼中，王曾是一个合格的宰相人选，但问题是，王曾已经是宰执了，让他升级，只是锦上添花罢了，王曾未必会感谢刘娥。反而，王钦若蛰伏地方多年，若让他重回朝廷，那就是雪中送炭了，王钦若还不对刘娥感恩戴德，肝脑涂地？

如果您还不懂什么是帝王之术的话，那么这件事，就是帝王之术的最好体现。

虽然刘娥主意已定，但怎么把王钦若调回朝廷呢？

刘娥深知，若走正常程序，必须告知宰执下一任宰相人选，若让宰执知道自己要重用王钦若，他们必将誓死反对，也将引起无数争议。到了那个时候，恐怕自己重用王钦若的事情就黄了。

因此，若想重用王钦若，必须采取非常手段。

对此，刘娥有的是办法。

当时，宋仁宗还小，除了偶然上朝露个脸外，更多的时候，则是在后宫读书练字。刘娥就骗他，让宋仁宗写下“王钦若”三个字。

得到这三个字后，刘娥立刻命人准备了一个食盒，里面放上了一些精美糕点，还有这三个字，让人快马加鞭赶到杭州，送给王钦若。

王钦若多贼呀，看见这三个字后，他就觉得这里面有事，还可能是好事。

王钦若把使者引到后堂，在细细询问了纸条的来历后，大喜过望，他猜中了太后的心思。

于是，王钦若做了一件极其出格的事情，他不等朝廷诏书，就把事务交给了下属，自己即日启程，奔着京城而来了。

王钦若到达京城后，宰执才得到任命王钦若为相的消息。虽然大家强烈反对这个任命，但为时已晚，王钦若已经回到了朝廷，太后又如此坚决，大家无计可施，只能让这个“生米”煮成“熟饭”了。

天圣元年（1023 年）九月，刘娥正式批准了冯拯辞职的请求，允许冯拯告老还乡，辞去宰相职务，其职位由王钦若代替。

至此，这位在天禧三年（1019 年）年被轰到杭州，整整看了四年西湖美景的王钦若，重新返回朝廷，开始了一段崭新的历史。

可惜的是，王钦若虽然开启了一段崭新的历史，却不复当年之勇了。

原来，任命王钦若为宰相后，刘娥给他配了一个执政班子。在这个执政班子内，王曾为副相，鲁宗道、吕夷简为参知政事。曹利用为枢密使，张士逊、张知白、晏殊为枢密副使。

通过这份名单，我们就能看出刘娥的心思以及王钦若无法兴风作浪的原因了。

这份名单中，王钦若虽然是一把手，但手下没有一个心腹。在商量国家大事时，基本上各自为战。而这样的结果，只能让王钦若痛苦不已了。

史料记载，每一次开会，都是王钦若郁闷之时。王钦若本以为，自己是当朝宰相，理应像以前一样，一呼百应，唯我独尊。

可结果呢？王钦若的每一个议案，都会被鲁宗道、王曾无情反对。后来，不光是王曾、鲁宗道这些“大佬”，连小字辈的张士逊、张知白、晏殊等人，也敢站出来反对王钦若。这种场面，让他情何以堪，心中怎能释怀？

在王钦若的眼中，以前那种“一家独大”的局面，看来是一去不复返，只能在梦中相见了……

这种日子久了，王钦若终于受不了了。有一次开会，被鲁宗道挤对后，王钦若一脸怒气，却无从发泄，只能感慨道：“昔日，王子明（王旦的字）在两府时，那些大臣可不会这样！”

孰料，王钦若话音未落，鲁宗道立刻冷笑道：“王文正（王旦的谥号）乃先朝重德，行事公允无私，岂是他人可比？若王公执政平允，我鲁宗道怎敢不服？”

这番话，把王钦若噎得够呛，只能闭嘴了。

公开场合，竟然被鲁宗道这样挤对，王钦若越想越委屈。在一次面见太后时，王钦若索性向太后诉苦，诉说自己的委屈，控诉宰执们挤对他，不配合他的工作。

王钦若本以为自己说完后，太后会安慰自己几句。谁知，刘娥听完后，只是平静地反问道：“王相公，你说鲁宗道挤对你，不配合你工作。那么，其他宰执大臣提议案时，鲁宗道就没有挤对他们，提过反对意见吗？”

这句话，彻底把王钦若给问蒙了。好一会儿，他才明白了刘娥的意思，也明白了这个女人真正的用心。

原来，刘娥清楚地知道，鲁宗道虽然经常反驳、讽刺王钦若，但他对事不对人，并非有意针对王钦若个人。其他人的意见，只要有不妥的地方，鲁宗道也会第一时间站出来，直言不讳地反对。

这样一来，朝廷的每一个决定，都不是一个人的意见，而是宰执们共同商议的结果。而这样的结果，才算真正的公正、公平，方能造福于百姓，造福于社稷。

史料记载，明白了刘娥的良苦用心后，王钦若终于抛开了对鲁宗道的成见，开始用心治理朝政了。

第二章 宫廷斗争

王钦若病逝

前面已经讲过，历史上的王钦若，有大才，完全是一个治世之能臣。虽然，王钦若一生追逐权势，被蒙蔽了双眼，成了一个“近墨者黑”的人物，但是，只要有一个明君领导他，王钦若也能“近朱者赤”，回归正道，成为一个造福百姓的好官。

事实正是如此。

宋真宗时期，赵恒昏庸无道，封禅祭神，王钦若能投其所好，力促封禅，大搞造神，成为一个祸国的奸臣；在英明神武的刘太后麾下，王钦若又能忧国忧民、不搞党争，成为一个治国的能臣。

刘娥统治期间，王钦若兢兢业业、任劳任怨，将这个国家治理得井井有条、丝毫不乱。宋仁宗年少继位，很多事情根本不懂，只能求教自己的宰相。

当时，不管宋仁宗问什么问题，王钦若都能张口便来，分析得头头是道。他的这种回答，让宋仁宗受益匪浅。

除了会治理国家外，在外交上，王钦若也颇为给力，也是一个应变之才。

史料记载，天圣二年（1024 年），边关突然传来奏报，说辽国皇帝以“本国旱灾，水草不足”为由，恳请宋朝借一块草场给他，让辽人放牧。对于辽国的这个请求，边关将领不敢做主，只得上奏朝廷，请求圣裁。

几斤草料，一块草场，这个事情很大吗？然而，对于辽国皇帝的这个请求，宋朝群臣却都沉默了。因为，这涉及外交，外交无小事。

对于辽国的请求，答应，还是不答应？

答应，会把辽人放进来，引狼入室；不答应，就是示弱，也会让辽人落下口实——你们宋人不是常说，两国是兄弟之国嘛！可今天弟弟有难，当哥哥的一点儿都不管，这还叫兄弟之国吗？

可见，答应还是不答应，都是一道难题。

对于这道难题，包括王曾、鲁宗道、曹利用在内的所有文臣武将，皆没有办法。

最后，刘太后只能求救于卧病在床的王钦若了。她下令，用软轿把王钦若抬到大殿上，当面请教。

听完整个事情的经过后，王钦若毫不犹豫地回答道：“借给他（辽国）！”

刘娥大惊道：“辽国乃一强盗之国，怎能轻易放他们入关？若引狼入室，为之奈何？”

王钦若笑着回答道：“若不答应，就是示弱。我大宋怎能向强盗示弱？何况，太后您想想，咸平年间辽国入侵时，哪一次事先写信、打过招呼？所以，臣猜测，这不过是辽国的一次试探罢了。咱们大大方方地借给他，辽国必不敢来。若太后还不放心，可密令曹玮整顿兵马，以防不测。”

王钦若的这番话，将这件事情说得清清楚楚，也彻底点醒了这群梦中之人。于是，刘娥依计行事，命使者告诉辽国，可将雄州一代的草场借给他们，辽国随时可以入关。与此同时，刘娥密令曹玮在雄州一代集结部队，以防不测。

后面的事情，果然如王钦若预料的一样，辽国的这封书信，只是一个试探罢了。看见宋朝如此大方后，辽国人害怕有诈，就将此事不了了之了。从此以后，没有一头辽国牲口进入过宋境，辽国人也不嚷嚷旱灾了。

就这样，凭借着卓越的智慧，王钦若将这场危机扼杀在了摇篮里。他也用自己的实际行动，给朝廷的那些“新兵蛋子”们，好好地上了一课。

可惜的是，王钦若再也没有机会给大家上课了……

第二年，天圣三年（1025年）十一月，那个分手的时刻，终于来到。

在自己的府宅内，王钦若这位“治世之能臣、乱世之奸雄”，终于结束了自己毁誉参半的一生，享年63岁。

对于王钦若的一生，不同的人，有不同的体会与感触。

史料记载，王钦若病逝时，刘娥竟然为他亲自主持葬礼，并为他哭泣（皇太后临奠出涕）。

要知道，这次流泪，可是刘娥当权时，唯一的一次为大臣哭泣，可见其对王钦若的宠爱。

王钦若死后，刘娥追封他为太师、中书令，其子孙封荫者，更是多达二十人。这是什么概念？杨家将满门忠烈，那么一大家子人，其得到封荫者，也就仅仅一人而已。

当时，见王钦若如此受宠，史官都感慨道：“国朝以来，宰相恤恩，未有钦若比者！”也就是说，王钦若何德何能，死后竟然获得这么大的恩宠，太后对他的礼数，竟然超过了三次拜相、名震朝野、佐定天下的开国元勋赵普！

其实，刘太后给王钦若的体恤，还远远不止如此。

几年后，刘娥在修缮茅山道观时，她毅然决然地下令，把王钦若的雕像加进去，让这个人位列仙班、寿与天齐、永垂不朽。

满朝文武知道这件事情后，全都疯了。言官们挨个上书，让刘娥收回成命。毕竟，在大家眼中，王钦若是一个祸害朝纲的小人，他何德何能，竟然能位列仙班？

然而，对于群臣的奏折，刘娥选择了置之不理，还是把王钦若的雕像放了进去。

那么，刘娥为什么要与群臣作对，一意孤行呢？

《宋史》给出了一个答案：“太后以先朝所宠异，故复用之。”意思是说，刘娥之所以这么宠用王钦若，是因为他是前朝的老臣。

其实，这个说法根本不对，王钦若虽是前朝的老臣，但跟刘娥有什么关系？且刘娥又不是任人唯亲的人，她连自己唯一的亲戚都能罢免，又何必宠信这个王钦若？

纵观史料，刘娥之所以这么宠信王钦若，只有一个原因——尊恭。

在刘娥垂帘听政的时间里，不管是丁谓，还是王曾、曹利用，他们虽对刘娥毕恭毕敬、谨遵圣旨，但其实，这些大臣在心里还是瞧不起刘娥的。只要一有机会，这些大臣甚至会欺负他们孤儿寡母。可是，唯独这个王钦若，对刘娥是发自内心地尊恭，自始至终地效忠这位皇太后。

这样的一位大臣，确实值得刘娥去宠爱，而刘娥对王钦若的那些超乎寻常的赏赐，也就情有可原了。

刘娥一直宠爱王钦若，对他评价也颇高。然而，她的那位儿子，却不跟她一条心。

《宋史》记载，天圣七年（1029 年）时，已经亲政的宋仁宗跟王曾聊天，聊着聊着，仁宗感叹道："王钦若出任宰相后，朕观察他的言行举止，就是一个彻头彻尾的小人！"

王曾回答道："陛下所言甚是，王钦若与丁谓、林特、陈彭年、刘承珪等人，当时就被人称为'五鬼'。他们一贯阴险狡诈，就跟陛下说的一样。"

从那以后，王钦若就获得了一个"五鬼"的称呼，并永远被钉在历史的耻辱柱上了。而且，刘娥给王钦若的所有赏赐，也都被宋仁宗夺回了。

其实，综观王钦若的一生，他所谓的奸邪事迹，也就是劝赵恒去封禅祭天。以后的那些"建筑宫殿、天书下凡"的把戏，已经是赵恒和丁谓的主意，早就跟王钦若无关了。

此外，王钦若虽然奸诈，但他也有大能力、大贡献。在真宗朝最危难的"澶渊之役"，他顶在了赵恒和寇准的前面，这些不应该被世人忘记；他在刘娥听政时期做出的功绩，也不应该被后人忘记。

因此，我个人认为，《宋史》对王钦若有失厚道，在宋朝三百余年间璀璨瑰丽的文臣群落中，应该有他的一席之地。

王钦若给我们留下的启示，其实就是以下两点：

第一，王钦若不论是好还是坏，他都是一个用能力来侍奉国君的人。而不像那些所谓的君子，只用所谓的"诚实、耿直的态度"来谋取上位。一到关键时刻，那种人就抓瞎了，甚至成事不足、败事有余。

第二，在历史上，唐太宗常把魏征比作一面镜子，用来知道自己的得失。其实，王钦若这种人，才是一面合格的镜子：你是昏君，他就是奸邪；你是明君，他则是能臣。只有王钦若这样的镜子，才能准确地、毫无保留地照出皇帝的本来面目。

好吧，俱往矣，还是让王钦若彻底安息吧。他的那些事迹，还是留给后人去评。

开除曹利用

在刘娥执政初期，冯拯为她管理群臣，王钦若为她保驾护航，所以那几年，国家相安无事，群臣也没有大规模的"内战"。

然而，等冯拯、王钦若相继凋零，王曾成功上位、当上宰相后（事不过三，终于上位了），为了那手中的权力，群臣就开始明争暗斗了。

首先爆发"内战"的，就是新出炉的宰相王曾和枢密使曹利用。

史料记载，有一天，刘太后带着皇帝像往常一样，来承明殿上朝，准备垂帘听政，与百官议事。可是，刘娥来到承明殿后，却彻底傻了眼——这偌大的大殿内，竟然一个人都没有，这是什么情况？

按照朝廷惯例，在皇帝到来前，宰相应带领两府、两制、六部、开封府等官员，在承明殿站列排好，等待皇帝圣临。自古以来，只有群臣等皇帝的道理，哪有皇帝等群臣之说？

愤怒的刘娥下令，命内侍押班江德明去待漏院，询问群臣不上朝的原因。

待漏院，就是官员在上朝前，等待的预备室。江德明来到后，却发现里面早就乱成了一锅粥，大家吵吵嚷嚷，乱成一团。

江德明想问一下情况，但群臣忙着打架，没有一个人理他。江德明只能叫来合门使（类似传达室主任），才问清了事情的原委。

群臣现在打架的原因，很简单，也很搞笑。就是因为一件小事，闹成了现在这个样子。

这件小事叫作——站位顺序。

按照宋朝制度，官员上朝时，有一个固定的站位顺序。这个顺序是：宰相为首，亲王次之，使相第三，枢密使第四。这个排列顺序秉持着宋朝“尊崇士大夫”的传统，也诉说着宋朝“以文压武、武人没有地位”的事实。

按照这个顺序，上朝时，所有人都要排在宰相后面。但问题是，宋真宗晚年至刘太后垂帘听政初期，朝廷频繁换宰相，王钦若、寇准、丁谓、李迪、王曾、冯拯，这些人升了降、降了升的，导致上朝时，一直没有一个固定的“领头人”。与频繁调动的中书省不同，枢密院则一直风调雨顺，曹利用一直坐着枢密院的头把交椅，从来没有被撤换过。见此情景，刘太后一琢磨，宰相这样频繁调动，一直没有一个稳定的人带路，这怎么行呢？这样吧，曹利用威望甚高，先让他带领群臣，等中书省的宰相稳定了再说。

正是这道圣旨，引起了当日之祸。

当时，自从曹利用成为领路人后，他就一直率领群臣上殿。这些年，虽然有言官弹劾曹利用位列班首，不合祖制，有推崇武将之嫌，但对于这个建议，刘娥不予理睬，宰相冯拯、王钦若也没有提出过异议。所以，这么多年来，曹利用一直“第一个”上殿，他认为没什么不妥，也心安理得地接受了这种安排。

但问题是，曹利用心安理得地接受了，新上任的宰相王曾，却不肯接受这种安排。

当天早朝时，曹利用跟往常一样，依旧站在了第一排，排在了王曾的前面。

对此安排，王曾怒了。要知道，以前站你后面，是因为自己是副宰相，如今老子费尽千辛万苦，成了帝国的宰相，焉能如此站列！于是，王曾上前一步，推开曹利用，站在了第一排。

这一下子，曹利用彻底炸了！

在曹利用眼中，你王曾算什么东西？老子为官从政多年，当年冯拯、王钦若这些“老炮”们，都礼让三分。你个小小的王曾，竟然敢推老子，还敢站在我前面，真是吃了熊心豹子胆，反了你了！

于是，曹利用反推了王曾一把，重新回到了第一位。

孰料，那王曾虽是一介文官，却也不是一个软柿子，为了争夺第一的位置，他就跟曹利用争吵了起来。

这样一来二去，双方推推攘攘，扭打在了一起。两个“头儿”打了起来，追随的小弟们要么劝架，要么也扭打了起来。一时间，待漏院里一片大乱，群臣就忘记上朝的时间了。

知道了事情的来龙去脉后，江德明气运丹田，大吼一声："太后有令，问百官为何不上殿？"

群臣立刻安静了下来，大家纷纷站回原位。这时，应该由合门使引领群臣上朝了。但这种情况下，你让合门使怎么开口？

此时此刻，群臣面面相觑，气氛极其尴尬。最终，还是宰相王曾喊了一句："请回禀……宰相王曾等告罪！"

见王曾主动把责任扛了下来，江德明也没说什么，他回禀太后去了。过了一会儿，太后便宣群臣上殿了。

在这个朝会上，刘太后特意回避了群臣打架的问题，只是在散会后，特意找来枢密副使张士逊，让他转告自己的上级枢密使曹利用："下次朝会时，请遵从祖训，排在王曾的后面，但可以排在次相张知白的前面。"

史料记载，对于这个结果，曹利用很不满意，也不服！所以，从这个事件开始，曹利用拼命地积蓄势力，准备跟王曾决一死战。而为了对付曹利用，王曾也开始积蓄势力，准备应战。

两府开战，必然拉帮结派，出现党争，而党争的出现，势必会变成专权！前文已经提过，刘太后一生最痛恨的，就是结党营私、拉帮结派！

曹利用、王曾的下场，可想而知。

于是，为了将这些党争扼杀在摇篮里，刘太后决定，先收拾掉一个再说——清除掉王曾、曹利用中的一人！

很不幸，曹利用挨了第一枪，成为第一个被收拾的人。

其实，根据《宋史》记载，曹利用之所以被收拾，并不是他自身出了问题，而是他家人出了问题。曹利用这才城门失火，被殃及成了一条"烤鱼"。

这个出问题的家人，是曹利用的一个侄子——曹汭。

"黄袍加身"

史料记载，曹汭是曹利用的侄子，因为叔叔的关系，担任赵州兵马都监，相当于现在的一个市分区司令。

曹汭官场得意，情场却很失意。他本有一妻一妾，但妻子是一个“河东狮吼”级别的人物，见丈夫老宠爱自己的小妾，就天天闹事。最终，曹汭不胜其烦，只得把小妾送给一个叫赵崇德的手下。

见丈夫送走了小妾，妻子很是高兴，再也不闹了。然而，妻子根本不知道，曹汭压根没有送妾，他玩了一把借窝养鸡的把戏，让赵崇德的这个“窝”，替自己“养鸡”而已。

刚开始的时候，赵崇德还挺高兴，渐渐地，大家都知道了这里面的猫腻，街坊谣言四起，赵崇德的战友们也天天嘲笑他，说他不应该当兵，应该去卖炊饼，或者去卖绿帽子……这些话，让赵崇德苦不堪言、郁闷不已。

跟曹汭完全相反，赵崇德官场失意，情场却得意。因为日久生情，他的老婆，也就是那个曹汭的小妾，觉得赵崇德人不错，就想脱离曹汭，跟赵崇德过正经日子。

但是，怎么脱离曹汭的魔爪呢？

想了半天后，这对夫妻决定坑曹汭一把，达到自己的目的。

说实话，这对夫妻用的这个办法，真是搞笑无比……

有一天，曹汭来找这个小妾，双方在缠绵后，小妾送给曹汭一件浅黄色棉袄。曹汭很高兴，觉得小妾没有忘记他，就高高兴兴地穿上了。

曹汭穿上后，小妾告诉他：“几天后，赵崇德不在，你穿这件衣服来找我，咱们再续前缘。”

一听这话，曹汭高高兴兴地回家了，到了约定的时间，曹汭穿着这件浅黄色棉袄，前来赴宴。

两人在屋内情意绵绵、把酒聊天，突然之间，赵崇德带着十几个士兵闯了进来。

赵崇德带人进来后，既不捉奸，也不骂街，反而带着人第一时间跪倒，对着曹汭大喊道：“万岁，万岁，万万岁！”

至此，您知道这是一个什么计谋了吧。

突然被“黄袍加身”后，曹汭都傻了，他吓得酒杯都掉在了地上。这时，门外又是一阵骚乱，当地知州带人冲了进来。

原来，小妾与曹汭喝酒期间，赵崇德派了一个亲信去知州那里告状，状告曹汭黄袍加身、意图谋反！一听谋反二字，知州哪里敢怠慢，他立刻点齐人马，带人冲了进来，要抓曹汭归案。

见知州来了，赵崇德马上抓住曹汭的衣服，一边指着这件黄色的衣服，一边控诉道："曹汭要谋反，他逼我们下跪，还要挟我们一起造反。如今，有这件黄色的衣服为证。"

一听这话，曹汭气得语无伦次，他痛骂赵崇德栽赃陷害，并一再声明，自己绝无造反之意，这只是一件普通的黄色衣服罢了。

但是，不管曹汭怎么辩解，他"身穿黄衣，被众人高呼万岁"等事情，都是"事实"。于是，知州下令，将曹汭、赵崇德等人押入大牢，将此事上报朝廷，等待圣裁。

消息传到京城后，朝野震惊。刘娥无论如何也想不到，在这个天下太平的时代里，还有人敢黄袍加身，干这种忤逆之事？这个人是疯了不成？

为了弄清楚真相，刘娥命亲信罗崇勋前往赵州，查明此事。

既然是刘娥的亲信，罗崇勋自然知道刘太后想要的"结果"。况且，罗崇勋还跟曹利用有一层血海深仇在里面（后面再说）。

经过一番调查后，罗崇勋上奏朝廷——赵州兵马都监曹汭"黄袍加身、士兵高呼万岁"的事情"属实"，理应处斩，以儆效尤。但是，曹汭只是一个小小的兵马都监，他敢干这种谋朝篡位之事，背后肯定有人给他撑腰，否则绝不可行！而这个给他撑腰的人，一定跟他关系紧密，且必定是一个朝廷大官……

话说到了这个份儿上，傻子都知道，罗崇勋所言何意了。他就是要用这件事情，把曹利用拖下水。

果然，收到罗崇勋的奏折后，刘娥马上下令缉捕曹利用，并命令群臣商议此事。

要知道，由于之前跟曹利用打过架，所以在这件事情上，王曾不可能替曹利用说好话，他还拼命地落井下石，恨不得曹利用马上去死。

宰相在落井下石，其余大臣即便想替曹利用说几句好话，也无奈人微言轻，只能纷纷闭嘴了。

最终，在王曾的"议定"下，曹汭"谋朝篡位"罪名成立，斩立决；曹利用受连带责任，罢官流放，发配随州，后改发配房州。

房州！又是那个超级经典的地方。还记得吗？房州是宋朝最著名、历史最悠久的流放地方，但凡是宋朝最危险、最敏感的人物，都会被扔到那里。

柴荣的儿子柴宗训、赵匡胤的四弟赵廷美，都被发配到了房州，且都死在了那里。然而，曹利用比这哥俩好，他没有死在房州。

因为，在发配途中，他就自杀了。

原来，在罢官流放期间，曹利用越想越憋屈、越想越生气，再加上押解宦官的各种侮辱，曹利用忍无可忍，于是在押解途中就上吊自杀了。

天圣七年（1029年），曹利用死于发配途中，结束了自己的一生。关于他的死，《宋史》给出了一个非常中肯的说法——利用之死，天下冤之！

这八个字的意思是说，曹利用的死，是天下一大冤案。对于这个冤案的来龙去脉，很多人都看得清清楚楚。曹汭的造反，就是一桩冤案，而受到侄子株连的曹利用，更是一桩冤案！

但是，这样的结果，官员明白，百姓明白，王曾明白，刘太后也应该明白。要知道，作为那个时代绝顶聪明的人之一，这种栽赃陷害的小把戏，焉能糊弄了这位太后？

那么，既然清楚，刘太后为何还要置曹利用于死地呢？

其实，对于这个问题，除了"减少朝廷党争"这个首要因素外，还有一个原因，接下来看看曹利用都干了一些什么事情，您就能明白了。

被贬的真正原因

若仔仔细细回顾曹利用的一生，您就会对史书的评价重新定义了。

曹利用的死，根本就不是那个"冤"字；而是"该"字！

他的死，完全是咎由自取、自作自受的结果。

综观曹利用的后半生，这个人越活越糊涂，当官当得越久，越不知道该怎么当官了。

当时，在"打架事件"后，刘太后下令，遵从祖训，曹利用排在王曾的后面，但可以排在次相张知白的前面。要知道，刘娥安排的站列顺序，已经给足曹利用面子了。

亲王、使相都排在你后面，你曹利用还有什么怨言？

然而，刘娥还是想错了。

史料记载，对于这样的安排，曹利用极其不满意！从那以后，每次开会，曹利用都说怪话、扇阴风、闹情绪，天天对王曾横眉冷对，还时不时发出一句“老子当年”之类的感叹。

当然，你让曹利用倚老而不卖老，实在是要求太高。但是，你天天倚老卖老，其他人怎么办，谁受得了？因此，从那一刻起，刘娥开始怨恨曹利用，准备把他轰出朝廷了。

为了压低曹利用的嚣张气焰，刘娥下令，命淮南节度使、同平章事张耆兼职枢密使，挑明了给曹利用一个下马威。

要知道，无论是资历、功绩，还是人脉，张耆都在曹利用之上。最终，曹利用害怕张耆取代自己，这才偃旗息鼓，不再折腾。

曹利用虽不折腾了，却没有改掉自己的臭毛病。很快，这位仁兄就得罪了两批“绝对不能得罪”的人，且在他们的攻击下，被轰出了朝廷。

这第一批“绝对不能得罪”的人，就是宋朝的宦官。

自古以来，虽然宦官大都学问有限、身体残疾，但是，由于他们服务人群的特殊性，导致宦官们可以瞬间获得权力，大权独揽。因此，虽然宋朝的士大夫鄙视这种“刑余之人”，但鄙视归鄙视，表面工作还得做足，他们还得奉承、尊重这些宦官。

毕竟，宦官是皇帝身边的红人，你把他们得罪了，宦官就会在皇帝面前说坏话。到时候死都不知道是怎么死的。

综观曹利用的前半生，官小人微时，他是非常尊重宦官的。当年“澶渊之盟”时，曹利用一口一个“中贵人”，嘴那叫一个甜。然而，等他位高权重后，他就不太会“做人”了。

史料记载，功成名就后，曹利用对这些宦官是吹胡子瞪眼，从来不给好脸。宦官来大臣家传旨时，官员要热情款待这些“中贵人”，好酒好菜好伺候，完事了还要给一个大红包，生怕这些中贵人回去后说坏话，中伤自己。但曹利用呢？他反其道而行之，从来不给这些宦官好脸。

宦官宣旨，曹利用跪在地上听着；宦官读完后，他接过圣旨，转身就走，直接把宦官晾在那里。什么好酒好菜好伺候，没门儿。还红包？赶紧滚蛋，想都别想！

这样一来，宦官们越来越憎恨曹利用了，他们决定干掉这个人。就在这个时候，曹利用又干了一件极其过分的事情，终于跟宦官们彻底决裂。

当时，大宦官罗崇勋犯了点儿错，刘太后下令，让曹利用训斥他，以儆效尤。要知道，罗崇勋乃太后身边的红人，正值圣宠，不宜得罪。要是别的大臣办理这种事情，无非就是走一个形式，意思意思，随便说两句得了。

别人这么干，这位一直痛恨宦官的曹利用，却不屑这样干。若不借此机会狠狠地教训一下这些宦官，他就不是曹利用了。

接到训斥罗崇勋的御令后，曹利用把罗崇勋押到车水马龙的大街上，脱去他的官袍、官帽，让罗崇勋跪在地上，整整训斥了他一个时辰，这才结束。

曹利用训斥罗崇勋期间，无数人在旁边驻足观看，大家指指点点，看罗崇勋的笑话。罗崇勋羞愧难当，他发誓一定要扳倒曹利用。

后来，罗崇勋在审理曹汭的案件时，为什么那样地“尽职尽责”，为什么那样地“认真仔细”，其根源，就在于此。

所以说，也别怪罗崇勋坑害曹利用，这最多是曹利用的“自作自受”。不以平等之心待人，还想不受到报应，这才叫没有天理。

由于极度鄙视宦官，导致忍无可忍的宦官们携起手来，玩命地找曹利用的把柄，狠狠地坑了他。

当时，曹利用有一个毛病，其余大臣商量事情时，他百无聊赖，就用手指敲打腰带，以示闲暇。

本来，这是一件微不足道的小事。但是，在居心叵测的人眼中，这就是一桩非常重要的“大事”了。

史料记载，每当曹利用用手指弹腰带时，宦官们就会借此机会中伤他，他们对刘太后道：“启奏太后，您看看，曹利用竟敢用手弹腰带，真是毫无规矩。先帝在的时候，他敢这样放肆吗（利用在先帝时，何敢尔邪）？”

这样的结果是，史称“太后颔之”。何为“颔之”？就是微微点头，同意的意思。

得此结果，曹利用的下场，可想而知。

宦官们的这些人身攻击、恶意陷害，虽然都是一些无足轻重的小事情，但是，正是这些小事情，却慢慢地改变了刘娥对曹利用的看法，让她越来越讨厌这个大臣了。

然而，即使得罪了宦官，被这些小人折腾得身心俱疲，曹利用依旧我行我素，他又得罪了一批“绝对不能得罪”的人，终于被推到了十八层地狱。

这第二批“绝对不能得罪”的人，就是那些宗室外戚。

彻底陨落

史料记载，刘娥垂帘听政后，为了巩固自己的权力，她虽然限制了百官晋级的速度，但还是大肆封赏皇亲国戚，以拉拢人心。

只是，朝廷封赏有严格的规定，外戚若想升官，除非立下什么大功，或者是参加了祭祀活动，否则绝不可能轻易晋级。

对于这个规定，刘娥也毫无办法，但为了拉拢皇亲国戚们，刘娥玩了一把擦边球，她以“内降”的形式，绕过了任命百官的中书省，直接对外戚们下达圣旨，让他们升官发财。

刘娥的这种行为，理论上是不可行的。但是，当时的宰相冯拯、王钦若非常“聪明”，他们深知刘娥的心思，也不想当这个恶人。所以对于这种事情，他们就睁一只眼闭一只眼，默认了这种任命形式。

但是，中书省默认了，不代表枢密院也跟着办。对于这种任命形式，曹利用是死活不同意，对刘娥的任命诏书，他也坚决不签字。

曹利用拒绝签字，皇亲国戚们就无法升职，大家怨气很大，只能找太后评理。

对于这个问题，刘娥也表示很“无奈”。她告诉大家，不是自己不同意，而是曹侍中拒不执行，我也没辙。大家应该去找他，烦我也没用。

这一下子，群臣算是明白了，曹利用，就是太后的一个“托儿”。

从一开始，刘娥就没打算让大家升职，只是碍于自己的江山稳固，不得已罢了。既然有人反对大家升职，主动背了这口得罪人的“黑锅”，刘娥当然高兴不已。

见升迁无望后，皇亲国戚们聚在一起商量对策，准备找一个由头，把曹利用轰出朝廷。

既然你不让我们升职，我们就让你下岗！

现在，明白宰相冯拯、王钦若，是多么地聪明了吧。

商量半天后，皇亲国戚们想出了一个害人计策——虽然曹利用软硬不吃，但他的家人，却未必清廉。曹利用的老妈就是一个贪财鬼，咱们可以从这里下手，把他老妈当成一个突破口。

说干就干，皇亲国戚们找来一个低级官员，让他带着贵重的物品，去拜访曹利用的老母，贿赂这位财迷的老太太，让自己升职。

俗话说，吃人嘴短，拿人手软。一看见这么多金银财宝，曹利用的老妈当时就两眼放光了，她把这些财宝揽在怀里，拍着胸脯表示道："不就是升职吗？小事一桩，明天就让你满意！"

果然，第二天官员再来拜访时，就得到了曹利用签发的任命书。

得到这份任命书后，皇亲国戚们立刻进宫，面见刘太后，向她告发了这件事情。告发期间，大家你一言我一语，异常激烈，但一旁的刘娥却沉默不语。

因为，刘娥觉得，曹利用的母亲虽然贪财，但曹利用只是任命了一个小官，这不是什么大事。且这些皇亲国戚们在"钓鱼执法"，这要传出去，有损皇家威严，曹利用也会不服气。

在这僵持之际，一旁的罗崇勋的一句话，狠狠地捅了曹利用一刀，也坚定了刘娥罢免曹利用的决心。

罗崇勋告诉刘娥："太后恩典宗室外戚，发出内降，让他们升职，却被曹利用阻止了。曹利用的老妈让儿子颁布一道命令，曹利用却同意了。"

这句话，确实一语中的。

因为，这里有一句潜台词——堂堂大宋王朝的国母，在任命官员方面，竟然比不过一个小小的家媪。

史料记载，罗崇勋话音未落，刘太后就彻底怒了，史称"太后始疑其私，颇衔怒"。

在愤怒无比的太后眼中，曹利用这个人，死定了……

回顾一下，看看曹利用现在的局面吧。

一场打架斗殴事件，把文臣都给得罪了；痛骂罗崇勋，把宦官都给得罪了；拒签任命诏书，把皇亲国戚都给得罪了；老母收钱，把刘太后也给得罪了。如今的曹利用，是把能得罪的，都给得罪了；不能得罪的，也给得罪了。此时此刻的他，真是四面楚歌，无力回天了。

遥想当年，寇准跟曹利用共事时，曾经骂他是一个什么都不懂的“傻大兵”。现在想想，寇准的话虽然刻薄，却非常准确。

这个曹利用，真是傻得可以。

在这种背景下，恰逢此时，赵州发生了曹汭“黄袍加身、谋朝篡位”事件。拜这件事情所赐，刘太后没有一丝一毫的犹豫，就把曹利用轰出了朝廷。

可见，曹汭的事件，只是一个导火索罢了。没有曹汭事件，刘太后一样能够找到借口，把曹利用轰出朝廷。而曹利用的死，完全是咎由自取的结果。不管史书上如何评价他的“冤”，他的死，完全是自己找死，跟别人没有任何关系。

当然了，如果说曹利用惨死的结果，一点儿也不“冤”的话，那么对比一下，另一个人则要冤枉无比了。毕竟，他什么也没干，就被轰出了朝廷。

这个被冤枉的人，就是当朝宰相、曹利用的死对头——王曾。

第三章 改朝换代进行时

王曾下岗

史料记载，王曾的下岗，完全是一场稀里糊涂的结果。王曾甚至都不知道，自己为什么会下岗！

这个缘由，还得从头说起：

天圣七年（1029 年）六月的一天，开封城内天降暴雨、雷电交加。皇太后刘娥刚刚就寝，就忽闻有人急报道：“启奏太后，大事不好了。玉清昭应宫被天雷劈中，已经烧起来了！”

玉清昭应宫是宋真宗供奉天书的道观．此宫殿大得惊人，共有 3610 间房屋，花费白银近亿两，合现在人民币 200 多亿。其奢华之程度，甚至超过了秦始皇的阿房宫，堪称中国历史上的第一宫。

这么雄伟的宫殿着火了，刘娥吓得不轻，她立刻调集了所有力量前去灭火。然而，玉清昭应宫火势太大，无法扑救，在瓢泼大雨中依旧熊熊燃烧。这场大火整整烧了一夜，直到第二天中午，才被扑灭。

大火过后，刘娥带领群臣登上高楼，查看损失情况。只见偌大的一个玉清昭应宫，除了一些小殿幸存外，其他殿阁尽数烧毁，真是一片狼藉、惨不忍睹。

当天议会时，想到被烧毁的宫殿，刘娥就哭着（注意这里）对群臣道："先帝花费了那么多的时间、那么多的财物，才修成了这座雄伟的宫殿。谁料到，一个晚上就给烧没了，真是可惜……"

刘娥话音未落，一旁的枢密副使范雍害怕刘娥重修宫殿，大声道："事已至此，不如把剩下的宫殿全部烧毁，来一个彻底了断！"

听完范雍的话后，刘娥有点儿蒙，便询问道："爱卿，为何出此言论？"

范雍解释道："先帝竭天下之财，伤生民之命，耗费了无数的人力财力，修建了这么一座宫殿，实属不该。如今宫殿被大火烧毁，必是上天示警。若还要重修，只能继续天怒人怨，得不偿失。臣恳请太后将剩余宫殿全部烧毁。"

范雍说完后，王曾、吕夷简等人全力支持，表示无论如何也不能重修宫殿了。

其实，虽然大臣们的初衷是好意，但是，大家还是想错了。

不管是范雍也好，其他人也罢，这些人还是不了解刘娥。虽然刘娥心疼玉清昭应宫，毕竟那是用无数银子堆起来的，突然被烧毁了，任谁都会心疼不已，但是，刘娥并不想重修玉清昭应宫。

从一开始，刘娥就对玉清昭应宫不放在心上，对里面供奉的天书也毫无兴趣。

史料记载，宋真宗的陵墓落成后，王曾（也有资料说是吕夷简）就询问刘娥，先帝入住陵墓后，他生前最喜欢的那些天书，怎么处理呢？还要在玉清昭应宫里继续供着吗？

当时，对于这个问题，这位深知"国将兴，听于民；国将亡，听于神"的刘娥二话不说，下令把天书拿出，作为陪葬品，跟先皇一起下葬。

可见，刘娥将天书放入皇陵，其目的就是让天书在人间消失，彻底终结这场闹剧，给宋真宗的"天书时代"画上一个句号。刘娥还要通过这件事情，昭告世人一个道理——在我统治的时期内，不再热衷祭祀，不再信奉神灵。那些乱七八糟的东西，全都给我消失！

单凭这件事情，就可以断言，刘娥绝不会去修玉清昭应宫，重蹈那场真宗朝时的“天书运动”的覆辙。

那么，既然不修玉清昭应宫，刘娥为什么还落泪呢？

对于这个问题，也只能用那四个字来形容了——喜极而泣。

为什么说是“喜”呢？请继续往下看。

当时，修不修玉清昭应宫，这个先两说。调查这次火灾的原因，才是重中之重。虽然有部分“不开眼”的大臣上书，说什么天降大火，是一场“天灾”，原因是太后不肯还政、重用奸臣，等等，但是，刘娥却不相信这是一场天灾。在她的眼中，这应该是一场完完全全的人祸！否则，什么雷那么凶猛，能劈着那么大的玉清昭应宫？

查，给我往死里查，务必查得清清楚楚。

刘太后亲自督战的案子，谁敢怠慢？很快，案件就水落石出了。不出刘娥预料，这场大火根本不是天灾，而是一场实实在在的人祸。

大火的起因，是玉清昭应宫知宫（宫殿负责人）李知损玩忽职守。

原来，李知损藐视制度，亵渎神灵，在看守玉清昭应宫时，竟然在大殿上喝酒吃肉。大醉之后，李知损无意间碰倒了一个烛台，烛台点燃帷幔，继而烧毁了大殿。

大火燃起后，李知损却没有去扑救，反而选择了逃避。后来，眼看大火越烧越烈，无法收拾，李知损就到处散布谣言，说玉清昭应宫之所以被烧毁，是天火的原因，以掩盖自己的罪行。

得知这个真相后，刘娥大怒，她立刻下令，将李知损满门抄斩；玉清昭应宫的其他负责人员，也全都严惩不贷，以儆效尤。

此判决一出，王曾就率领群臣上书，请求刘娥收回成命，从轻发落。

王曾给出的理由是：虽然因李知损违规乱纪、看守不慎，导致了这场大火，但是，若不是那天雷电交加、风雨大作，这场大火必然引起其他人的注意，也不会将宫殿尽数烧毁。希望皇太后念上天有好生之德，网开一面，从轻发落。

刘娥是一个很听劝的皇太后，大家一求情，刘娥就同意了大家的请求。她下令，饶恕李知损一命，但死罪可免，活罪难逃，将其罢官流放，永不叙用；其余的官员，也都从轻发落。

皇太后如此判罚后，群臣都松了一口气，大家也认为，伴随着判罚结果的出炉，这件事情也该尘埃落定，就此结束了。

就此结束？非也，这才刚刚开始！

史料记载，处理完李知损等人后，刘娥召集群臣，当众颁布了一道匪夷所思的决定：玉清昭应宫被烧毁一案中，虽然李知损是首犯，负所有责任，但是，若不是王曾用人无方，核查不严，怎能发生这种烧宫事件？因此，王曾也要负连带责任，必严惩不贷。

随后，在群臣的震惊中，刘娥颁布了对王曾的“处理”意见：用人无方，核查不严，罢免相位，出任兖州知州。

可想而知，此判决一出，朝野震惊，大家无论如何也想不到，刘娥竟然利用这件事情，罢免了王曾。

那么，刘娥罢免王曾的目的，到底是什么呢？

刘娥的目的，其实非常简单，那就是——自己当皇帝！

第二个武则天

综观刘娥的一生，一直有一个问题困扰着大家——刘娥这个女人，到底想不想学武则天，来一个黄袍加身、登基称帝呢？

对于这个问题，史学家普遍的共识是——这个女人想，且不是一般的想。否则，在垂帘听政期间，刘娥也不会用那两个“年号”。

所谓年号，其实就是这个国家的“店铺名称”。对于皇帝而言，一个好的店铺名称，有助于自己的店铺正常经营。因此，在选择年号时，皇帝一定是小心谨慎、力求完美的。

宋朝刚刚建立时，太祖赵匡胤渴望国家繁荣昌盛，所以第一个年号叫“建隆”，意欲建立一个繁荣昌盛的国家。太宗赵光义继位后，希望大家不要造反，所以他的第一个年号叫“太平兴国”。宋真宗继位时，国家内忧外患，故取名“咸平”，希望天下太平。

当然了，虽然年号寄予着皇帝的期望，但很多时候都不准。比如宋真宗的“天禧”年号，本是希望“天降喜事”，结果啥喜事也没有，老天爷反而给了他一堆蝗虫、“帽妖”……

那么，刘娥垂帘听政时，她用的是什么年号呢？

史料记载，刘娥垂帘听政时，一共用过两个年号，分别叫：天圣、明道。正是这两个年号，暴露了刘娥的“野心”。

咱们前面讲过，所谓“天圣”，就是“二人圣”。刘娥要明明白白地告诉天下，如今的天下，是太后和皇帝共同治理的。

所谓“明道”，就是“日月之道”。刘娥告诉天下，皇帝为日，太后为月，日月共明，阴阳协调，才能普照天下。

后来，刘娥的这种年号思想，被后世的慈禧太后所偷学。在给儿子选年号时，慈禧太后选的年号，就叫“同治”。

既然刘娥想当皇帝，那么刘娥也清楚地知道——若想当皇帝，必须让底下的人跟自己一条心。因此，驱逐跟自己政见不合的王曾，就成为必须要干的事情了。

王曾这个人，比丁谓，诡计不足；比王旦，欠缺稳健；比王钦若，智慧不够。但是，他却是一个有底线、绝不妥协的官员。仅凭这一点，王曾比上述这些人都要强。

这些年，虽然王曾跟刘娥的关系不错，但只要涉及大是大非，王曾就毫不犹豫地站在宋仁宗一边，跟刘娥对着干。这令他成为刘娥的心腹之患。

加上“那个人”病逝，王曾失去一个重要的盟友，让刘娥敢于更轻易地对王曾下手。

这个让刘娥无比忌惮的人，就是以“直言进谏、忠诚正直”著称的大宋的御史中丞、人送绰号“鱼头宰相”的鲁宗道。

鲁宗道（966—1029 年），字贯之，亳州人，北宋著名谏臣。

纵观二十四史，大臣可以靠一场胜利的战争、靠一项爱民的政绩、靠一篇精美的文章，甚至可以靠一句恰到好处的马屁（比如和珅），达到出人头地的目的。但是，没有一个大臣“靠”的东西，比鲁宗道的更邪乎。

鲁宗道依靠的东西是——一顿酒。

这是怎么回事呢？

史料记载，鲁宗道进入朝廷后，因为没有后台和门路，一直默默无闻，当年的“同学们”都发家致富了，他还是一个小小的侍从官。

很多人一直有一个误区，认为宋朝的官员工资不菲、待遇颇高。其实，宋朝的官员两极化极其明显。位高权重的人，工资高得惊人，富得流油；官小人微的人，工资则少得可怜，难以养家糊口。

因为官卑职小，鲁宗道每月领不到几个钱，只能在远离皇宫的偏僻地方勉强度日。

当时，鲁宗道家旁边有一条街，街里有一个叫“仁和酒家”的酒馆，酒香醇厚，价格还公道。

在休息之余，鲁宗道会来这里小酌几杯，缓解一下压力。当时宋朝明文规定，不许官员在公众场合饮酒，因而在喝酒时，鲁宗道都会换一身便装，选择一个隐蔽的角落。这么多年了，他一直没有被发现。

天禧元年（1017 年）的一天，皇帝要修改一篇文章，急召鲁宗道进宫。传旨太监来到鲁家后，没有见到鲁宗道。鲁家的人不敢声张，就让太监在家里等等，他们则去“仁和酒家”找鲁宗道。

很快，家人找到了鲁宗道，把他接回了鲁府。看见鲁宗道后，传旨太监立刻宣读了圣旨，与他一起回宫。

在回宫途中，太监闻到鲁宗道身上的酒味，满脸不悦，道：“大人刚才干什么去了？一身酒味，皇帝若怪罪大人，如何是好？如今大人因喝酒晚到，皇帝必问之，还请大人找一个合适的借口告知我，我来帮你圆谎。”

太监本是一番好意，不料，鲁宗道回答道：“若皇帝怪罪，我便如实回答，刚才在酒馆喝酒便是。”

太监皱着眉头，道：“这样……不好吧。如此不注重礼仪，恐怕皇帝会怪罪大人。”

鲁宗道继续回答：“怎么会呢？喝酒乃人之常情。我实话实说，何罪之有？若是隐瞒事实，才是犯了欺君之罪。”

听完这些话后，太监不再言语了，心想：“这人有毛病吧。大家在皇帝面前，都要表现出最佳的一面，以争取留下一个好印象。但这个鲁宗道却反其道而行之，这样有什么好处呢？难怪他四十多岁了，还是一个小小的侍从官……”

一路无语，来到皇宫后，宋真宗果然问起鲁宗道迟到一事。对于这个问题，太监只得如实禀告：“鲁宗道在酒馆喝酒，所以迟到。”

宋真宗勃然大怒，痛骂道：“你一个朝廷命官，怎能去酒馆喝酒？你不知道这是违法吗？”

鲁宗道回答：“臣知道官员不能在酒馆饮酒，但臣家中贫穷，连一套完整的酒具都没有，只能去酒馆喝酒。而且，臣去喝酒时，已经换了一身便装，并未穿官服前往。那里的人也不认识臣。臣想，应该不会损坏官家体统。”

鲁宗道的这番话，说得合情合理：“之所以去酒馆喝酒，是因为臣清廉，而且，臣一直穿着便服而去……”

宋真宗被鲁宗道这种忠厚朴实的性格感动了，在他的心中，只有像鲁宗道这样实话实说、踏实老实的人，才是宋朝合格的官员！

于是，宋真宗没有怪罪鲁宗道喝酒误事，反而提拔他为“右正言谏章”，对其委以重任。

就这样，通过在酒馆喝酒一事，鲁宗道得到了皇帝的赏赐，开始飞黄腾达了。

鱼头宰相

因为在酒馆喝酒，鲁宗道得到了皇帝的赏识，被提拔为右正言谏章。这个官职负责纠察百官，可以对皇帝直言进谏。

刚开始的时候，宋真宗很欣赏鲁宗道，对他提出的意见也能够虚心接受，但时间长了，就有点儿受不了，开始厌烦这个人了。

因为，鲁宗道不知道什么叫“见好就收”。

宋真宗采纳他一条意见，他就再写十条；宋真宗采纳他十条，他就再写一百条；宋真宗采纳他一百条，他就……面对这么一个不知道适可而止的人，试问谁能受得了？

而且，跟其他直言进谏的大臣一样，鲁宗道也保持着光荣的传统——骂人。

在他的眼中，皇帝乃天下的表率，一举一动都要严格要求，不能有丝毫的马虎。只要皇帝一犯错，甚至一些微不足道的小错，鲁宗道都会上书指正，一本接着一本，直到皇帝改正为止。

因为鲁宗道的这些“壮举”，皇帝算是被烦透了！每一次朝会，看着下面这位滔滔不绝、唾沫横飞、对自己指手画脚、咄咄逼人的“爷”，宋真宗就想罢免了鲁宗道。

难能可贵的是，在自知之明这一点上，鲁宗道比寇准强。发现皇帝不喜欢自己后，鲁宗道主动上交了一份辞呈。

史料记载，鲁宗道上疏的奏折大意为：“如今，陛下不听我的建议了，认为我是一个博取纳谏虚名的人。为了证明自己不是一个尸位素餐的闲人，我请求辞职，以保清白。”

本来，宋真宗是打算罢免鲁宗道的，但看完奏折后，好好想了想，虽然鲁宗道很烦，但他从不阿附权贵，一心为国，永远为江山社稷和黎民百姓着想。这么一个赤胆忠心的大臣，怎么能够轻易罢免呢？

想明白这些后，宋真宗对鲁宗道安慰了一番，在挽留时，为了表示自己的决心，还特意书写了“鲁直”两个大字，贴在了金銮宝殿的墙上，以提醒自己不忘鲁宗道的正直和忠心。

后来，宋真宗病危时，还不忘告诉刘娥，要重用鲁宗道，让他成为托孤之臣。

当然，皇帝在弥留之际还重用鲁宗道的原因，除了他正直忠心、值得托付外，更重要的是要把他留下来，好制约群臣、制约刘娥！

乾兴元年（1022 年），赵恒病逝，刘娥“登基”，按照先帝的遗训，刘娥提拔了鲁宗道，加封他左谕德、直龙图阁等官职，提拔其成为副宰相。

刘娥的这个任命，让朝廷再无消停之日。

因为朝廷议事时，鲁宗道不给任何人面子。只要他认为有“瑕疵”，或者是还有什么隐藏，就会拼命反对，非把事情弄一个“真相大白”。

刘娥垂帘听政时，曹利用位列百官之首，他飞扬跋扈、不可一世，史称“人人侧目不敢言”。然而，曹利用每次看见鲁宗道，都会乖乖地走开，唯恐招惹了他。

单凭此事，百官对鲁宗道的畏惧程度可想而知。后来，大家送给鲁宗道一个“雅号”——鱼头宰相。

这个雅号的原因有二：第一，“鲁”字上面有一个“鱼”，与鲁宗道的姓氏吻合；第二，鲁宗道的性格、言论硬得跟鱼头一样，煮不熟、嚼不烂。

其实，在正史中，鲁宗道之所以被万民敬仰，成为群臣的榜样，还被赠予

“鱼头宰相”的头衔，是因为他干了很多打压刘娥势力的事情，维护了正统的皇权。

鲁宗道打压刘娥的事情，以下面三件最为著名。

三件大事

第一件事，不让刘娥修庙。

刘娥垂帘听政时，天下权力尽归其所有。有些官员为了巴结这位女主，提出了一个特别馊的主意——想为刘氏修建七庙。

自古以来，只有皇帝能为自己的上七代祖先（三昭三穆，加上太祖）修庙祭祀，刘娥不过是赵家的媳妇，在封建社会，无论从哪个角度看，刘娥若同意修建七庙，都是大逆不道。

然而，听完这个馊主意后，刘娥反而拿出了这封奏折，询问群臣。

史料记载，面对刘娥的提问，满朝文武皆不敢言。因为大家清楚地知道，无论从法理上还是从制度上，刘娥都不能也不配修建七庙。但是，刘太后之所以这么问，说明她骨子里是想修建七庙的，只是试探一下大家罢了。

面对这种情况，群臣能怎么回答？

不让修，太后会记恨，估计等不到仁宗亲政，自己就完了；若让修，太后这关是过了，但宋仁宗登基后，自己也完了。

正当群臣面面相觑、一片沉默时，鲁宗道大声喊道：“修建七庙之事，万万不可！若设立了刘氏七庙，后世的君主怎么办（若立刘氏七庙，如嗣君何）？”

听完这句话，刘太后一脸怒气，啥也没说，退朝走了，修建七庙的事情，也就不了了之。

第二件事，逼刘娥让路。

有一年，皇帝、太后共同去“慈孝寺”烧香游玩。帝、后同行，有一个非常棘手的问题需要解决——谁先走。

当时，礼部官员在商量后，建议让刘太后先走。毕竟太后垂帘听政、大权独揽，皇帝不过是一个充数的“傀儡”。这些官员宁可得罪皇帝，也不敢得罪这位“主宰天下”的刘娥。

鲁宗道听闻此事后，立刻赶了过来，下令让皇帝的车辇先走，并痛骂这些礼部官员。鲁宗道说道：“自古以来，妇有三从，在家从父，出嫁从夫，夫死从子，此乃妇人之道也。天下的女人都要遵守这‘三从’，皇太后也是女人，也不能例外。让皇帝的车辇先走。”

史料记载，听完这番话后，刘娥也没有说什么，只是让皇帝的车辇先走了（太后遽命辇后乘舆）。

虽然鲁宗道说的话很有道理，但刘娥若跟他较真，也不会输。毕竟中国也有一句古话，叫“百善孝为先”。

刘娥之所以这样痛快地认输，跟她的秉性有关。

综观刘娥的一生，她之所以能从草根崛起，一路飙升为天下女主，其根本原因就一个，刘娥一直遵守礼仪，尊重舆论，谨小慎微，从来不干“不占理”的事。

当然，还有另外一个重要原因——跟这个烂鱼头打架，不值，还是消停几天吧。

第三件事，阻止刘娥“改朝换代”。

鲁宗道一生中干的最漂亮的一件事情，还是痛骂了一个人，遏制了刘娥改朝换代的野心。

史料记载，刘娥垂帘听政时，突然有一天，开封府尹程琳进献了一幅画，震惊朝野。这幅画，叫作《武后临朝图》！

看见这幅画，刘娥极其兴奋。因为她这一生，简直就是武则天的翻版。两人都是出生在落魄家族，都是年少嫁人，也都经过血雨腥风的厮杀，得到了皇后的宝座，并且都是因为皇帝多病，“被迫”走上了前台，开始处理朝政。最后，两人都是在丈夫死后，垂帘听政，照顾“幼子”，管理这个国家。只不过，武则天比刘娥更前进了一步……

现在，刘娥距离武则天，也就一步之遥了。

当时，程琳进献这幅画的目的是巴结刘娥，还是想劝她更进一步，不得而知。抑或这就是刘娥安排的一场戏，她想通过这种“指鹿为马”的方式，试探一下群臣的意见。

史料记载，看过这幅《武后临朝图》后，刘娥在一次早朝时直言不讳地说:“唐武后，是一个怎样的人（唐武后何如主）？”

对于这个问题，群臣依旧不知道怎么回答，只能沉默不语。最终，还是鲁宗道打破了这种沉寂，他大喊道:“武后乃大唐罪人，几乎毁了唐朝的江山社稷（唐之罪人也，几危社稷）！”

面对鲁宗道咄咄逼人的态度，刘娥只能把这幅画扔在地上，“痛骂”道:“我不做此负祖宗之事。”

经历了这些事情，刘娥明白一个道理，只要鲁宗道在世一天，自己就别想前进一步，完成那个心中的“壮举”。

但是，鲁宗道不在世了呢？

天圣七年（1029 年）二月，鲁宗道病逝，享年 63 岁。朝廷追赠其兵部尚书，谥号“简肃”。

至此，朝中再无一人抗衡刘娥，也没有一个人能够遏制刘娥的野心了。

那一刻，刘娥终于看到了希望，并且有了实现的可能。

于是，一个改朝换代、天下大乱的时刻，终于到来……

改朝换代

在宋朝历史中，天圣七年（1029 年）堪称一个多事之年，更是刘娥垂帘听政生涯中的一个重要转折点。

因为，这一年发生了很多事情，虽然看似“偶然”，但若将这些事情细细整理，就成为一个“必然”。

这一年，朝廷发生了翻天覆地的变化，先是曹利用被轰出了朝廷，随后鲁宗道病逝，最后，刘太后以“宫殿着火，王曾用人不当”为由，把王曾也轰到了地方。

伴随着“三位大佬”的相继离开，刘娥彻底摆脱了束缚，终于可以换一批忠于她的大臣了。

史料记载，在刘娥的悉心布局下，朝廷的班子焕然一新，“二府”更是换了无数的人选。

中书省方面，王曾下岗，“新兵蛋子”吕夷简（注意这个人）接任。

枢密院方面，刘娥的亲信张耆上位，成为新的枢密使。王钦若多年的好友陈尧叟（澶渊之战时，让皇帝去四川的那位）的弟弟陈尧佐回朝，出任枢密副使，帮助刘娥管理军队。

除了重用“自己人”成为两府长官外，刘娥还对朝廷的文武百官进行了一场大清洗，让他们都过了一遍“筛子”。

经过仔仔细细地筛选后，朝廷半数的大臣都被刘娥轰了出去，留下的大臣，要么就是刘娥的绝对死忠，要么就是虾兵蟹将组成的队伍，再也无法对其构成威胁了。

建立了一套只属于自己的执政班底后，刘娥终于可以干那件事情——“谋朝篡位”了。

史料记载，天圣七年（1029年）十一月，刘娥准备过60岁大寿。寿宴前，这个女人毅然决然地下令，要登上天安殿，接受文武百官的朝拜。

天安殿呀！那是宋朝的主殿，其等级之高，地位之尊，无可比拟。在宋朝的礼制中，只有皇帝才能登此宝殿，享受被百官朝拜的特权。刘娥这样做，完全可以被视为藐视礼制、篡位越权了，这个女人是想“登基称帝”了。

王曾在的时候，刘娥也曾经提议过，在天安殿接受文武百官的朝拜，在王曾的强烈反对下，最终没有得逞。现在，王曾等人都不在了，满朝文武皆是她的亲信，再也没有人能够阻止她了。这个女人终于如愿以偿了。

当然，登上天安殿，只是刘娥前进的一小步罢了。不达到自己的目的，这个女人绝不罢休。

于是，一桩更加过分的事情，就此发生了。

没过多久，刘娥的儿子，那个“乖巧懂事”的宋仁宗突然颁布了一道圣旨，告之群臣：“母亲过60大寿，仅仅登上天安殿怎么够呢？为了给母亲祝寿，朕要率领文武百官去大庆殿给母后请安，随后再去天安殿接受文武百官的朝拜。”

此言一出，群臣的反应就一个——天塌了！

在宋朝的礼法中，即使是皇帝，都不能随便进入天安殿，只有国家出现一等一的大事，譬如新皇登基、册封皇后、设立太子、命将出征、祭天祭祖，等等，皇帝才能驾临。

如今，一个小小的寿宴，竟然要在这种雄伟的宝殿进行，皇帝还要在这里率领文武百官跪拜！这等事情，让群臣情何以堪，心中怎能释怀？

史料记载，对于刘娥这种“越级”的事情，满朝文武竟然全部沉默不语，没有一个人敢当面顶撞。

于是，宋朝历史上极其尴尬的一幕，就此发生。

史料记载，那天的祝寿仪式，完全是忠臣们的一场噩梦。只见赵祯身穿龙袍，未戴龙冕，率领群臣来到大庆殿，在外国使者和天下百姓面前，对刘娥行二拜之礼，随后对她跪献御酒两杯。皇帝敬完后，百官对刘娥跪拜，向她敬酒祝寿……一切仪式都结束后，赵祯才戴上龙冕，回到天安殿接受文武百官的朝拜。

可想而知，经过了这件事情后，在群臣的眼中，刘娥已经成为天下的主人。皇帝跪拜在了她的脚下，群臣畏惧她的权威，已经没有人能够阻止她了。

那么，真的没有一个人去阻止刘娥了吗？

未必。

这不，面对刘娥的所作所为，满朝文武皆不敢出声时，一个刚刚入京的小官却站了出来，上了一道有名的奏折，痛骂刘娥不合礼仪，更纠正皇帝的“胡作非为”。

在《续湘山野录》中，对小官当时的奏折如此记述：“臣闻王者尊称，仪法配天，故所以齿辂马、践廐刍尚皆有谏，况屈万乘之重，冕旒行北面之礼乎？此乃开后世弱人主以强母后之渐也。陛下果欲为大宫履长之贺，于闱掖以家人承颜之礼行之可也。抑又慈庆之容，御轩陛，使百官瞻奉，于礼不顺。”

看看，这口气。虽然此人官卑人微，却一副“帝王师”的派头，俨然把自己当成了天子的老师，在教育自己的皇帝学生：“听说皇帝要给皇太后祝寿，这个没有错。为人子女，尽尽孝道，这是可以的。但是，我对你的搞法，得说说。要知道，你（皇帝）要尽孝道，可以去皇家内廷去搞，没有必要带上文武百官在大殿上轰轰烈烈地搞。你这样搞，不合古礼。这样瞎搞，万一开了一个不好的头，到时候咋办？”

史料记载，看完这封奏折后，刘太后这叫一个气呀。但是，人家毕竟是皇太后，心里还是有点儿度量的。刘娥见此人就是一个小官，就没跟他一般见识，把这封奏折一扔，就让这件事情过去了。

然而，刘娥万万没有想到，她不跟这个小官一般见识，这个小官，却没打算放过她。

史料记载，见自己的奏折石沉大海、杳无音讯后，这个小官大怒。为了阐述自己的思想，他又上了一封更猛的奏折。

这封奏折叫作《乞太后还政疏》，里面内容有："陛下拥扶圣躬，听断大政，日月持久。今上皇帝春秋已盛，睿哲明发，握干纲而归坤纽，非黄裳之吉象也。岂若保庆寿于长乐，卷收大权，还上真主，以享天下之养。"

看见没有，这篇文件的内容，哪里是"乞太后"呀？就是给太后的一封最后的"通牒"。这个年轻的官员告诉刘太后："亲爱的皇太后，听说你执政大权，很了不起。但是，皇帝可是一个年轻有为的主。您抢了他的权力、替他治理天下，这可不是什么好兆头。如果您不想'那啥'的话，还请您还政给皇帝，自己去后宫养老，这才是正道！"

可想而知，看完这封奏折，刘太后脾气再好，也不可能忍受这名小官的讽刺了。盛怒之下的刘太后下诏，将这个小官逐出京城，贬到河中府当一个小小的通判去了。

史料记载，对于这个恶毒的判罚，这个小官没有任何异议，因为他清楚地知道，在至高无上的皇太后面前，所有的反抗都无济于事。他唯一能做的，就是收拾好自己的行李，离开京城，去地方继续贯彻自己的真理。

至此，这个小官为自己鲁莽的行动，支付了一笔昂贵的学费。然而，在地方上的生活，并没有让他绝望。通过在地方的磨砺，这个小官完善自己的心智，坚定自己的信念，当他再次回到京城时，在宋朝建立不世之功，并在历史上刻上不朽的名字。

这个小官的名字叫作——朱说，或者叫作——朱悦。

对于这个朱说或者朱悦的名字，咱们比较陌生，然而，小官改名后的名字，咱们就熟悉无比了。

改名后的名字，叫作——范仲淹。

第四章 功亏一篑

刘娥的对手

史料记载，伴随着王曾、曹利用的被贬，鲁宗道的病逝，刘娥开始了全线加速，她准备坐上那个至高无上的宝座，行武则天之事了。

然而，刘娥的这种行动，最终还是被一个大臣搅黄了。

这个大臣，就是刘娥刚刚提拔的“新兵蛋子”，宋仁宗时期的名相，宋朝历史上最富争议的宰相——吕夷简。

吕夷简（978—1044 年），字坦夫，寿州（今安徽凤台）人，北宋著名政治家。他是宰相吕蒙正之侄，光禄寺丞吕蒙亨之子。

要说这个吕家，真是一个世代为官的家族。吕夷简的祖父吕梦奇，是后唐的户部侍郎。吕夷简的堂叔吕蒙正，是大宋王朝的状元郎，后来官居宰相。

常言道：榜样的力量是无穷的。祖父、堂叔的成功，不仅是吕家的荣耀，也熏染了吕夷简幼小的心灵，为他树立了人生的楷模，并成为他刻苦读书的一大动力。

在家族的熏陶下，长大成人后的吕夷简成为一个才学出众、博学多识的人。

咸平三年（1000 年），吕夷简在考场中一举夺魁，被朝廷任命为绛州军事推官，从此进入宦海，开始了自己“兴风作浪”的一生。

众所周知，要想在朝廷混，学问，固然有用，但“有人”，才是正道。

在为官从政期间，两个“贵人”的鼎力相助，或者是两个贵人的“潜规则”，让吕夷简的仕途之路事半功倍、一步登天。

第一个贵人，他的堂叔吕蒙正。

大中祥符四年（1011 年），一代宰相吕蒙正病重，不日即将仙逝。为了给这位老臣送行，宋真宗亲自上门探望。

在慰问赏赐之余，赵恒问吕蒙正儿子们的情况，准备对他们加官晋爵：“爱卿的儿子，哪些可以重用？”

对于皇帝的问题，吕蒙正愤愤不平道：“几个儿子如猪狗一般，不值一提，倒是侄子吕夷简，颇有文采，有宰相之才。”

正是吕蒙正的这番话，让赵恒彻底记住了吕夷简，后来对他委以重任。

第二个贵人，当朝宰相王旦。

吕夷简初入仕途时，第一份官职是绛州军事推官，负责司法诉讼。吕夷简干事兢兢业业，断案明晰，很快便受到了朝廷的赏识，朝廷将他外放濠州，准备令其去地方历练一下，随后再加以重用。

当时，担任濠州知府的，是名满天下的大才子梅询。梅询才华横溢，自视清高，他认为朝廷派这么一个无名小卒当自己的下属，会给自己拖后腿。

梅询找到当朝宰相王旦，对其诉苦，要求取消这个任命，把吕夷简调往别处。

对于梅询的无理要求，王旦笑着解释道：“吕夷简这个人挺好的，可以陪梅公读书。”

梅询不屑道：“吕夷简也会读书？在梅某眼中，能吟诗作赋、著书立传者，才叫‘会读书’。”

一听这话，王旦端着脸说道：“吕夷简会不会读书，假以时日，便可知晓。”

随后，王旦看了一眼旁边当时还在实习的王曾，继续说道：“还请梅先生善待吕公。他日，吕夷简和王曾同做宰相时，梅先生可不要后悔莫及。”

一听这话，梅询很不服气。一旁的王曾听了，也觉得王旦的话有些言过其实。

可事实是，王旦不愧为李沆的徒弟。他的预言，也准确无比。

短短数年间，吕夷简一路飙升，最终跟王曾并任宰相，成为宋仁宗初年“两大护卫”之一。而那个梅询，因为不听王旦的劝慰，一直得罪吕夷简。在吕夷简的“运作”下，梅询一生碌碌无为，临退休前，才混到一个翰林学士。

综上所述，有吕蒙正、王旦这两位“江湖大佬”替自己保驾做媒，吕夷简的仕途，焉能不顺？

当然，即便吕夷简有“贵人”相助，可以钻各种“潜规则”的空子，但若本身能力不行，或一点儿本事都没有，也是白搭。

这里说一个问题。如今，咱们一提“潜规则”之类的东西就皱眉头，认为这种行为肮脏无比。对这类人，我们也嗤之以鼻。其实，具体问题还得具体分析，若这个人行“潜规则”之事，只是为了尽快实现自己的理想，那不过是一种“曲线救国”罢了，没必要全盘否认。真正要嗤之以鼻、轻蔑鄙视的，是那种“钻潜规则漏洞行蝇营狗苟之事”的人。

吕夷简就是一个最好的例子，他若自身能力不够，如何能成为帝国的宰相？他若没有够硬的真才实学，又怎能做到这个位置呢？

那么，吕夷简身上有什么过人的能力呢？

吕夷简的本事

历史上的吕夷简，之所以能得到皇帝的赏识，完全是因为他自己干了很多漂亮的事情，即使没有那些“潜规则”，他也一样能够上位。

史料记载，在从政期间，吕夷简一直以直言进谏、实话实说而闻名天下。

当时，国家大兴土木，需要很多木头。负责漕运的李溥为了迎合天子，就严厉要求各地的木材必须按时入京，一旦延误，严惩不贷。因为这个政令，很多伐木工人、运送船夫被牵连下狱，甚至被毒打致死。

得知这个消息后，吕夷简立刻弹劾了李溥一本，说他滥用职权、欺压百姓。宋真宗虽然热衷神道，但他依旧是一个爱民如子的君王。看完吕夷简的奏折后，宋真宗很是感动，他加封了吕夷简的官职，并把李溥狠狠地骂了一顿。

吕夷简加官后，升任为刑部员外郎，主管国家的法律。在这个位置上，吕夷简依旧干得可圈可点。

有一年，寇准担任永兴军节度使，他将管辖内的罪犯送入京城，交由刑部处理。这些罪犯到了刑部后，不知道是为了自保，还是受人指使，竟然宣称："寇准图谋不轨，要造反！"

得知这个消息后，朝中一些人马上联名上奏，要皇帝严惩寇准。这时，吕夷简则反对道："寇准治理地方多年，判案毫无过错。之所以现在流言四起，怕是朝中有人想中伤寇准。我们应该连夜审讯这些囚犯，看看到底是何人在背后指使。"

吕夷简的这番说辞，说得那些反对派们背后一惊。从此之后，再也没有人弹劾寇准了。见此情景，宋真宗很是满意，更加器重吕夷简了。

当然，上述这些只是小事，让宋真宗真正器重吕夷简的原因是——他锲而不舍的办案精神，以及绝不草菅人命的爱民之心。

天禧年间，广州知州李应机上奏，说自己捉到了一条特别大的"鱼"！

这条大鱼，就是宋太宗时期，在四川起义的"匪首"——李顺。

原来，虽然官方文献记载，宋军攻破成都后，李顺兵败被俘，死于押解途中。但是，民间却一直传言，李顺并没有死，他化装成一个和尚逃跑了，下落不明。

如今，这个逃逸了二十多年的李顺，终于在广州"落网"了。消息传到朝廷后，举朝震惊，宋真宗立刻派专员去广州，将李顺押解入京，准备公开问斩。

当时的刑部尚书，是奸臣丁谓。这个人深知宋真宗好大喜功的个性，因而在提审犯人时，丁谓压根就没上心，他敷衍了事，草草结案了。

丁谓在结案书上签了字，但吕夷简却不签。为此，丁谓很是恼怒，他威胁道："此案已成定论，赶紧签字了事。不要因为一个乱臣贼子，惹恼了皇帝。"

吕夷简反驳道："此案疑点重重，我不能随便签字。"

双方无法达成共识，丁谓认为吕夷简"无事生非"，只能拂袖而去。

事实证明，吕夷简是对的。在经过一系列调查后，吕夷简终于让案件真相大白了。这个所谓的“匪首”李顺，其实是一个叫李延志的寻常百姓。

原来，当年李延志在成都府副将崔麻胡家中打工。从崔麻胡的口中，李延志知道了很多王小波、王均、李顺等人的事迹，也知道了很多内幕。

宋军平定四川起义后，李延志就回到了故乡广州，以做买卖为生。最近几年，李延志结交了广州怀勇军军官许秀，两人经常在一起喝酒。喝酒期间，李延志借着酒劲，高谈阔论王小波等人的事迹，说得活灵活现，如同亲身经历了一般。

聊了几次后，许秀就觉得不对劲——李延志聊的这些事情，一般人不知道呀，他怎么会知道这些机密事情呢？于是，许秀就将这件事情上报给了知州李应机。

听完许秀的汇报后，李应机大喜过望，他自信地认为，这个李延志不是别人，就是一直下落不明的“匪首”李顺！真是踏破铁鞋无觅处，得来全不费功夫，该着老子立功！

于是，李应机二话不说，就把李延志缉捕了，严刑拷打，迫其招供。李延志承认自己是李顺后，李应机马上把这件事情上报给了朝廷。

朝廷的官员明白宋真宗的意思，所以即便对案子有疑问，也没有点破，就都同意了。当然，除了吕夷简这个“愣头青”……

通过这件事情，宋真宗完全认可了吕夷简的能力，对他宠爱有加，将其作为重点培养的对象。

再后来，刘娥摄政后，就提拔了吕夷简的官职，让他成为自己的宰相。

按照刘娥的预想，我提拔了你这么一个官场新人，你就该对我感恩戴德、倾力回报。然而，令刘娥万万没有想到的是，跟她的夫君提拔赵仁安一样，她竟然也瞎了眼，提拔错了人！

刘娥的一世英名，就毁在了这个“新兵蛋子”手里。

为“那个人”争取权益

史书上的吕夷简，论道德名声，不如王曾；可论权谋韬略，却远在王曾之上。

自从当上宰相后，吕夷简就给自己定了一个非常准确的定位——顺从太后，保住现在的权力；顺从皇帝，保住未来的利益。在帝后之间，找到一个眼下和长远的平衡点；当帝后发生矛盾时，坚定拥护皇帝，毕竟皇帝年幼，刘娥来日不多……

以上，就是吕夷简的立足之道。

这种思想决定了吕夷简不可能是太后的人。

下面两件事情，就足以说明一切。

第一件事情，为“那个人”争取权益。

史料记载，天圣十年（1032 年）二月二十七日早晨，宋仁宗依旧规规矩矩地站在刘娥的身后，陪她去听政。因为这位皇帝还“小”，23 岁的他还无法亲政，只能继续让母后垂帘听政，替自己处理国事。

很平常的一天，在皇帝的眼中，也没有发生什么大不了的事情……只是，未来的某一天，当宋仁宗知道当天发生的一切后，他是否还能如此心情平静、昏昏欲睡呢？恐怕只能心神惊悸、夜不能寐了。

当时，赵祯和刘娥走上大殿，开始处理朝政。以吕夷简为首的官员们，说了几件无关痛痒的事情。刘娥见没有事情了，就宣布退朝。然而，就在此时，吕夷简突然站了出来，问了一句话。

这是一句在皇帝的眼中，很琐碎、很无聊的一句话：“太后，听说昨天晚上，后宫有一个嫔妃死了（闻有宫嫔亡者）？”

听完这句话后，赵祯藐视了一眼吕夷简，心里暗骂道：“国家那么多的大事，身为宰相都不去管，却来过问一个嫔妃的事情，真是狗拿耗子，多管闲事。”

宋仁宗万万没有想到，吕夷简的这番话，竟然深深刺激到了母后，并诱发了一件让他终生难忘的事情。

史料记载，听完吕夷简的话后，刘太后大吃一惊，她迫不及待（矍然）地大骂道：“宰相，宫里的事情，你也要管吗？”

不等吕夷简回答，惊慌失措的刘娥根本不管什么礼节礼仪，她挑开面前的帘子，拉起宋仁宗直奔后宫而去。

对于母后的这种反常举动，赵祯虽然一肚子疑惑，却也不敢多问。

直到一年后刘娥病逝，宋仁宗才知道当天发生的事情，并为自己不在场而后悔不已。

当时，刘娥把赵祯拉走后，在后宫待了一会，平复了一下自己的心情，再次来到大殿，与吕夷简继续对质。

刘娥回来时，吕夷简压根就没动，还站在原地。双方四目相对了一下，刘娥率先发难道:“一宫人病逝，乃一小事，相公日理万机，为何紧咬此事不放，意欲何为？”

这里的潜台词是，我明白你小子的意思，但是，这是我的事情，你别管。

刘娥已经露出了杀气，吕夷简却毫不畏惧，他大声道:“臣是大宋王朝的宰相，宫内宫外的所有事情都能干预，为何不能管这件事情！”

一听这话，刘太后再也忍无可忍了，她大怒道:“你为何要离间我们母子(相公欲离间我母子耶)！”

离间母子，什么情况？对于这个莫须有的罪名，吕夷简毫无惧色，他反问道:“太后，若不想保留刘氏家族，臣就不再说话了。若想保全刘氏家族，请厚葬了这名嫔妃。”

当殿无理，大逆不道！吕夷简竟然在大庭广众之下，用一个小小的嫔妃，来威胁当朝太后的家族！然而，正当群臣为吕夷简捏一把汗时，刘太后却彻底妥协了。

史料记载，听完吕夷简的话后，这位一生强势的女子，竟然沉默了。刘娥仔仔细细想了一会儿后，竟然理解了吕夷简的意思，同意了吕夷简的处理意见。

第二天早朝时，以为自己胜利的吕夷简上书朝廷，希望按照“一品礼殡”安葬这位嫔妃，下葬时，还要用水银实棺。然而，吕夷简的建议，却被刘娥无情地驳了回来，此外，还得到了一个让他非常气愤的消息。

原来，经过了一夜的思考，刘娥还是没有改变初衷。她下令，那位嫔妃的葬礼一切从简，灵车从皇宫的一个小门运出去，也不再举行葬礼。不举办葬礼的理由，也很充分——这名妃子死的时间，非常不好，举办葬礼对国家不利。

刘娥这样做，也合情合理。毕竟，这就是一个普通的嫔妃，生有养就不错了，为什么还要让她死后风光呢？若开了这个先河，让其他嫔妃怎么想？因此，必须薄葬。

吕夷简焉能同意？

得知这个消息后，大怒的他来到皇城，面见太后，要求提高这名嫔妃葬礼的规格。吕夷简还提出了一个更加过分的要求——要在皇仪殿举行葬礼，而且太后和皇帝都要“举哀成服”。

这差不多是最高等级的葬礼了。

一个小小的、普通的落魄嫔妃，竟然要用这么高规格的葬礼，还要刘娥为她“披麻戴孝”，刘太后焉能同意？

大怒的刘娥索性不见吕夷简了，她派自己的亲信太监罗崇勋出面质问吕夷简：“你小子，到底要干什么？”

吕夷简回答道：“臣的要求很简单，请厚葬那位妃子，并让她的灵车从西华门出去。”

听完吕夷简的要求后，太后对这位提拔的“亲信”大失所望，她再次派罗崇勋出去痛骂吕夷简忘恩负义：“没想到，爱卿竟然是这样的人（岂意卿亦如此）！”

对于刘娥的指责，吕夷简无动于衷，他回答道：“臣位宰相，理当廷争。太后不许，臣终不退。”

事情彻底僵住了。

后来，罗崇勋接连传了三次话，这两位顶级大佬却始终没谈拢，太后就是不许。

最后，见僵持在这里也不是办法，吕夷简索性摊牌了，他正色地对罗崇勋说：“宸妃诞育圣躬，而丧不成礼，异日必有受其罪者，莫谓夷简今日不言也！”

现在，大家应该知道这位已经病逝，太后、宰相为厚葬还是薄葬争论不休的“普通嫔妃”，到底是谁了。

宸妃，就是李妃。而李妃，正是时任皇帝的亲妈！

吕夷简之所以抖出这个天大的秘密，原因其实很简单，他就是告诉刘娥——别看我老吕现在是你的人，但是，我得顾及皇帝的利益，更得顾及自己的利益。若现在薄葬了李妃，这个“受其罪者”是谁？不是我吕夷简，就是你刘娥。未来你死了，你是没事了，可皇帝知道了这件事情后，一旦追查起来，我就惨啦。因此，为了自己的将来，为了我吕夷简后半辈子的荣华富贵，必须要厚葬这个李妃。你刘娥不干也不行！

史料记载，吕夷简的这番话，竟然起到了立竿见影的效果，因为在这个世界上，“威逼”永远比“利诱”效果更好。

听完吕夷简的话，罗崇勋彻底吓傻了，他立刻跑回京城，向刘娥报告去了。听完罗崇勋转告的话，刘娥也被彻底吓傻了，这位一直不肯松口的太后，终于选择了妥协。

至此，这场围绕李妃葬礼的争端，终于以吕夷简的完胜、刘娥完败的结局而告终。

后面的事情，就变成皇家出殡的仪式了。李氏以最高礼仪下葬，朝廷辍朝三日，普天祭祀，宫内外一起披麻戴孝，皇帝与太后也一体服丧。

礼毕后，李氏的棺椁由西华门出去，进入皇陵安葬。

至此，还有一个小花絮，说大，不大；但说小，也绝对不小！

当时，负责殡葬事宜的官员，是刘娥的心腹宦官罗崇勋。吕夷简找到罗崇勋，告诉他两件事：第一，李氏不要下葬，先拖一拖，存在皇家寺院的奉先寺中；第二，一定要按照皇后的礼仪下葬，给李氏换一套皇后的礼服。

听完这两件事情后，罗崇勋吓坏了，他告诉吕夷简：“刘太后的意思，按照一品嫔妃的礼仪下葬，你这样擅自篡改，恐怕不好向太后交代。”

吕夷简瞪了他一眼，小声提醒道：“既然中贵人这样说，那就随你。只不过，他日你被抄家时，可别怪吕某没有提醒你！”

大家都在江湖混，谁也不傻。罗崇勋瞬间就明白了。于是，他立刻按照吕夷简的意思行事，偷偷找来一件皇后的衣服给李氏换上，让她以皇后的“身份”下葬。

事实证明，吕夷简的这个建议，完全正确。若没有当时的未雨绸缪，在未来那场惊天动地的“开棺验尸”中，吕夷简不可能全身而退，甚至会因为那件事情而被罢黜出局。

那件事情，咱们未来再说。现在继续聊吕夷简反对刘娥、奉迎皇帝的事情。

这第二件事情，我称之为“路遥知马力，大火见人心”。

大火见人心

史料记载，天圣十年（1032 年）八月，又一场大火席卷了宋朝宫殿。只不过，这一次烧毁的不是远在宫城外的玉清昭应宫，而是近在咫尺的皇宫内院。

当时，由于风大夜黑，火势迅速蔓延，先是烧毁了皇帝办公的崇德殿，随后烧毁了长春殿，最后烧到了皇帝正在休息的寝宫——延庆殿。

大火烧起时，皇帝正在休息，太监们为了自保，一哄而散。救援的侍卫不熟悉路线，一时间找不到皇帝。眼看火势越来越大，很多人都放弃了。

如果此时宋仁宗葬身了火海，那么宋朝的历史，就有可能被改写了。因为没有一个人能够保证，宋仁宗死后，刘娥不会登基称帝，成为一个女王，建立一个崭新的王朝。

眼看宋朝的国运就要被改写，在这个危急时刻，小黄门侍卫王守规淋湿衣服，光着膀子冲入火海，冒着变成“烤鸭”的危险，把宋仁宗救了出来。

救出皇帝后，王守规背着宋仁宗一路小跑，远离坍塌的延庆殿，向延福宫奔去。之所以选择延福宫，是因为那里远离主要建筑，相对独立，比较安全。

在去延福宫的途中，因为已经深夜，所有的宫殿都上了锁。宋朝有规定，未经许可，擅自开门可是死罪。面对这种情况，随行的宫人、侍卫们茫然失措，毫无办法。在这关键时刻，还是王守规当机立断，他下令用刀砍门，一路砍开了数座宫门，这才护送宋仁宗来到安全的延福宫。

王守规请奏皇帝，请将他的位置报告给太后，以免大家找不到皇帝，另生变故。对于这个建议，宋仁宗完全同意。于是，王守规又率人来到太后殿，将刘娥接到延福宫，并平息了宫内的混乱。

第二天早朝时，在宫外的群臣们早就知道了宫内的变故，大家聚在城门外，请求进宫，但宫门紧闭，大家无法进去。最后，吕夷简等人要求叩见皇帝，皇帝这才驾临拱宸门，接见文武百官。

史料记载，见到皇帝后，城门下的群臣纷纷跪拜宋仁宗，然而，吕夷简就跟吃错了药一样，挺直了腰板，一点儿下跪的意思都没有。

看见吕夷简的所作所为后，群臣都傻了眼。当朝首辅宰相不跪，我们是跪，还是不跪？大家面面相觑，不知如何是好。

见此情景，一旁宣旨的太监大怒，他质问吕夷简：“皇帝在此，为何不跪？”

面对质疑，吕夷简大声回答道：“宫廷有变，群臣愿一望清光。”

吕夷简之所以不跪，其实是在学吕端，干那种“大事不糊涂”之事。

原来，吕夷简惊讶地发现，宋仁宗跟自己之间竟然挂着一道帘子。干吗挂一道帘子呢？万一坐在帘子后面的人，不是赵祯本人呢？这会不会是刘太后的一个阴谋诡计呢？于是，吕夷简选择了不跪拜，他要求看看帘子后面的人，确定之后再跪拜。

一听吕夷简这么说，帘子后面的宋仁宗很是感动，他命吕夷简走到近前，亲自挑开帘子确认。吕夷简掀开帘子确认之后，才走回去，率领文武百官跪拜。

至此，目睹了吕夷简的所作所为后，宋仁宗赵祯很是满意；而皇太后刘娥，则失望透顶。

因为刘娥看清楚了一个现实——吕夷简虽然唯自己马首是瞻，但是关键时刻，在其心中，却只有宋仁宗一位皇帝。别人，他是不认账的。这个“别人”，也包括刘娥自己……

除此之外，刘娥也看清了另外一个现实——自己的绝对亲信，也容易反水！

原来，此次救援行动中，虽然救出皇帝的王守规是一个小人物，其哥哥王守忠却是一个大人物。

从真宗时期起，王守忠就是皇城的大内都都知，也是皇城内的最高侍卫长官，更是刘娥的绝对死忠。结果，这么一个死忠的弟弟，却跑去帮助宋仁宗脱险，并告诉宋仁宗，小心宫内有变……

可见，这哪里是一场毁坏宫殿的大火呀，这分明是一场考验人心的大火，更是对以吕夷简为首的官员们的一场终极测试。

而这场测试的结果，则跟这场大火一样，既摧毁了房屋，也摧毁了刘娥那颗称帝的心。

刘娥病逝

史料记载，这场大火后，刘娥的身体就一天不如一天了，而造成这种现状的原因，也许就四个字——心里憋屈。

经过了这次大火的“考验”，刘娥惊讶地发现，宋仁宗的年纪越来越大，满朝文武越来越不听自己的了，拥戴她的官员也越来越少了……这就意味着，自己当政的日子，越来越少了。

那个曾经的亲信、今日的白眼狼吕夷简就不说了，刘娥其他的那些亲信，如程斌、王守忠、罗崇勋等人，也开始逐渐远离刘娥，亲近宋仁宗了。这些人也准备给自己留一条后路了。

即使刘娥的威严还在——大火过后，她改国号为“明道”，寓意“日月同道、帝后共同管理天下”，但刘娥也清楚地意识到——自己这一生，终究无法复制那个女人武则天的壮举，只能当一个“普普通通”的太后了。

当然，以刘娥的性格，她是绝对不能当一个“普普通通”的太后的。即使无法完成心中的那个梦，她也要通过其他的形式，不给人生留下任何的遗憾！

天圣十年（1032 年）十一月，宋朝改年号为“明道”。更改年号，本是一件普天同庆的大事，但刘娥却一病不起，病情也越来越厉害了。

母亲生病了，宋仁宗很是着急，他下令大赦天下，并张贴皇榜，寻访天下名医，就连高僧、老道们，也请了不少。

然而，即便宋仁宗如此孝顺，刘娥的病情还是日渐严重。

人想到了死，就会想到要交代后事。放眼刘娥的一生，由一个四川歌女，一步一步匍匐前进，最终成为大宋王朝的“主人”。单凭此举，刘娥就足以含笑九泉，再无遗憾。但是，在去九泉前，刘娥还想干一件事情，她想去祖先面前显摆一下功绩，让这些“祖先”记住自己的威名！

刘娥想见祖先，无可厚非。但问题是，刘娥想见的祖先，不是虚无缥缈的太原武将世家，也不是四川不堪回首的庶族，而是她的夫家，宋朝赵氏一族的列祖列宗。

史料记载，正月时，在皇帝探病期间，刘娥突然发难，提出了一生中最后一个要求，也是一个最逾分的要求——想去太庙祭祖！

太庙，宋朝最高等级的殿宇，没有之一！

在传统礼仪中，太庙是供奉宋朝历代皇帝的地方，除了皇帝外，其他人皆不可进。不管是建功立业的文武百官，还是身份高贵的后宫嫔妃，都只能在外面待着，不许踏入太庙一步。

自古以来，进太庙者，仅限皇帝；刘娥若进入太庙，也就等同于“称帝”了。

可见，刘娥提出这么一个要求，不仅是在挑战祖制，挑战中国传统的人伦道德、礼仪礼法，更是通过这种方式，来一个曲线救国，以完成心中那个“梦想”。

一石激起千层浪。得知刘娥的这个要求后，群臣立刻炸开了锅，大家接连上书，要求宋仁宗驳回刘娥的请求，不能让这个“疯女人”胡作非为，独断专行。

当时，为了让皇帝收回成命，晏殊手捧一本《周礼》，给皇帝上了一堂古代礼仪课，告诉皇帝，女人的最高礼仪极限在哪里。

晏殊说完后，三司使薛奎也随声附和了一番，除了论证晏殊的观点外，薛奎还故意调侃了一下皇帝：“他日，等陛下大谒时，是做汉儿拜，还是做女儿拜？”

总之一句话，大臣们绝对不同意刘娥进入太庙，他们不允许一个女子进入这个神圣的地方，与宋朝皇帝们的灵魂平起平坐。

然而，在群臣的反对中，宋仁宗还是答应了母亲的要求，完成了刘娥的这个“最终梦想”。

毕竟，一个为国家做出无数贡献的将死之人，临终前想见见婆家的祖先，这个愿望，并不过分。

皇帝同意了这件事情，群臣虽然不甘，但也只能选择沉默。很快，在宋仁宗的授权下，礼部开始加班加点，制定礼仪流程、布置会场、安排人员去了。

但是，群臣对太后祭拜太庙时，走什么样的程序，穿什么样的衣服，又展开了一场激烈的辩论。

最终，礼部官员建议，按照礼仪，拜谒太庙的人，只能是一国之君，所以刘娥拜谒太庙时，可穿戴天子的冠冕，走天子拜祭的流程。

对于这个建议，刘娥欣然接受，但是，三司使薛奎强烈反对，他告诉刘娥：“若太后一切穿戴如君主，就等于跟赵氏的列祖列宗平级了。到时候您见到他们后，如何跪拜？”

刘娥听完这番话，沉默了一会儿后，同意降低规格。刘娥决定，身上减少一两件衣物，以示区别。

刘娥妥协后，礼部立刻制定了一份最终标准：“皇太后宜准皇帝衮服减二章，衣去宗彝，裳去藻，不佩剑。金龙花十六株，前后垂珠翠各十二旒，以衮衣为名。诏名其冠曰仪天。”

这段话的意思是说：刘娥拜谒太庙时所穿的礼服，与皇帝的袍服基本相同，但衣服上要去掉一些皇家图案，也不许配剑上殿。此外，虽然皇太后和皇帝的帽子（冕旒）一样，前后都是十二旒，但是，皇帝帽子上使用五彩玉，皇太后帽子上则使用女子常用的珍珠翡翠。礼部还为这个特殊的帽子，取了一个特别的名字叫“仪天冠”。

当然，虽然去掉了一些东西，但在外人的眼中，刘娥身上的这件衣服，还是与龙袍无异。

明道二年（1033 年）二月，整整筹备了两个月后，这场前无古人、后无来者的庆典终于如期举行。

当天，刘娥一身“龙袍”，头戴仪天冠，在群臣的簇拥中，坐着只有天子才能乘坐的玉辂车，风风光光地来到了太庙，开始祭祖。

这次祭祖，是她一生中最辉煌的一次旅程。

这次祭祖，也是她一生中最后一次旅程。

在中国历史上，穿过龙袍的女人，仅有两个。除了武则天以外，就是这位大宋应元齐圣显功崇德慈仁保寿皇太后——刘娥。

至此，刘娥大愿已了，再无任何牵挂。她的人生之路，也终于走到了尽头。

史料记载，刘娥祭拜完太庙后，她的病情严重恶化。明道二年（1033 年）三月二十九日，在宝慈殿的御床上，刘娥安然病逝，享年 65 岁。

一代传奇，终于落幕。

如今，历史学家评价刘娥的一生，说她是一个可与汉朝吕雉、唐朝武则天齐名的女子，是中国三大女主之一。对刘娥的评价，也比那两个女子好得多。因为刘娥没有擅自换过皇帝，也没有谋朝篡位，所以在中国历史上，大家给了刘娥一个非常中肯的评语——有吕武之才，无吕武之恶。

这句话，是对刘娥一生最好的评语。

然而，刘娥真的没有称帝野心吗？综观刘娥的一生，她津津乐道地观看《武后临朝图》，玩命地立国号、建生祠、改殿名、祭太庙、穿龙袍……这一切的一切，可都是武则天称帝前的必经之路。

要知道，在中国历史上，再没有第三个女人干过这些事情。即使是清朝那位一言九鼎、无所不能的慈禧大妈，也没有干过。

可见，刘娥真的只有“吕武之才，无吕武之恶”吗？如果多给她一些时间，这个女人还将干出什么事情，都不得而知。

在历史上，永远没有“如果”二字。刘娥的生命长度也决定了，她无法复制武则天的壮举，开创一个属于自己的时代。武则天活到了81岁，在登基称帝前，整整执政了30余年。反观刘娥，她才活到了65岁，执政的时间也不过12年而已。

假设，老天再给她十年、二十年的生命，刘娥的历史、宋朝的历史，是不是都会改变了呢？逝者虽已逝，但生者也不能让她走得安稳和踏实。《宋史》中最后一篇关于刘娥的记录，则记录了刘娥最后的“苦楚”，以及那些生者最后的“报复”。

史料记载，刘娥病逝时，宋仁宗在身边哭成了一个泪人。过了很长时间，宋仁宗才止住哭声，疑惑地对周围道：“刚才，母后在病逝前，一直拽着我的衣服，仿佛还有什么事情要交代。各位爱卿帮我想想，母后还有什么事情未说？”

群臣百思不得其解，宰相吕夷简选择了沉默，大臣薛奎则站了出来，道：“刚才，太后一直拽陛下的衣服，这是想脱去自己身上的衮服呀。要不然的话，太后以一身龙袍入殓，如何去见列祖列宗？这也不符合礼仪。”

一听这话，宋仁宗才“恍然大悟”道：“没错，没错，爱卿所言极是，我母后肯定是这个意思。”

说完，宋仁宗命左右给母后更衣，换下衮服，以太后之服入殓。

那么，刘娥在弥留之际，真的是这个意思吗？

未必。

想想吧，如果刘娥真是这个意思，她为什么在驾鹤西去前，不自己脱下龙袍、换上太后的衣服呢？刘娥为什么要一直穿着这身龙袍，迎接自己的大限呢？

可见，刘娥就是要穿着这身衣服入殓，而皇帝也明白母后的意思，但一直没有点破。等刘娥病逝后，宋仁宗这才发难，借薛奎之口，不让母亲穿龙袍入殓，保全了自己的秘密。

毕竟，在那个男权至上的时代，母亲的这身龙袍，是统治阶级眼中最刺眼的物品，没有之一。

第五章 烟消云散

开始清算

明道二年（1033 年）三月，执掌天下 12 年的刘娥，在无怨无悔中悄然病逝。她死后，25 岁的宋仁宗终于走上了前台，开始了自己 30 年的亲政生涯。

咱们都知道，中国所有皇帝的登基，都是从哭开始的。史料记载，刘娥病逝后，宋仁宗守在刘娥的棺椁前，痛哭不已。不管大家怎么劝，都无济于事。

毕竟，自己的母亲死了，换谁都会很痛苦。然而，咱们前面讲过，刘娥根本不是赵祯的亲生母亲，宋仁宗的亲生母亲是李氏，刘娥只是借腹生子罢了。只不过，刘娥在世的时候，大家不敢声张，只能让这个秘密烂在肚子里。

但是，刘娥现在死了，那就不一样了。

史料记载，为了劝慰皇帝，或是为了保住自己的荣华富贵，或是为了建立一个大功绩，见皇帝如此悲痛欲绝，宫里德高望重的杨太后就劝慰道：“陛下，您不要哭了，人死不能复生，还请节哀顺变。”

宋仁宗悲痛地回答道:“母后病逝，朕怎能不哭泣？还是让朕一个人静静，继续陪伴母亲吧。”

杨太后叹了一口气，道:“陛下，您不要再哭了。您哭的这个人，根本不是您的亲生母亲，您的母亲另有其人！”

说完，杨太后来了一个彻底大摊牌，她把当年的那些故事，李氏、刘娥以及宋真宗的那些借腹生子的事情，全部给抖了出来。

至此，这个隐藏了几十年的秘密，被杨太后捅破了。

本来，杨太后是最不应该讲这个秘密的，因为刘娥活着的时候，对这个女人一点儿也不薄！刘娥活着的时候，曾经下过一道遗训，说自己百年之后，要“提拔”杨氏为皇太后。

这个任命非比寻常，杨氏与宋仁宗非亲非故，最多是一个“养母”罢了。在中国历史上，生母、嫡母晋封为皇太后者，比比皆是，但养母晋封为皇太后者，却屈指可数。所以说，对于这个任命，杨氏激动不已，对刘娥也充满了感激。然而，这么一个对刘娥充满“感激”的杨氏，在得到了想要的名分后，却选择了与“好姐妹”彻底翻脸。

可见，在后宫之中，哪有心地善良的小白兔，全是一群心怀鬼胎的……

史料记载，听说自己不是刘娥亲生子嗣后，宋仁宗彻底蒙了，他停止了哭泣，迫切问道:“母后此言何意？我不是刘娥的子嗣，是谁的子嗣？”

杨太后道:“陛下的生母另有其人，您的母亲是宸妃李氏，如今灵柩正停放在奉先寺。”

宋仁宗吃惊道:“还有何人知晓此事？”

杨太后道:“宰相吕夷简、八王赵元俨，皆知道内情。”

一听这话，宋仁宗立刻宣吕夷简和八皇叔入宫，要当面问清楚此事。

这个八皇叔可不是一般人，他不仅是那出“大戏”的主角，更是皇位的一个强有力的竞争对手，他还差一点儿成为皇帝呢。

咱们都知道，在小说《三侠五义》中，有一位手拿御赐金锏，上打昏君、下打奸臣，一生刚正不阿，屡次拯救忠臣良将，贤明无比的王爷。这个王爷，就是大名鼎鼎的“八贤王”。

前面已经说过很多遍了，民间演义的故事对比真正的历史，仅三分为实，其余七分皆虚。这个八贤王，也不例外。

在真正的历史中，八贤王根本没有演义中的那些故事，他只是一个追求名利的凡夫俗子，既不贤，也不明。

这位宋真宗的八弟，原名赵元俨。因为排行老八，史书也称赵元俨为“八大王”。

《宋史》记载，这位八大王长得非常有特点：“元俨广颡丰颐，严毅不可犯。天下崇惮之，名闻外夷。”

也就是说，赵元俨长相奇特，不怒自威，天生就有一股王者的霸气，天下人都害怕他，外国人（辽国）也如此。

当然了，赵元俨长成这样，要是不干点儿“特殊”的工作，那就太屈才了。

根据《宋人轶事汇编》记载：“太宗第八子赵元俨……名闻外夷。燕冀小儿夜啼，其家必惊之曰：‘八大王来也。’每牵马牛渡河，必曰：‘八大王在海里。’其畏之如此。”

虽然史书对赵元俨的记录，有点儿夸大其词，但可以确定的是，赵元俨没有“辜负”自己的长相。

史料记载，在争夺储君的道路上，跟自己的五哥赵元杰一样，赵元俨走的也是文化路线。

当时，赵元俨深知父亲喜欢儒学、爱好飞白，为讨父亲欢心，赵元俨用心读书，苦练书法。坚持几年后，无论多么难懂的儒学典籍，赵元俨都能通晓其中的奥义，而他的飞白书法，更是出类拔萃、精美无比。

虽然赵元俨在读书、写字上下了很大功夫，却并没有什么“卵用”。因为他的对手太强了！无论是书法还是读书，五哥赵元杰都出类拔萃，无人能敌。

见在这些领域上无法打赢五哥，赵元俨索性另辟蹊径，向绘画领域发展去了。

有一年，宋太宗生辰，皇子们都费尽心思，献上世间罕见的各种奇珍异宝，赵元俨却花费了大半月的时间，画了一幅宋太宗的画像作为贺礼。

看着这幅栩栩如生、儿子废寝忘食花费半个月时间完成的画像，宋太宗感动不已。毕竟，再名贵的金银珠宝，也比不上儿子的孝心。于是，宋太宗开始喜欢赵元俨，把他安排在自己身边了。

后来，在老五自毁前程（一座假山的悲剧）后，宋太宗就更喜欢这个老八了。此后，大小宴会，这对父子如影随形；各种赏赐，不在话下。当然，看着赵元俨与父亲如此其乐融融、欢笑不断，老三赵元侃的心中，肯定郁闷不已。

再后来，礼部建议，八皇子年岁渐长，应当与其他皇子一样，出宫生活，以免授人口实（怕后宫闹出绯闻）。然而，对于这条合情合理的建议，宋太宗不仅断然拒绝了，而且告诉群臣："皇八子洁身自好，不会出苟且之事。他现在年龄还小，等他20岁的时候，再谈出宫之事。"

皇帝此言一出，满朝哗然。因为自周王朝开始起，后宫只允许两个男人居住，一个是皇帝，另一个则是太子。如今，皇帝强行把皇八子留在身边，到底意欲何为？

宋太宗的这个举动，瞬间掀起了一场皇宫夺嫡的战争。在这种背景下，三皇子赵元侃（后改名赵恒）和八皇子赵元俨的关系，也变得微妙起来。

当时，没有一个大臣能够看透，宋太宗在选择下一任接班人的时候，到底会选择年长的老三还是宠爱的老八。如果宋太宗再长寿一些的话，宋朝第三位皇帝究竟是谁，真不可知。

可惜的是，在历史的词典里，永远没有"如果"二字。

至道元年（995年），因为箭伤持续恶化，宋太宗自知时日不多。为了国家能够平稳地延续下去，他最终选择了年长的赵元侃，放弃了年幼的赵元俨。

就这样，赵元俨只能眼睁睁地看着赵元侃成为国家储君，并在两年后，对这个兄长俯首称臣。

至道三年（997年），赵光义驾崩于万岁殿，30岁的赵元侃（后改名赵恒）继承皇位，此时，赵元俨才12岁。

没有办法，年龄相差太悬殊了，若太宗再活10年，赵元俨可能有跟赵元侃夺嫡的资本。当时的他，只能发出生不逢时、时不与我的唏嘘感叹。

宋真宗登基后，对这个"竞争对手"的八弟还算不错，他下令，加封八弟为"国公"，并遵从父亲的旨意，让弟弟继续生活在皇宫，年满20岁时再出宫。

当然，以上举措，不过是宋真宗刚刚登基时收买人心的措施罢了。

这不，仅仅过了4年，在赵元俨16岁时，宋真宗就把赵元俨轰出了皇宫，让他回自己的王府了。宋真宗还以保护为由，在八王府外安置了一些禁军，等于把这个八弟软禁了。

即便软禁了八弟，宋真宗也没有对他掉以轻心。

按照惯例，宋朝王府的属官名单，都由中书省草拟，皇帝只是看看就行了。然而，对于八王府的属官名单，宋真宗却特别重视，他不仅驳回了中书省草拟的名单，还亲自重写了一份名单。

从这份名单，就能看出宋真宗的“良苦用心”。

因为，这份名单中的每一个官员，都是小心谨慎、忠于礼法的儒学名士。给八弟安置了这么多的“书呆子”，宋真宗的良苦用心，真是“路人皆知”。

很显然，宋真宗希望八弟能够成为一个踏踏实实、安分守己、没有任何想法的亲王。

可惜的是，宋真宗的这些举措，最后都以失败而告终。

史料记载，随着时间的流逝，明知道宋真宗的皇位已经越来越稳固、自己的帝王之梦越来越遥远，赵元俨却毫无韬光养晦之意，反而越来越嚣张跋扈、目中无人了。

当时，不止一次，宋真宗对王旦抱怨道：“荣王（赵元俨）在宴会上说的话，有点儿过分。别的王爷聊天，无非就是琴棋书画之类的事情，荣王的话，已经超越这个范围了！”

王旦明白皇帝的意思，宋真宗是嫌赵元俨不知回避，跟群臣聊政治话题。一个王爷，跟大家聊政治话题，想干什么？总不是想用这个话题套近乎，跟群臣一起吃饭、游玩吧？

王旦回答道：“荣王是一个直肠子，不太会聊天。若有什么言语不当之处，可传王府相关人员，让他们劝慰一下王爷，让荣王知道哪些场合、能聊什么话题。我想，荣王会自我改正吧。”

听完王旦的建议后，宋真宗微微点了一下头，他立刻传来八王府总管，让他回去转告荣王注意一下公众场合，知道哪些话能说，哪些话不能说。

事实证明，让下人去劝慰主子，就是一场荒诞不经的闹剧。下人哪有那种权力，这不是扯淡吗？

这不，没过多久，赵元俨就干了一件更加出格的事情，让宋真宗忍无可忍了。

荒唐王爷

自从与皇位失之交臂后，赵元俨就很失落，他整天不务正业，不是留恋于烟花柳巷之所，就是行走于耍骰赌钱之地。为此，宋真宗没少骂他，却无济于事。

后来，赵元俨的这种流氓心态愈演愈烈，终于在一次宴会中彻底爆发。

当时，节度使石保吉有一才貌双全、技艺高超的歌伎。石保吉很宠爱这个歌伎，每次宴会都会带上，让她展示一下自己精湛的舞技，炫耀一番。

有一次，宋真宗召集文武百官在北园集合，要举行一场宴会。群臣按约定时间前来，石保吉自然带着歌伎赴宴。结果，看见这名靓丽的歌伎后，赵元俨就受不了了，他第一时间跑过去搭讪。

按理来说，王爷搭讪，不管歌伎多厌恶，总得给对方留几分薄面。然而，这位歌伎却一点儿面子也不给，连敷衍一下都懒得回。

在宋朝，歌伎虽然是“妓”，但她们只卖艺、不卖身，很有骨气。歌伎不给王爷、大官好脸，也不是什么新鲜的事情。

有个叫“白牡丹”的歌伎，不是也敢拿宋朝赫赫有名的武将——狄青开涮吗？

可见，这些歌伎与我们想象中的妓女，有很大的区别。

当然，即使歌伎的骨头再“铁”，敢不给高层好脸……这个后果，也是很严重的。

史料记载，见这名歌伎如此装“清高”，赵元俨大怒，他撸起袖子，照着歌伎的脸就是一下，把她抽倒在地，嘴角都流了血。

歌伎挨打后，立刻开启了“好女不吃眼前亏”的模式，她趴在地上苦苦哀求。然而，赵元俨不为所动，他依旧不依不饶地痛打歌伎，还扬言要打死人家。

打狗还得看主人！看见赵元俨肆无忌惮地打自己宠爱的歌伎，石保吉大怒，他抄起手中的家伙，奔着赵元俨而去。

别人怕赵元俨，石保吉可不怕。因为他是宋朝开国元勋、“义社十兄弟”之一石守信之子，是一个名望显赫的官宦二代。而且，石保吉还迎娶了赵匡胤的女儿为妻，是太祖皇帝的驸马爷！

辈分、声望、实力如此高的人，焉能怕一个小小的后生晚辈！

敢打我的女人，老子跟你拼了！石保吉抄起手中的家伙，就奔着赵元俨而去。眼看一场斗殴不可避免，群臣吓得四处逃窜。还好，在这危急时刻，宋真宗闻讯赶来，他大吼一声，才止住了这二人。

了解了事情的来龙去脉后，宋真宗痛骂了赵元俨一顿。然而，面对皇帝的指责，赵元俨不但不低头，反而拂袖而去。

敢这样对皇帝，宋真宗气得都不知道该说什么了。回宫后，宋真宗找来王旦，让他草拟圣旨，命赵元俨在家中反省，闭门思过。什么时候想清楚了、想明白了，再出来！

可见，皇帝真是气疯了呀。

然而，即使被软禁在家中，赵元俨依旧我行我素，胡作非为。

根据“上梁不正下梁歪”这一基本道理，有什么样的主人，就有什么样的奴才。赵元俨这样的主人，要是能够调教出好的下属，那才叫新鲜。

这不，没过多久，他的下人们就闯下一场弥天大祸。

史料记载，大中祥符八年（1015 年），毫无任何征兆，荣王府突然发生了一场大火。由于事发突然，再加上火势异常迅猛，等大家发现时，已经无法控制了。

这场大火蔓延开来，不仅把整个荣王府焚毁殆尽，还波及了周围的建筑——烧毁了崇文院、秘阁等地，连皇家的小金库左藏库也给烧毁了。

前面讲过，左藏库是宋朝重要国库之一，里面存放着太祖、太宗和真宗三朝搜罗来的金银财宝，结果一把大火后，全都没有了。

一下子失去了这么多财物，宋真宗悲痛欲绝、捶胸顿足。他找来宰执大臣，对他们狠狠说道：“祖宗积累下来的无尽财富，朕一直都不舍得用。两朝积蓄，一夕烧毁，甚是可惜。朕若不严惩这些人，天怒人怨、天怒人怨！”

皇帝都表态了，精明无比的大臣立刻摩拳擦掌、义愤填膺，大家一片喊打喊杀之声，誓要纵火者血债血偿！

然而，在这个时候，王旦却站了出来，他不仅反对严惩凶手，还提出了一个全新的解决方案。

王旦告诉宋真宗：“陛下富甲天下，不过是损失了一些财物，不必担忧。臣作为宰辅大臣，有协调阴阳的责任，如今发生这等天灾，必是上天警示，怪罪臣无能。请皇帝降旨，将微臣罢黜，以平息天怒。”

王旦说完后，宋真宗直接就傻了！这是一个什么情况？虽然在中国历史上，有因为火灾罢免宰相的好“习惯”（刘娥就干过，顶缸的也是王旦），但这是一场人为的纵火呀，不严惩凶手，反而严惩宰相，这有点儿说不过去呀。难道王旦有自虐情怀，什么事情都要大包大揽？

然而，宋真宗仅仅迟疑了一会儿，就明白王旦这番言论的真正意思。

原来，若深究这次大火案，荣王赵元俨必定难逃罪责，最不济也得受“连带”责任。如今，皇帝的兄弟们接连凋零，赵元俨已经是宋真宗硕果仅存的兄弟了，若严惩了这唯一的兄弟，让皇帝情何以堪？何况，刘皇后在后宫兴风作浪、咄咄逼人，留下这个皇弟抗衡刘娥，才能让宋真宗的儿子顺利继位。

因此，不管是感情问题，还是现实问题，宋真宗都不能严惩赵元俨，他只能把这件放火事情大事化小、小事化了。

听明白了王旦的意思，宋真宗的怒火瞬间削减了很多，他回复道：“爱卿所言，非也。如果这场大火是老天的警示，就惩罚朕一人好了。爱卿劳苦功高，怎能替朕受罚？何况，出了什么事情，都让宰相去做替罪羊，朕岂不是成昏君了？”

说完，宋真宗一边下令追查大火起因，缉捕纵火凶手；一边颁布罪己诏，主动承担了这场大火的罪责。

见宋真宗如此表率，众臣撩袍跪倒，三呼万岁，感动不已。

很快，调查结果就出炉了，纵火者也被缉捕归案了。真相让所有人都震惊不已。原来，纵火者不是别人，正是赵元俨的一名姓韩的小妾。小妾为了改善生活水平，常偷一些王府的首饰去卖钱。偷的次数太多了，这名小妾害怕被人发觉，就干脆放了一把大火，想来一个死无对证。不料，小妾没“玩”好，这把火放大了，一发不可收拾。

真相大白后，赵元俨羞愧万分，他立刻来到皇宫，负荆请罪，主动求死。后来，在王旦的劝说下，赵元俨这才打消了求死的念头，回家闭门思过去了。

赵元俨回家后，宋真宗颁布了对这件事情的处理意见：赵元俨的小妾韩氏，纵火烧屋，其罪必诛，先砍断手脚，示众三天，再凌迟处死，以儆效尤。荣王府、左藏库的相关人员，因救火不利，全部发配充军。这样一来，此案共牵扯了数百人。

一看要严惩这么多人，王旦就来劝慰，他对宋真宗道：“启奏陛下，您刚刚颁布了罪己诏，要大赦天下，请求上天原谅。如今，你却严惩了这么多人，这与先前的诏书意思相反呀。臣请皇帝三思而后行。”

宋真宗是一个虚心纳谏的好皇帝，他听从了王旦的建议，除了韩氏等几个主犯外，将其余人都免除了罪责。

经过这件事情后，八王赵元俨明显收敛了很多，再也不那么飞扬跋扈、目中无人了。

史料记载，每次见到皇帝后，赵元俨都又悔又愧，痛骂自己的不是（每见帝，痛自引过）。皇帝看见这个弟弟如此夹尾巴做人后，也改变了对他的成见，慢慢对他加以重用了。

后来，在宋真宗晚年时，为了对抗刘娥，他特别下令，任命赵元俨为安华军节度使，封彭王，进太保。此外，宋真宗还给了八弟一个超级特权——无须通告，可以自由出入皇宫。

在宋朝，即使是巅峰时期的赵普、寇准，也没有这种待遇。

中计出局

史料记载，在宋真宗最后的岁月里，赵元俨每天都打着探病的名义，自由出入皇宫，天天与重病在床的皇帝聊天，一聊就是一整天。

有时很晚了，赵元俨索性就不出宫了，直接在皇帝的寝室里睡觉。

面对这种情况，有些人窃窃私语道：“皇帝如此行事，莫非想效仿太祖皇帝，传位给自己的弟弟？”

其实，但凡明白历史的人，都清楚地知道，宋真宗是不会将皇位传给弟弟的。因为，一旦传给了弟弟，自己的儿子怎么办呢？肯定小命不保呀！

看看赵匡胤那两个惨死的儿子吧，他们都是前车之鉴。

因此，群臣更加相信，宋真宗这样频繁召赵元俨进宫，不是要传位给他，而是要临终托孤。皇帝要封赵元俨为顾命大臣，以牵制刘娥，辅佐少主赵祯。

当然，不管是传位也好，临终托孤也罢，赵元俨留在宫中一天，就是刘娥的一个巨大威胁。因此，刘娥必须将其除之才能“后快”。

但是，怎么除掉这个赵元俨呢？

每一次，当赵元俨离开后，刘娥都会吹一些枕头风，劝慰皇帝，不要这样频繁召赵元俨进宫。可是，每到这个时候，宋真宗就会装睡，根本不予理睬。

刘娥彻底没招了。然而，刘娥没招，那个害人不停的小人丁谓（也有文献说是李迪），却有一肚子的解决办法。

丁谓清楚地知道，收拾赵元俨这种人，只能智取，不能强攻。最好的解决办法，就是让他明白宫中的局势，自己乖乖逃出皇宫。

且看丁谓高超的害人技巧。

有一天，赵元俨又待在皇宫不走了。他不仅一直赖着不走，还帮助皇帝草拟圣旨。

这时，刘娥、丁谓等人彻底愤怒了，他们决定不惜一切代价轰走赵元俨。在想主意期间，丁谓看见了一个端着金钵盂的宦官，立刻计从心来。

原来，当时天太冷，毛笔冻上了，需要用热水解冻，才能写字。化开毛笔的热水，就装在金钵盂里。这个宦官正要给赵元俨送热水化毛笔。

看见这个端着金钵盂的宦官后，丁谓立刻把他叫过来，他偷偷摸摸地从怀中掏出毛笔，蘸上墨汁，在金钵盂搅拌了一下。顿时，清澈的热水，立刻变成了混浊的黑水。丁谓告诉宦官，甭问为什么，把这个金钵盂交给赵元俨。

宦官把这盂黑水交给赵元俨后，赵元俨大吃一惊，问这是怎么回事。宦官哪里敢说，他第一时间逃跑了。

宦官逃跑后，赵元俨看着这盂黑水，越想越觉得不对、越想越后怕。一盂黑水，这算什么？要黑我，给我泼脏水？还是说，有人在警告我，谁要毒死我？

别看赵元俨平常呼风唤雨、八面威风的，其实他外强中干。

最终，看着这盂黑水，赵元俨越想越怕，他选择了出宫，回家避难去了。

回到家后，赵元俨又想了一下这件事情，他发现不对，区区一盂黑水，能说明什么呢？若有人想毒死他，早就动手了，还需要用一盂黑水警告吗？

想明白的赵元俨马上出府上马，要再次回到皇宫。等到了皇宫大门口，赵元俨却惊讶地发现，再也进不去了。

因为，刘娥早就假传了宋真宗的圣旨，不许赵元俨进宫了。此外，她还加了一道保险——刘娥撤换了宫门的守卫，命令自己的心腹去守门，不让赵元俨进来。

就这样，赵元俨无法进入皇宫，也无法求见皇帝，只能灰溜溜地回家了。从那以后，他再也没有见过自己的皇兄，甚至连皇兄的最后一面也没有见。

史料记载，赵元俨被轰出宫几天后，宋真宗就到了大限的日子。当时，刘娥、丁谓、王曾等人，还有一些其他的大臣们，聚在皇帝的病榻前，打着各自的算盘，盘算着自己的利益，等待着皇帝咽下这最后一口气……

已经说不出话的宋真宗，艰难举起了一只手，先指了一下自己的胸口，然后展开五根手指，又伸出三根手指，再无任何动作了。

满朝文武都是“人精”，皇帝这样一表示，大家全都明白——这是皇帝要召集八王爷，跟他说事。

话虽如此，但这满朝文武中，一多半以上都是刘娥的人。在这个节骨眼上，谁敢宣八王入宫，得罪刘娥？况且，若皇帝明明白白地下达诏书，群臣还有可能宣召八王进宫，但皇帝这种打哑谜似的方式，让他们怎么颁布圣旨？一个曲解圣意、矫枉圣旨的罪，就能让群臣吃不了兜着走。

当时，皇帝做完这些动作后，刘娥马上以皇帝需要静养为由，把大臣们都轰到宫外了。随后，刘娥让宦官告诉他们，刚才宋真宗指着胸口，展开五根手指又伸出三个手指的意思，是说“让大家不要担心，自己没事，慢则五天，快则三天，自己就能痊愈了”。

宦官说完后，丁谓也第一时间附和解释，说了一些什么“官家这样做，只是这个意思，大家不要瞎想，等等”。当然了，群臣都不是傻子，岂能相信这种说辞，但大家碍于刘娥的势力，只能揣着明白装糊涂了。

就这样，在府中等待的赵元俨，一直没有等到皇帝宣自己的诏书，却等来了皇帝病逝的消息，也等来了新皇继位的消息。

这样的结果让赵元俨心中郁闷，他狠狠地大哭了一场。

赵元俨这样哭，到底是为了皇兄，还是为了自己，恐怕只有他自己才能够明白了。

宋仁宗继位，刘太后开始垂帘听政。此后 12 年里，刘太后大权独揽、饕餮天下，成为这个国家新的掌门人。当时，为了拉拢这个小叔子，刘太后可谓费尽了心思。

新皇登基后，刘太后就下令，加封赵元俨为中书令兼尚书令，加授太傅，晋封燕王。此外，刘太后还允许赵元俨赞拜不名、诏书不名。拜见皇帝时，礼部官员只能称呼赵元俨官名，不能直呼其名。皇帝下达圣旨时，也不能书写赵元俨名字，只能写他的官名。

刘娥下的血本越多，赵元俨就越买账。因为他清楚地知道，他买账的表现，才是刘娥最想要的结果。

赵元俨也是一个聪明人，他清楚地知道，这个嫂子不好对付；嫂子给自己这么多好东西，无非就是收买人心，不让自己再"折腾"而已。赵元俨成全了嫂子的这番苦心，也成全了自己。在刘娥执政期间，赵元俨选择了韬光养晦，深居简出，两耳不闻窗外事，一心只读圣贤书。

这样的结果，让赵元俨一直平安无事。在刘娥执政期间，他没有获得任何权力，却也没有遭遇任何牢狱之灾，这也挺好。

当然，这么一个野心勃勃、一直想获得权力的赵元俨，是不可能安于现状、颐养天年的。因为，赵元俨的心中一直憋着一股气。在他的眼中，这个大宋的皇位，应该是他的，即使他没有当上皇帝，也应该成为这个国家的摄政王。

所以说，只要一有机会，这个人一定会掀起惊涛骇浪，重回权力的中心。

如今，这个机会，说来就来了……

盖棺论定

明道二年（1033 年），刘太后病逝，宋仁宗正式执政。为了得到这位新晋元首的赏识，赵元俨选择了铤而走险，他联合后宫的杨太后，让后者爆出了超级大猛料！

赵元俨希望用这件事情，重新获得皇帝的信任，重返权力的中心。

至此，这才出现了之前发生的那一幕。

史料记载，面见了宋仁宗后，赵元俨侃侃而谈道："陛下，这么多年，你一直被骗了！你的亲妈，不是你的亲妈；你的亲妈，一直没法当你的亲妈；你的亲妈，已经被你的亲妈害死了；如今你哭的这个亲妈，根本就不是你的亲妈！"

赵元俨的这番话，直接把宋仁宗说晕了，他摆摆手道："八叔，您慢点儿讲，朕有点儿听不懂，脑袋有点儿蒙……"

好，听不懂是吧。没关系，一言以蔽之——"陛下乃李宸妃所生，李氏已死于非命！”

除了讲出这个惊天秘密外，赵元俨还爆出了一系列猛料：“启奏陛下，您的亲妈是李氏，当年可是先帝的宠妃。除了生下您，还生了一个小公主（夭折了），可见先帝对她很是宠爱。但是，先帝归天后，刘娥却将李氏逐出皇宫，命她去给先帝守陵去了。她这样干，就是要切断李氏跟皇帝的关系，将你们母子彻底分离！

“李氏为皇族生下一儿一女，于国有功，理应重赏，但她的品级一直很低，这是刘娥刻意打压的结果。刘娥怕提高了李氏的等级，让李氏得到机会，能够面见圣上，说明事情的真相。后来，在十余年时间里，李氏一直恳请刘娥，希望见陛下一面，却都被她拒绝了。李氏直到去世都没有见您最后一面，可见刘娥的用心，何其毒也！

“还有最重要的一点是，包括我在内的很多宗室成员，大家都相信李氏是被刘太后毒死的。要不然的话，前脚，刘太后晋封李氏为宸妃；后脚，李氏就离奇逝世了，这天下间，哪有这么凑巧的事情！”

可想而知，赵元俨的这番话，给宋仁宗带来何等的冲击。

史料记载，听完了这番话，一向温文尔雅的宋仁宗勃然大怒，他万万没有想到，自己喊了二十多年的母后，不仅不是自己的亲娘，而且还是杀害自己亲娘的凶手！

在这种情感受到了欺骗、急于为生母报仇的心理下，宋仁宗彻底不管不顾，他马上颁布了两道圣旨，做出了两个非常不理智的决定：

第一，派兵包围刘娥哥哥刘美的府宅，封住刘府的大门，禁止刘府人员自由出入。

以前在皇帝眼中，这座府宅里面是自己的亲舅舅及其家人。但是，现在这些人与自己毫无亲戚关系，甚至更可能是刘娥的帮凶。对于这种帮凶，必须要控制起来，为未来的抄家做准备。

第二，宋仁宗要亲临奉先寺，拜祭生母李氏。除了拜祭外，宋仁宗还准备大逆不道一次，他要开棺验尸，一探究竟。一旦发现生母的尸体上有中毒症状，或有其他虐待的痕迹，宋仁宗就将第一时间抄了刘府，让这些人血债血偿。

虽然宋仁宗下令秘密处理这两件事情，但这天底下，哪有不透风的墙呢？

何况，还是“准抄家”这样的壮举！

当时，得知刘府被包围后，京城彻底炸开了锅，各种谣言满天飞。虽然大家都不明白，刘氏一门干了什么事情，导致今日之祸，但是大家都明白——这么大的阵势，刘氏一族算是完了，闹不好刚刚入土的刘太后也会被刨出来，暴尸街头，不得好死。

民间闹得沸沸扬扬，朝廷内很多大臣也吓得不轻。大家清楚地知道，作为当年拥护过刘娥的人，唇亡齿寒，刘太后若被清算，自己也必将难逃一死。

于是，大家集体跑到吕夷简这里，请这位宰相拿个主意，为大家指条明路。

然而，在这个非常时刻，吕夷简却跟没事人一样，他摆摆手，让大家各自散去，自己继续办公去了。

其实，吕夷简并不是故弄玄虚，而是他稳操胜券的一种表现。因为，作为安葬李氏的操办者，吕夷简已经为李氏争到了足够的利益，即使是那些没用的“利益”，吕夷简也争到了。只是这些事情，皇帝还不知道罢了。

现在，就是真相大白的时刻了。

史料记载，为了尽快赶到奉先寺，宋仁宗放弃了慢悠悠的玉辂，而是选择了快速的牛车，一路奔驰而去。

到了奉先寺后，皇帝对生母的牌位行三跪九叩大礼，大哭了一场。哭完后，宋仁宗毅然决然地下令——把生母李氏的棺椁打捞上来，开棺验尸！

李氏的棺椁，安放在奉先寺后面的一口深井里。深井里面有一处寒泉，李氏的棺椁用四根铁链固定，安放在井底。

按理来说，打开死人的棺椁，是一件极其失礼的事情。但为了查明真相，宋仁宗只能惊扰母亲的灵柩了。就这样，在君臣的注视下，士兵们将李氏的棺椁抬了上来。

打开棺椁排净了保存尸体的水银后，君臣都惊呆了。原来，虽然已经过去了一年，但棺材里的中年女子却肤色如生、洁白如玉，与活着的时候一样。更神奇的是，李氏竟然穿了一身皇太后的服装，她是以皇太后的规格下葬的（玉色如生，冠服如皇太后）。

这种情况，说明了两个问题。

第一，李氏不是被害死的，她应该是寿终正寝的。因为，一个被毒死或被虐待致死的人，身体是不可能“玉色如生”的。这足以证明，李氏生前，并没有如传闻那样，受到刘娥的百般凌辱，最终死不瞑目。

第二，李氏是穿着皇太后的衣服下葬的，这说明刘娥对李氏非常好，她并没有掩盖李氏生下皇帝的功劳，反而在她病逝后，给了她一个应有的名分。

至此，面对真相，宋仁宗仰天长叹，说了一句千古名言：“人言其可信哉！”（《宋史·卷二百四十二》）

真相大白后，宋仁宗下令，撤回包围舅舅家的禁军，并把刘美一家、钱惟演一家都召到了宫中，对他们好言相劝，赏赐金银，为他们压惊。

虽然从表面上看，宋仁宗对这些亲戚们还不错，还是一如既往地尊重，但是大家都明白——好日子到头了，以后的岁月里，他们只能夹着尾巴做人了。

其实，夹着尾巴做人的，又何止是他们。

那位八贤王同志，也请夹紧自己的尾巴。

咱们前面讲过，赵元俨之所以揭发皇帝生母的事情，就是想以此事为契机，获得皇帝的信任，重新回到这个政治舞台。赵元俨万万没有想到，自己孤注一掷地奋力一击，竟然换来了这么一个结局。

什么结局？皇帝痛恨他无中生有，离间他们母子关系，从此不再重用他的结局。

因为，赵元俨谏言的关键点，不是“陛下乃李宸妃所生”这句话，而是“李氏已死于非命”。

“死于非命”是宋仁宗愤怒的根本原因，而一旦证明李氏不是死于非命，那么这满天的雷霆之怒，也就会逐渐散去了。

因为，刘娥并没有做错什么……

还是那句话——设身处地后，才能明白古人真正的心理。

要知道，在那个等级森严、主仆关系不可改变的旧社会，刘娥就是抢了李氏的儿子，又能怎样？抢了就抢了。毕竟，在那个时代，别说是皇家，就是一般的家庭里，小老婆生的孩子，只能管正室夫人叫“娘”，管自己的亲娘只能叫“姨娘”。

举一个很简单的例子，《红楼梦》里的贾探春，是赵姨娘所生，却不能叫娘，只能叫姨娘，因为她真正的娘，是那位正室王夫人。

同样，赵姨娘的另一个孩子贾环，也叫她姨娘，而不叫娘。赵姨娘想教训一下这个亲生儿子，也只能偷偷摸摸地在屋内进行，一旦让外面的王熙凤听见了，赵姨娘也只能乖乖闭嘴。因为——“他现是主子，不好了，横竖有教导他的人，与你什么相干！”

呜呼哀哉，可以想象，一个女人，生下孩子后，却不能享受作为母亲的喜悦，这是何等的悲哀；自己身上掉下来的骨肉，却叫别人母亲，还成为自己的“主人”，这对于一个母亲而言，是多么大的煎熬与不甘。

虽然这让现代人无法理解，但在万恶的封建社会，这却是当时的“基本礼仪”，所有人都遵守这些规章制度，也没有人认为不妥。

可见，李氏，这个刘娥身边的小小婢女，她的一切，不管是她的身体还是孩子，甚至是灵魂，都是刘娥的。而刘娥把她的孩子抱走，也是天经地义的事情，且没有一个人认为不对或不妥。

因此，在宋仁宗眼中，所谓的“夺子之恨”，根本就是无中生有。他最多只是有一种被剥夺了孝顺生母的遗憾罢了，绝对上升不到仇恨那个层面。对于这种情况，赵元俨也是知晓的，所以他才不惜说李氏死于非命。

但是，现在的局面是什么呢？李宸妃“玉色如生，冠服如皇太后”，这等于赵元俨无中生有、恶意诽谤、挑拨离间了！

一个敢欺骗皇帝的大臣……其未来，可想而知；皇帝对他的报复，也可想而知。

当时，作为举报刘娥的第一功臣，宋仁宗对赵元俨的赏赐非常“丰厚”，这丰厚有点黑色幽默的意思。

史料记载，为了答谢八叔的举报，宋仁宗给他的赏赐是——赐予刘府女子一名，一名根正苗红的刘娥族人。宋仁宗让八叔把她领回家当儿媳妇。

这样的赏赐，真是让赵元俨无言以对。

然而，宋仁宗的“赏赐”，这才刚刚开始。

史料记载，在赏赐了八叔一名刘氏女子后，几乎同一时间，御史台得到密报，说赵元俨自封“天下兵马都元帅”，图谋不轨，意欲用武力篡位。

得到这个消息后，这位一向以“仁慈”著称（后面再说）的皇帝，竟然少有地大怒。宋仁宗下令，命侍卫司、皇城司抓捕那些图谋不轨的嫌疑犯，交由三司会审。

当时，负责审理这类案件的人，一向是秉公执法、敢弹劾皇亲国戚的蔡齐。但是，在这个案件中，蔡齐却没有明白老板的意思。在审理时，蔡齐小心谨慎，每一个嫌疑人都要亲自审理，生怕出现过错。

最终，蔡齐交上了一份详细的调查报告，告诉宋仁宗，抓捕的这些人，虽然都跟赵元俨有关系，但是，说这些人谋反却查无实据。很显然，赵元俨造反一事，就是一个冤案。

史料记载，得知这个结果后，宋仁宗不悦，让蔡齐再审，一定要查个水落石出。

皇帝都这样说了，群臣焉能不知皇帝的那点儿小心思。于是，一时间群魔乱舞，各种小道消息满天飞。

大家皆认为，皇帝是准备拿这个八叔“下菜”了。毕竟，一个欺骗皇帝的人，焉能有好果子吃？何况，从宋太宗时期起，赵元俨就垂涎皇位，不除去这颗毒瘤，赵祯怎能安然入睡？

然而，赵元俨的这颗脑袋，最终还是保留了下来。保留下赵元俨脑袋的人，就是本案的主审——蔡齐。

作为一个官场的老炮儿，蔡齐也不傻，得知皇帝的真正心思后，蔡齐深知此事重大，他立刻上书宋仁宗，请求皇帝网开一面，不要再追查此事了。

蔡齐对宋仁宗道:“所谓八王爷谋朝篡位一事，纯属虚构，都是小人的栽赃陷害，官家不应该继续‘咬着’八王爷不放了。而且，太宗一脉，如今仅剩八王爷一人，他在宗室中地位尊贵，不能重刑严惩，此事只有从轻发落，才能安定皇族、安定朝廷、安定社稷。”

刚开始的时候，对于蔡齐的话，宋仁宗不听，蔡齐只能继续上奏。如此再三后，宋仁宗才答应了蔡齐的请求，认为蔡齐的处理意见最为稳妥。

要知道，当年刘娥执政时，以她的能力和威势，完全可以铲除八王爷，但刘娥却没有这样做，因为这个女人清楚地知道，只有供着八王爷，才能稳住宗室的心，不让他们造反。如今，宋仁宗刚刚亲政，自然也要稳定宗室，也只能继续供着这位八王爷。何况，要做一个千古名君，宋仁宗更不能干这种屠戮亲族之事。

在蔡齐的引导下，宋仁宗终于放了赵元俨一马。赵祯下令，所有被捕人员，全部释放，那些制造谣言者，打一顿板子了事。

大难不死后，八王爷赵元俨彻底㞞了，他选择了低调行事，再也不参与朝政了。在以后的岁月里，我们再难看见这个人的只言片语，这个人终于从历史上“消失”了。

当然，与他同时“消失”的，还有那个刘娥和李氏。

最后的“狸猫换太子”

史料记载，收拾完八叔后，宋仁宗来到刘娥的灵牌前，焚香祷告，忏悔道：“人言岂能尽信，自今大娘娘平生分明矣。”

从此以后，有了皇帝的这句话“垫底”，再也没有人敢拿李宸妃、刘娥说事了。

告慰了刘娥的在天之灵，在已经知道生母的情况下，宋仁宗不可能对自己的母亲无动于衷。赵祯下令，让礼部商量出一个礼仪，提高李氏的品级，让她跟刘娥持平，一起进太庙。

此谕令一出，朝野震惊，群臣皆认为不可。大臣劝慰皇帝，若提高了李氏的品级，就等于昭告天下刘娥是“借腹生子”。到时候，百姓会怎么想，怎么平息这场舆论危机？

但是，皇帝不干。毕竟在皇帝的眼中，生母已经委屈了这么久，要是死后连个名分都没有，还一直待在那口冰冷的枯井里，让他情何以堪。

君臣各抒己见，在博弈了数个回合后，君臣终于达成共识，完成了下列两项条款：

第一，无论是李太后，还是刘太后，她们都没有资格进入太庙。唯一有资格进入太庙，跟赵恒去相会的女人，是宋真宗的第一任皇后——郭氏、郭太后。

一时间，这个郭氏，真是躺着也“中奖”了。

第二，既然李太后和刘太后都没有资格进入太庙，可在太庙外另修一座大殿，名为“奉慈庙”，将刘氏、李氏都埋葬在这里，封刘氏为“庄献明肃皇后（后改为章献明肃皇后）”，封李氏为“庄懿皇后（后改为章懿皇后）”。这姐俩不分彼此，解除生前的主仆关系，平起平坐。

不管是皇帝，还是大臣，对这个结果都心满意足。同时，伴随着这两位皇太后的入土为安，这件持续了两朝的轰轰烈烈的“借腹生子”事件，也落下了帷幕。

本来，按照宋仁宗的初衷，这件事情就到此为止了。然而，不知道从什么时候起，民间开始散播各种对刘娥不利的谣言，并且愈演愈烈，一发不可收拾。

原来，宋仁宗派过禁军包围刘府、去奉先寺开棺验尸，还向全国下诏自责。这一系列高调的事情搞得京城沸沸扬扬，谣言满天飞。

对于百姓而言，谣言比真相更具吸引力。在大家的不断传播下，就出现了“刘娥与李氏争宠，自己生不出孩子，就把李氏的孩子抢走了”的故事。

这个故事在民间传播很广，而且在历史的长河中越来越丰富。最后，经过了不断的完善与改编，终于在元朝被搬上了戏曲的舞台，成为一部家喻户晓的戏曲。这部戏曲就是《狸猫换太子》。

好吧，不管这个“狸猫换太子”是真是假，它已经成为历史。而崭新的历史，即将在这位新皇帝的手中，继续书写下去。

那么，这个帝国又将出现什么故事呢？这位宋仁宗又是一位什么样的皇帝呢？

第六章 千古仁宗的那些事

“仁宗”由来

《宋史》评价宋仁宗赵祯“《传》曰：‘为人君，止于仁。’帝诚无愧焉”。作为中国历史上第一个庙号“仁宗”的皇帝，宋仁宗确实起到了表率作用，在很多事情的处理上，也显示了自己的仁爱之心。

那么，这位号称“仁宗”的皇帝，到底干了哪些事情呢？

让我们一一道来。

史料记载，有一年，大名府知州程琳检阅军队。在检阅途中，程琳突然发现一个士兵的胳膊有些异样，他就让那个士兵脱下衣服检查一番。但是，这个士兵却死活不脱。这种表现，更加让程琳起疑。他派人把士兵按住，强行脱衣。结果令众人大吃一惊。

原来，那士兵的胳膊上长了一串神奇的胎疤。从手掌开始，一直到胳膊肘，蜿蜒曲折，扶摇直上，隐然是一条龙的图案。

这一下子，大家议论纷纷。有人说，这不是一条龙的图案吗？有人说，这个人难道是真龙护身？还有人说，莫非这个士兵是“真龙”下凡？

程琳二话不说，当即把这个士兵缉捕入狱，运往京城。

自古以来，统治阶级都忌讳这种鬼神之说，一旦发现，必严惩不贷。后世中，努尔哈赤就是因为脚下有三颗红痣（也说是七颗），遭遇了一场杀身之祸。

士兵被押解入京后，官员们不敢怠慢，立刻禀报给了宋仁宗。宋仁宗亲自审讯，并让宰执们商量处理意见。

宰执们都说：“必须将这个士兵斩首示众，以儆效尤。即便没有借口，也应秘密‘处理’，以消弭祸患。”

看来，这个士兵是必死无疑了。然而，对于宰执们的建议，宋仁宗却摇摇头，慢慢道：“诸公说得不对。这个士兵只是生了一种怪病，何罪之有？若这样胡乱杀人，王法何在？又怎能让百姓信服？”

说完，宋仁宗就把这名士兵释放了，还让御医为其诊治。见皇帝如此善待士兵，群臣皆感动不已，更加佩服这位皇帝了。

这件事情，是赵祯仁义之心的表现之一。

不仅对普通士兵如此，对读书人，宋仁宗更是恩宠有加、非常宽容。他在位期间，对文人之尊重之重用之体恤之宽容，可以说是空前绝后。

咱们都知道，中国有“唐宋八大家”，其中苏家一门占三席，苏洵、苏辙、苏轼。但是，大家可能想象不到，要不是宋仁宗宅心仁厚，苏辙早就身首异处了，而且其父兄也得受株连。更别说在“唐宋八大家”中一门占三席，直接就被灭门了！

原来，嘉祐六年（1061 年），苏轼、苏辙兄弟俩一起参加“高考”，也就是朝廷的科举考试，本希望一举中第，获得功名，但在考试时，不知道苏辙是怎么想的，是犯晕了还是年少气盛，他竟然写了一段大逆不道的话。

这段话大意如下：我来京城后，听路人说，宫内美女佳丽无数，皇帝整天在后宫饮酒作乐，纸醉金迷，腐败奢靡。皇帝既不关心百姓疾苦，也不跟大臣讨论治国大计，皇帝怠于政事，滥用职权、横征暴敛……

看了这篇文章，负责审稿的官员彻底傻了。苏辙这不是恶意诽谤当今圣上吗？他们赶紧上报宋仁宗，要求严惩不贷、以儆效尤。结果，大家猜怎么着？

看完这篇文章后，宋仁宗哈哈大笑说：“朕开科取士，本来就是要选拔敢言之人。如今这个苏辙，小小年纪就能如此直言，未来必是一个股肱之臣。朕特许苏辙功名。他犯上的文章，也不予追究。”

一句话，成就了“唐宋八大家”和“一门三学士”，宋仁宗的宽容仁爱之心可见一斑。

当然，您也可以反驳，说苏辙有才，宋仁宗爱才心切，这才网开一面。毕竟，这次科举就是为了“录取”苏氏兄弟。考试前，苏辙生病了，皇帝为了他曾经考虑过延期举行考试，后来苏辙痊愈，考试这才如期举行。

话虽如此，但是，等听完下面这个故事，您再做评价也不迟。

当时，益州有位五六十岁的老儒，多次参加科举考试，却一直没有考上。因内心郁闷，他索性在益州知州衙门外的墙上写了一首诗：

其中两句是：把断剑门烧栈道，西川别是一乾坤。

意思是说，关闭剑门，烧毁栈道；割据四川，称霸一方……

如果说，宋江的那首“他日若遂凌云志，敢笑黄巢不丈夫”还值得商榷，那么四川老儒的这首诗，毋庸置疑，就是反诗。

不管是任何朝代的人，敢写这种诗句，都死定了。

益州知州看见这首反诗后，大吃一惊，马上派人缉捕那个老儒，将他押解京城，等待圣裁。

为了严惩不贷，宰执们展开了激烈的讨论，是千刀万剐还是满门抄斩？

虽然在任何时代，这哥们都死定了。但是，这里有一个非常重要的前提——除了宋仁宗统治的朝代。

史料记载，得知这件事情、看完那首反诗后，宋仁宗只是哈哈一笑，他告诉众人：“这不过是老人家一心想要出仕，久考不中内心焦躁，发发牢骚罢了，何必较真呢？不如这样，给他一个远小州的司户参军当当，看看才干如何？”

至此，在群臣瞠目结舌的表情中，这名老儒不仅被无罪释放，而且因祸得福，成为宋朝一个小州府的户籍科科长！

这结果，让人无话可说。

我一直在想，六百年之后，忽悠岳钟琪造反的曾静面对的不是雍正帝，而是宋仁宗该多好。曾静的“那个”被“咔嚓掉”的结局，可能也就不会上演了。

可见，对比其他皇帝，宋仁宗要宅心仁厚得多，他不会捕风捉影、胡乱杀人，哪怕“证据确凿”，也不会轻易挥动手中的屠刀。

当然了，宋仁宗到底是真仁还是假仁，笔者不得而知。因为。史料记载，宋仁宗释放了那名士兵，并让太医给他治病，但是，仅仅医治了半年，这位士兵就“重病而亡”了。同样，四川老儒出任地方长官后，干了没多久，就因为“内心愧疚”，郁郁而终了。

这真是历史的巧合吗？还是说是一个阴谋，里面另有不为人知的隐情？

好吧，不管历史真相如何，有一点毋庸置疑——这位以宽仁治国的皇帝，对自己异常严格。

那么，这严格又是怎么回事呢？

严以律己

历史中的宋仁宗，绝对是一个严以律己、宽以待人的好皇帝。在生活中很多小事上，宋仁宗都堪称“人君表率”，这些事情不敢说绝后，但也绝对空前。

这些小事如下：

史料记载，有一天早朝后，宋仁宗对左右的宦官道：“朕昨天晚上睡不着，就想吃烤羊肉（也就是喝羊汤），整整想了一个晚上。”

宦官大惊道：“官家既然想吃，宣旨让下面的人准备便是，为什么要忍耐呢？”

宋仁宗叹了一口气，回答道：“当时天色已晚，御膳房的人都休息了，我不忍心把他们喊起来。而且，我担心晚上吃了一顿烤肉后，底下人为了讨我欢心，把晚上烤羊肉弄成定例，天天夜里宰羊，随时为朕准备。这样的话，就太浪费了……”

宋仁宗还未说完，宫女宦官已经感动得下跪磕头，三呼万岁。

是呀，有这么一位仁德的皇帝，真是他们的幸运，也是天下臣民的幸运。

还有一次，宋仁宗在御花园散步，走着走着，宋仁宗越走越快，其间还不断地回头。

见此情景，大家你看看我，我看看你，都不知道皇帝的意思。等皇帝回宫后，宋仁宗对一旁的妃子道：“朕渴死了，快拿些茶水来，快！”

妃子赶紧给宋仁宗沏茶倒水，一边倒水，一边问道：“官家为什么不在外面喝水？怎么能渴成这样？”

宋仁宗道：“你们有所不知，刚才朕几次回头，都没有看见带水的宦官。若朕询问，那名宦官必遭受惩罚，朕只好忍着了。”

妃子一听，立刻跪倒在地，三呼万岁，发自内心地更崇拜宋仁宗了。

身为一国之君，宋仁宗在想事情的时候，不仅顾念他人，而且顾他人的感受，实属难得。这个皇帝，真是无愧于“仁宗”之名。

除了严以律己、宽以待人外，宋仁宗还特别注重节俭，是一个勤俭节约的好皇帝。

史料记载，有一次宋仁宗吃饭时，突然发现了一道蛤蜊菜，甚是美味，就一口气吃了 28 个。

吃完后，宋仁宗问左右道：“这些蛤蜊肥美香甜，肯定不便宜吧，要多少钱一个？”

宦官如实禀报，道：“不贵，一个蛤蜊才 1000 文钱。”

一听这话，宋仁宗满脸不悦，他沉着脸道：“这么贵！我一直跟你们说，不要奢侈浪费。你看看，这么一会儿工夫，朕就吃了 2.8 万贯了（大约为现在的 8000 元），这等于一个贫苦家庭一年的收入了，朕再也不吃蛤蜊了。”

从此以后，宋仁宗就真的不再吃蛤蜊了。

除了提倡节俭外，宋仁宗还特别痛恨那些攀龙附凤、一朝得势的小人。

史料记载，宋仁宗喜欢吃梨。天下的梨子中，以陕西咸阳地区的梨子最好吃。

当时，咸阳地区种梨大户元守亮很有经济头脑，他主动把梨子送给当地的官员，让他们随便吃，但只有一条：要是好吃的话，希望把这些梨子进献给皇帝。

地方官员吃了以后，觉得这个梨子还不错，就一级一级往上报，最终送到了宋仁宗的案头。宋仁宗吃完后，确实觉得很好吃，就命人采购了一些，还称赞（注意这里）元守亮种的梨是“天下第一梨”。

一时间，有了皇帝御赐的这块“金字招牌”，元守亮的生意彻底火了，各地的订单源源不断，各个级别的官员也都来巴结、奉承元守亮，希望能得到他家种植的梨，以便进献给皇帝。

自古以来，小人得志后，无非就是以下几种操行：敛财、好色、揽权、嘚瑟、贪得无厌。

这元守亮就是一个小人，他发达之后，除了揽权以外，其他恶事，是一个不缺，五毒俱全。

元守亮仗着皇宠，欺行霸市。欺负来，欺负去，元守亮竟然欺负起了咸阳官员，对他们呼来喝去、目中无人了。

目睹了元守亮的所作所为后，朝廷的御史们怒了，大家接连上疏宋仁宗，道："咸阳梨农元守亮仗着皇帝的赏赐，仗势欺人、欺凌百姓，请皇帝收回对元守亮的赏赐，也不要再接受他的贡梨。"

宋仁宗看完这封奏折后，大吃一惊，连忙解释道："第一，朕从来没有接受过元守亮的贡梨，梨子都是朕花钱买来的，有票据为证。第二，朕从来没有给过元守亮赏赐，只是夸奖了他几句，没想到这个人竟然胆敢矫正旨意、胡作非为。"

对文武百官解释清楚后，为了杜绝这等风气，给元守亮这种小人一点儿教训，宋仁宗下令：以后朝廷不再接受元守亮的贡梨，各级官员也不许购买元守亮的梨子，违者严惩不贷。

得知这道圣旨后，元守亮彻底傻了。

还是那句话——早知如此，何必当初，悔之晚矣。

身为一国之君，宋仁宗常遇到各种阿谀奉承的小人。为了讨好皇帝，这些小人绞尽脑汁、投其所好、无所不用其极。然而，宋仁宗却保持着一颗高度清醒的头脑，远离小人，亲近那些直言进谏的忠臣。

史料记载，宋仁宗庆历年间，朝廷有四大直言进谏的大臣，号称"四大金刚"，他们分别是：王素、欧阳修、蔡襄、余靖。

四大金刚中，王素是其他三人的长官，更是他们的精神领袖。

王素（1027—1073年），字仲仪，莘县人（今山东省聊城市）。史书中的王素，虽然是北宋名臣王旦之子，却没有继承其父和气生财的性格。王素的性格更像寇准，他性格火暴，以直言进谏为己任，不仅能把皇帝挤对急了，更能把皇帝挤对得掉下眼泪。

有一年，宦官来报，说承天门的大柱子上长了一颗灵芝，堪称祥瑞之兆。

听到这个消息后，宋仁宗大喜过望，因为根据"天人感应"这个说法，这是老天爷给他降了一个祥瑞，来表彰他的功绩。

兴高采烈的宋仁宗率领文武百官来到承天门，一起观看这个“天降祥瑞”。参观期间，阿谀奉承之辈纷纷拍马屁，玩命地奉承宋仁宗，让他有点飘飘然了。

孰料，宋仁宗的双脚刚刚离开地面一丁点儿，就被王素拽了回来。

王素持笏出列，道：“启奏陛下，现在是阴雨季节，柱子上长了一个蘑菇，何足道哉？把它砍了便是。群臣围着一个蘑菇议论纷纷，成何体统？陛下若有那闲工夫，不如想想如何勤政爱民、提拔忠良、罢斥奸佞，让百姓过上丰衣足食的日子，这才是正道！”

王素的这番话，说得皇帝和其他官员面红耳赤、无言以对。宋仁宗羞愧难当，只能令人砍了那个蘑菇，并再三重申，以后再也不许奏报祥瑞之事了。

王素这种挤对皇帝，让宋仁宗下不来台的事情，还有很多。

有一次，京城大旱，为了让老天爷下雨，国家举行仪式，向上天“祈雨”。

先是老百姓祈雨，这些人面子小，求不来雨；紧接着，各级官员轮番上阵，但大家的面子也不够，老天还是不下雨；最后，只有皇帝亲自出马了。

对于祈雨之事，宋仁宗并不反对，他只是告诉群臣：“钦天监官员说，下月初二会有大雨，朕决定下月初一前去祈雨。”

原来，皇帝祈雨，有一个心照不宣的“潜规则”。在皇帝祈雨前，钦天监官员都会进行一番详细的计算，推算出哪些天可能有雨。皇帝在下雨前几天去祈雨，回来后，上天就必定回应了。

这种潜规则的好处是，既能增加皇帝真龙天子的神秘性，也能保住皇帝的面子。要不然，你让皇帝的面子往哪儿搁？

对于这种潜规则之事，群臣心照不宣。然而，对于这个建议，王素第一时间站出来反驳：“请陛下不要初二去祈雨，臣料定那天必无雨！”

此言一出，满朝震惊，宋仁宗疑惑地问道：“爱卿，此言何意？为何你料定那天无雨？”

王素大声说道：“陛下选择下雨的日子去祈雨，明摆着是投机取巧。如此不够诚心，怎能感动上天？上天又怎会下雨！”

这番话，说得宋仁宗无言以对，他只能无奈道：“好吧，既然爱卿说朕不够诚意，那朕就表表自己的决心。朕决定明天就去醴泉观祈雨。”

孰料，王素冷冷道：“醴泉观离皇城较近，莫非皇帝怕暑热，找了一个近的道观去祈雨？”

一听这话，宋仁宗被挤对得面红耳赤，他大怒道：“好！明天朕就去郊外的西太乙宫祈雨！”

把皇帝挤对成这样了，王素依旧不依不饶：“请求皇帝颁布诏书，将明天祈雨之事昭告天下！”

宋仁宗大怒道：“皇帝出巡，事先不能下达通知，卿连这个规矩也不懂！”这里的潜台词是，万一我的行踪让刺客利用了，半路给我一刀子，咋办？

宋仁宗有自己的顾虑，王素却不管这些，他继续道：“本朝建立之初，国家不够安定，才会定下这个规矩。如今天下太平，事先通知又何妨？莫非皇帝在自己的国家行走，也要战战兢兢不成？”这里的潜台词是，你万一反悔了，到时候连一个凭证都没有，咋办？

君臣都听明白了对方的潜台词，宋仁宗不好继续反驳，只能无奈地答应了王素的请求，他昭告天下，第二天去西太乙宫祈雨。

第二天，宋仁宗带着王素等人去郊外西太乙宫祈雨。当时骄阳似火，烈日炎炎，车轮所过之处，无不尘土飞扬。宋仁宗憋了一肚子火，一言不发，脸色也甚是难看。然而，把皇帝惹成这样了，王素就跟没事人似的，该怎么办，还怎么办。

宋仁宗来到西太乙宫后，在王素的引导下，开始祈雨。祈雨的过程非常复杂，王素又特别较真，一个动作不到位，就要皇帝重来。

在炎炎烈日之下，君臣折腾了几个时辰，皇帝整整叩拜了数十次，累得宋仁宗浑身是汗，差点儿中暑，这才完成了祈雨仪式。

后来，皇帝这种虔诚的表现，竟然真的感动了上天。就在宋仁宗回京途中，突然雷雨交加，久违的大雨竟然如期而至了。

宋仁宗喜出望外，对于他而言，只要老天爷能够下雨，自己受的苦、受的累，又算得了什么呢？然而，因为没有一个人想到会立即天降暴雨，大家都没有准备雨具，所以宋仁宗被淋了一个透心凉，变成了一只“落汤鸡”。

回到宫中换洗了衣服后，宋仁宗把王素叫来，高兴地对他说道：“如今，朕按照爱卿的要求，祈过雨了，雨也下了，爱卿应该没有意见了吧？你是不是应该夸奖一下朕呀。”

王素依旧不改本色，继续“挤对”道：“陛下亲自去郊区祈雨，堪称明君所为，上天突然降下大雨，也是承认了陛下的仁德，陛下真乃旷世明君也。只是，陛下身为天子，身系万民安危，应该顾惜龙体。先前祈祷时，陛下被汗水浸湿；后来下雨时，陛下又被雨水淋湿，您怎能如此不注意身体呢？万一感冒了，咋整？”

听了王素的这番话后，宋仁宗只能让王素跪安了。回到后宫，宋仁宗对着嫔妃愤愤道：“朕的这个皇帝，真是难当！不管朕干什么，都能被臣下找出毛病来！”

虽然在后宫，宋仁宗发了一堆牢骚，但一到前朝，宋仁宗依旧对王素毕恭毕敬，更没有给王素任何处分。

因为，宋仁宗清楚地知道，王素一心为公，自己若想成为李世民那样的千古名君，身边就得用这种魏征、寇准式的人才，从而提醒自己，找出自身的毛病。

但是，宋仁宗的忍让，并没有感动王素；反而，王素有点儿蹬鼻子上脸，不知分寸了。

这不，王素终于把宋仁宗挤对急了，堂堂皇帝被逼得当众流下了眼泪。

那么，这又是怎么回事呢？

宽以待人

不知道为什么，宋仁宗自登基以来，一直没有儿子。这个原因，也一直没有整明白。

因为皇帝没有后代、国家没有储君，大臣们都很着急。为了国家的未来，枢密使王德用就偷偷摸摸找了几个年轻貌美又会生养的女子送入皇宫，让皇帝雨露均沾，以早生贵子。然而，由于保密工作没有到位，这件事情让王素知道了。

得知这个消息后，王素马上抖擞精神，第一时间进宫去了。

当时，宋仁宗正跟几个大臣开会，王素闯了进来，直言不讳地奏道：“臣要弹劾王德用进献女子一事！”

此言一出，群臣惊得面面相觑，皇帝羞得无话可说，这个会也没法开了。

宋仁宗急忙摆手，示意其他大臣离开，他要跟王素单独商量此事。

四下无人后，宋仁宗皱着眉头，大怒道："进献女子一事，乃后宫秘事，卿乃一外臣，如何得知？"

对于这种不好解释的问题，王素道："臣身为御史，可以风闻奏事，何须辨别真伪？若确有其事，望陛下自行改正；若没有此事，那就是无稽之谈，陛下又何必追究消息来源？"

王素的这番话，既开脱了自己，又将宋仁宗企图转移目标的说辞，彻底堵死。

听完王素的话，宋仁宗被反驳得无话可说，只能堆笑道："爱卿是王旦的子嗣，朕是宋真宗的皇子，咱们两家可是世交，这个关系可不一般呀。"

宋仁宗希望用这种"感情牌"和王素拉拉关系，看在父辈的往日情谊上，不要过于认真，高抬贵手，放了自己。可是，这种感情牌对王素压根没用，这位"油盐不进"的人根本不吃这一套。

王素问道："请问陛下，王德用是不是擅自向陛下进献美女了？若有此事，臣必弹劾之！"

这个榆木脑袋！宋仁宗没有想到王素这样认死理，他心想，若不承认的话，王素非烦死自己，于是宋仁宗只能无奈回答道："是有此事。朕想收了这些女子，不知爱卿意下如何？"

王素道："国有国法，宫有宫规。后宫选秀、册封嫔妃都有相关部门负责，有着严格的规章制度。陛下怎么能轻易打破这些规则、接受大臣进献的女子呢？此风一开，很容易引起百官投机取巧之心，望皇帝遣散那些女子，以正视听！"

一听要遣散这些女子，皇帝这个心疼呀。内心纠结了半天后，皇帝还是接受了王素的建议，他叫来宦官，道："将王德用献上来的那几个女子，每人发放 300 贯钱，都轰出宫去吧。"

说话之间，宋仁宗依依不舍之情溢于言表，竟然流出了眼泪。

一看皇帝流泪了，王素内心咯噔了一下，心想自己把皇帝挤对得流了眼泪，这要是传出去，如何是好？

于是，王素委婉道："陛下认为臣的建议是对的，也不用这样急迫去执行。陛下可以先行回后宫，跟这些女子一一告别，再遣散不迟。"

王素的话，虽然很委婉，但是其骨子里还是一点儿没变。他清楚地告诉皇帝：遣散是一定的，最多临别聚一次，缠绵一下。

对于王素的劝慰，宋仁宗摆摆手，道："爱卿无须多言，国有国法，宫有宫规，朕遣散了她们便是。只是，朕虽然贵为帝王，但也跟凡夫俗子一样，有七情六欲呀。朕回到后宫，如果看见那几位女子流泪哭诉，朕怕不忍心驱逐她们了。不如这样，爱卿留在这里，与朕一起听这件事情的汇报。"

王素马上撩袍跪倒，道："陛下从谏如流，即便是千古圣王也绝无仅有。臣有此等主君，真乃臣之幸也，也是万民之幸也。"

过了一会儿，宦官回报，说女子们已经被驱逐出宫了。宋仁宗一脸悲戚，转身回宫。王素也跪拜皇帝，回家庆祝去了。

这就是宋仁宗，一个能够虚心纳谏、虚怀若谷的好君主，身在他的时代，真是文人的一大幸事。

当然，虽然王素是一个直言进谏的好官，但他这种直言进谏的方式，确实有点儿过分，甚至有一点儿不可取。也就是宋仁宗宅心仁厚，不跟他一般见识，你换上宋太祖赵匡胤试试，直接敲掉王素的大门牙！可见，大家还是要具体问题具体分析。历史故事虽然可以作为参考，但绝不能照搬照抄。

远离小人

俗话说："清官难断家务事。"身为皇帝，最难处理的事情，可能不是国家大事，而是后宫纠纷。

君不见，有多少英明神武的皇帝，因为管不住身边的女人，听信了她们的谗言，最终将大好河山葬送，甚至成为亡国之君。

那么，对于进献谗言的女子，宋仁宗又是如何处理的呢？

史料记载，对于这种女子，宋仁宗是来者不拒，来一个，杀一个；来两个，杀一双。宋仁宗一生一直痛恨这种干涉朝政的女子。

宋仁宗第一个干掉的进谗言的女子，就是他最器重的一个梳头女。

现在洗头发，有很多种洗头液，都能做到"头屑去无踪"。然而，在宋朝，洗头可不是一件容易的事情。那个时候只能用皂角（现在肥皂的原料）压榨的汁液洗头。

虽然皂角有一定的清洁作用，但是它黏糊糊的，不易清理，还很容易把头发弄脏。头发一旦不干净，就很容易长虱子，再加上古人头发长，头发里的虱子更是数不胜数。难怪在清明上河图中，到处都有卖除虱子药粉的商人。

总之一句话，当时的卫生条件决定了皇帝的头发里，估计也有那么一两只虱子。于是，宋仁宗每次下朝后，都会迫不及待地回到后宫，让自己的梳头女给自己洗头。

有一次，宋仁宗散朝回宫后，龙袍都没有脱，就吩咐道："朕今天的头皮太痒了，快传梳头女，给朕洗头。"

一会儿的工夫，这名梳头女就闪亮登场了。史料记载，这位梳头女相貌一般，但凭借一手出色的梳头本领，深得宋仁宗的宠爱，成为皇帝御用的女子。

除了会梳头外，这个女子可能也会一些按摩的技巧。在给皇帝洗完头后，梳头女就给皇帝按摩。一番按摩下，宋仁宗身心舒畅，就跟这位梳头女聊了起来。

当时，梳头女看见宋仁宗怀中有一份奏折，便好奇地问道："官家，怀中拿着的，是何物？"

一般来说，后宫不得干政，梳头女这样问已经犯了大忌。然而，宋仁宗宅心仁厚，不跟她一般见识，就回答道："一封御史台的奏折罢了。"

御史台的奏折是国家一等一的机密文件，如果梳头女懂事的话，就该闭嘴了。结果，梳头女继续问道："上面写了什么事情？"

此时，宋仁宗被按摩得很舒服，就随口说道："最近开封一直在下雨，快成水灾了。御史们说，这是后宫阴气太重，让我减少嫔妃，遣散一些后宫的女子。"

一听这话，这位梳头女竟然愤愤不平道："朝中那些宰相大臣们，哪个不是三妻四妾、使唤丫头无数。官职稍微升迁，就要增加数个女子，这已经成为大臣们的'定制'了。大臣们逍遥自在，可皇帝身边增加一两个嫔妃，就嚷嚷什么阴气太重，需要减去，这是何道理？难道只许他们风流快乐，而让官家受委屈吗？"

当时，听着梳头女的言语，宋仁宗已经不说话了，但凡是一个明白人，也应该闭嘴了。毕竟一个后宫女子，竟然公开挑唆皇帝反对御史言官，这是绝对不允许的。梳头女明显角色错位了，忘记自己是一个不能干政的宫女了。此时的梳头女，已经站在万丈深渊的边上了。结果，她竟然一错再错，直接错到了地狱最谷底。

当时，见宋仁宗一直沉默不语，这名梳头女竟然追问道："官人，此言必行乎？"意思是说："御史的话一定要遵从吗？"

宋仁宗强忍怒火，道："台谏之言，岂敢不行？"这个意思是说："御史们说的话，怎敢不遵从？"

通过"岂敢不行"四个字，我们能够看出来，宋仁宗对于这些御史们，是充满敬意甚至是敬畏的。此时此刻，如果这个梳头女有一点点政治头脑，就应该明白宋仁宗对御史的态度了。

结果，这个天生不知"死"为何物，或者是恃宠而骄、不知道天高地厚的梳头女，竟然仗着皇帝对自己的宠爱，撒娇道："若果行，请以奴奴为首。"

这里的"奴奴"，是宋朝皇帝对奴才的昵称。这句话是梳头女娇嗔道："如果一定要赶走宫里女子的话，请第一个把我赶走吧。"

史料记载，听完梳头女的这句话后，宋仁宗一言不发，直接就走了。回到寝宫后，宋仁宗叫来都知宦官以及掌管后宫名录的女官，命令他们把后宫的名册拿来，亲自圈定了30个人，把她们驱逐出了皇宫。

毋庸置疑，第一个被圈定的人，就是这位梳头女。

驱除梳头女的消息传开后，后宫震惊，大家无论如何也想不到，宋仁宗竟然驱逐了最需要的梳头女。

当时的皇后，是宋仁宗的第二任曹皇后（第一个郭皇后已被废，后面再说）。曹皇后特意询问仁宗，为什么要这样做。宋仁宗愤愤不平道："此人劝我拒绝纳谏，怎能安排在身边？"

赵祯是对的，虽然他很宠爱这位梳头女，但梳头女一旦干涉朝政，就是另外一回事了。

要知道，在中国历史中，往往祸国殃民的人，就是皇帝身边的小人。这些奸邪小人依靠一些偶然的闪光表现，赢得皇帝的欢心和信任，最终陷害君主，祸害朝纲。这样的人物并不少见，比如卖弄才华的和珅，同样靠梳头起家的李莲英，等等。

当然，驱逐了梳头女，对于宋仁宗而言，也是有百利而无一害。通过这件事情，他也向天下传达了两个信息：

第一，警示后宫诸人，尤其是皇后，不许干涉朝政，否则梳头女就是大家的“榜样”。

第二，告诉朝中众臣，尤其是那些御史们，自己是一个尊崇礼法、看重士大夫的人，绝对不会听信妇人之言，还望各位爱卿多多进言。

可见，用了一个无关轻重的梳头女，却换来了这么多的好处，如此“一石二鸟”之计，恐怕宋仁宗在梦中，也能会心一笑。

也许，驱除一个小小的梳头女，并不能说明，宋仁宗管理后宫的本领多么地高明。可在历史中，宋仁宗管理后宫真的本事非凡——即使面对群妃的“围殴”，他都能游刃有余地化解危机，让所有女人都消气。

那么，这是怎么回事呢？

善断家事

史料记载，从宋仁宗“庆历”年号开始，一直到“嘉祐”年号为止，整整十一年的时间里，除了张贵妃一人外（后面再说），宋仁宗就没有提高过后宫其他嫔妃的品级，搞得大家怨气都很大。

要知道，品级的升迁，不仅意味着俸禄的增加，更是权力、地位、荣誉的成倍扩大。

身在官场的男人，都希望官越做越大；身在后宫的女子，也都希望自己的品级越来越高。要不然，后宫尔虞我诈，大家拼得你死我活的，图啥？

当时，因为无法升级，后宫女子的怨气都很大。后宫的妃嫔们，妃嫔的家属们，家属们的亲信们，亲信们的关系户们……大家也怨声载道，一个个都急得跟过油的蚂蚁一样，三番五次来求宋仁宗，希望给她们晋级。

然而，不管这些家属们如何去求，宋仁宗的回答就两字——再议。

再议？什么叫再议？何时再议？精通中国官场文化的人都知道，所谓的“再议”，其实已经挑明了态度——拒绝。

见皇帝一直不给说法，后宫的妃嫔们忍无可忍了，这些分属于不同山头的女人们第一次联合在了一起，共同拦住了宋仁宗，要求给一个说法。

宋仁宗见无处可躲了，只能笑着道："诸位爱妃，不是我不肯加封，而是朝廷有晋级的制度。若想升级，除非生下子嗣，或陪同祭祀，或立下大功（比如救驾）。这三样，大家都不占，所以就算朕批了，朝廷公卿也不会同意。"

听完宋仁宗的解释，有些女子就相信了。毕竟，这么多年了，谁也没有跟宋仁宗生下子嗣，而陪同祭祀的事情，也就皇后一个人有份。至于那些"大功"，鬼知道是什么东西（后来就知道了）。按照这个定义，嫔妃们确实晋不了级。但是，大家转念一想，规则是死的，人是活的，只要皇帝宠信，给嫔妃升几级，还不是一句话的事情吗？昔日，刘太后当宋真宗妃子时，没有生下子嗣，没有陪同皇帝祭祀，也没立下啥大功，还不是一夜之间，提升了N个等级？

想到这些，一个妃子就对宋仁宗道："您是天子，天子的话就是圣旨。只要您颁布一道圣旨，谁敢不从？"

一听这话，宋仁宗笑道："是吗？我要有这个本事就好了。爱妃若不信，我给你写一道晋级的圣旨，咱们试试？"于是，宋仁宗写好了一份晋级的诏书，交给这位妃子。

宋朝规定，后宫女子晋级，需皇帝颁布圣旨，皇后认可，内阁宰相盖章后，方可执行。如今，皇帝已经颁布了圣旨，皇后跟妃嫔们一条心，只剩下宰执们盖章了。

这个妃嫔差人带着皇帝的圣旨来到中书省，要求宰相们签字，还特别强调：这是皇帝的圣旨，必须第一时间执行。

结果，这位妃子万万没有想到，内阁的办事效率那叫一个"高"。宰执们看完后，连个正式回函都没有，就直接退了回来。

圣旨被退回后，这位妃子有点儿恼羞成怒，她这才相信，原来皇帝的圣旨，也有不灵的时候……

当然，一个妃子倒下了，千万个妃子站了起来。因为始终无法晋级，很多妃子都不死心，大家就聚在一起开会，研究问题到底出在哪里。最后，妃子们恍然大悟道："一个妃子的文件，宰执们不批，很可能是妃子势单力薄。咱们应该联合起来，一致对外，共同抗敌。"

于是，妃子们集体找宋仁宗，要求他书写晋级妃子的文件，每人一道，不写不行。

对于妃子们的请求，宋仁宗也不多说，拿起御笔，一人一道，绝不厚此薄彼。这些诏书都是标准格式，上面清楚地写着“某年某月某日，加封某某人为何品级”，只要宰执们盖章，立刻就能执行。

最后这些圣旨还是被中书堂的宰执们退回来了，上面一个字都没动，更没有宰相们的签字。怒气冲冲的妃嫔们拿着退回的圣旨，跑到宋仁宗面前，当着宋仁宗的面，竟然把这些圣旨给撕了。一边撕，妃嫔们还一边大喊道：“原来官家的圣旨也没用！官家还是皇帝吗？几个大臣就敢欺负您！”

当着皇帝的面撕毁圣旨，是妃子们气疯了，还是故意在使用“激将法”，不得而知。但是，她们的这种做法，显然对宋仁宗无效。

史料记载，宋仁宗看着这些妃嫔们的“表演”，他既不生气，也不说话，只是一直笑。等妃嫔们撕够了、气消了，就把她们打发回去了。从那以后，再也没有一个妃嫔，提过晋级的事情了。

那么，这里有一个问题，皇帝的诏书，真的没用吗？妃嫔们要想晋级，真的这么费劲吗？

当然不是了。

要知道，皇帝是真龙天子，他的话，就是绝对的圣旨。若皇帝发飙，强行晋封某位嫔妃，宰相们也只能俯首听命（比如张贵妃）。然而，皇帝不这样干，主要是出于两点考虑：

第一，尊重宰执大臣的意见、尊重祖宗制度，宁可委屈自己的女人，也不能破坏宋朝的规矩。

第二，不晋封嫔妃等级，可以打压外戚的势力，更能杜绝刘娥“垂帘听政”之事。

可惜的是，虽然宋仁宗的初衷是好的，但还是事与愿违。

宋仁宗晚年时，曹皇后的势力膨胀到了极点，她甚至跟宰执携起手来，共同挟持皇帝，使得宋仁宗举步维艰，最终郁郁而终。当然，这些都是后话。

书归正传，宋仁宗在处理后宫矛盾中，最难能可贵的是，绝不厚此薄彼，全部一视同仁。在册封这个问题上，即使是皇帝最宠爱的女人，宋仁宗也能一碗水端平、不分畛域。

这个宋仁宗最宠爱的女子，就是——张贵妃。

第七章 后宫恩怨录

不分畛域

史料记载，虽然宋仁宗有两任皇后、无数妃嫔，但他一生最爱的女子，却只有一个人——张贵妃。

皇帝爱她爱到什么程度呢？那些什么“后宫佳丽三千人，三千宠爱在一身”自不必说，宋仁宗为了这位宠妃，甚至动过废除皇后、改立张贵妃的念头。

可惜的是，天妒红颜，皇帝刚刚打算废后，张贵妃就英年早逝了，死时年仅31岁。

张贵妃死后，悲痛欲绝的宋仁宗为她举行了一场超大规模的、逾越等级的葬礼。此外，悲痛万分的皇帝不顾群臣的反对，在皇后（曹皇后）还在世的情况下，竟然追封张贵妃为皇后！

单凭此事，宋仁宗对张贵妃的痴情程度，就可想而知。

但是，就算是这样宠爱的张贵妃，一旦她干了后宫干政、腐败奢靡的事情，皇帝也照样严惩不贷、绝不姑息。

历史中的这个张贵妃，身份卑微，她本是一宫人养女，没有任何身份地位。后来，为了出人头地，张贵妃苦练各种歌舞，终于在一次宴会上得到了皇帝的青睐，这才一飞冲天。

虽然张贵妃飞上了枝头，但由于出身寒微，其余嫔妃依旧把她当作一只“野鸡”来看待。

为此，张贵妃愤怒不已，她决定拉娘家人一把，提高他们的官职，给自己找一个强大的靠山。

张贵妃有一个远方伯父张尧佐，此人在地方当官，政绩不错，官场口碑也不错。张贵妃就向皇帝请命，希望把这个伯父调回京城，担任宣徽使一职。

在宋朝的编制中，宣徽使是一个无固定工作内容的职务，但可以管理宫城内所有的衙门。换句话说，宣徽使就是皇帝的大总管。这个职位权力极大，油水极多，非百分之百信任之人，不能上任，一般由枢密院副使兼任。

张贵妃看上这个官职了，为了让伯父成功上任，她不停地给皇帝吹枕头风，软磨硬泡，一哭二闹三上吊，非让皇帝颁布任命诏书。

最终，宋仁宗实在拗不过她，就答应试一试，在早朝上商量一下此事。

史料记载，那天上朝前，张贵妃亲切地把皇帝送出殿门，温柔地抚摸着皇帝的背，轻声说：“官家，今日可不要忘了提宣徽使啊！”

宋仁宗点点头，道：“放心，放心。”

真的能放心吗？

一个字：悬。

当天早朝时，宋仁宗刚刚提出这个任命方案，群臣就炸开了锅。一名御史更是极力反对，他情绪激昂，言语激愤，全力反对的理由多到一箩筐。这名御史说到慷慨激昂时，唾沫星子到处飞，直接溅了皇帝一脸。无奈的皇帝只得下令，收回这个任命。

下朝后，宋仁宗第一时间来到张贵妃的寝宫，一边用袖子擦脸（举袖拭面），一边对张贵妃道：“你看，你看，你伯父的事，群臣坚决反对，还喷了我一脸唾沫星子（直吐我面）。汝只管要宣徽使，宣徽使！难道不知道‘那个人’是御史吗？”

见皇帝受了这么大的委屈，张贵妃还能再说什么，她赶紧主动认错，替皇帝擦脸。以后的很长一段时间内，张贵妃再不敢提给家人封官之事了。

就这样，借助那位直言进谏大臣的“帮助”，在不动声色之间，宋仁宗就让张贵妃知难而退了。宋仁宗这种管理后宫女眷的本领，也能给后代子孙提供一个很好的借鉴。

这里多说一句，这位敢喷皇帝一脸唾沫星子的大臣，就是宋朝大名鼎鼎、众人皆知的——包拯、包青天。

在提拔外戚问题上，宋仁宗可以使用各种“太极”手段，自己唱红脸，让大臣们去背黑锅，最终让妃嫔们知难而退。然而，在腐败奢靡这个问题上，宋仁宗就没有好办法了，只能亲自出马。

哪个女子不爱财！当时，有一个叫王拱辰的小人，被宋仁宗贬到了地方后（后面再说），想重回中央。王拱辰费尽心思搜罗了一个定州红瓷器，献给张贵妃，希望走后宫路线。

定窑本就是宋瓷中的珍品，红瓷更是罕见的变种，是珍品中的珍品。根据史料记载，此红瓷做工精细，颜色犹如朱砂；晶莹剔透，手感犹如美玉，堪称万中无一的孤品。可想而知，看见这个红瓷后，张贵妃爱不释手。当然了，张贵妃也知道宋仁宗不喜欢后宫与大臣来往，干涉朝政，所以她偷偷摸摸地把红瓷藏了起来，偷偷赏玩，等有机会，替王拱辰美言。

结果有一天，宋仁宗突然驾临张贵妃的寝宫，张贵妃猝不及防，来不及藏好那件定州红瓷，被宋仁宗看见了。

一见此物，宋仁宗大怒道：“这是何物？”

张贵妃不敢隐瞒，只得如实禀报。听完后，宋仁宗道：“叫你不许结交外臣，收取他们的礼物，你怎么就是不听呢（尝戒汝勿通臣僚馈送，不听，何也）？”

骂完后，宋仁宗举起了宋朝皇帝标准配备的小柱斧，二话不说，啪一下，就把这个定窑红瓷砸碎了。见皇帝如此愤怒，张贵妃马上下跪请罪，说再也不敢收取外臣的礼物，替他们说好话了。

事后，宋仁宗痛恨王拱辰贿赂后宫、结交嫔妃，就想把他“咔嚓”了。但是，因为宋朝有不杀士大夫的祖训，宋仁宗也念其有功，就放了王拱辰一马，把他发配地方，永远不得回京。

王拱辰被贬地方后，此后数年，官职一直起起落落。虽后来回京，也没有得到什么实质性的高官，还被王安石轰走了。

神宗元丰八年（1085 年），王拱辰病卒于彰德军节度使任上，终年 73 岁。

这里多说一句，宋仁宗当年没有杀掉王拱辰，不仅显示了自己的仁爱之心，更为中国的文化事业，留下了一颗璀璨的明珠！

因为，虽然在历史中，王拱辰的名气很烂，就是一个卑鄙无耻的小人（后面再说），但是他的那位曾外孙女，可是宋朝历史上的一位大才女，更是号称“千古第一才女”。

这位才女不仅创建了一个崭新的流派，更留下了一段波澜壮阔的历史。

王拱辰的这位曾外孙女，号“易安居士”，也就是历史上大名鼎鼎的——李清照。

以德服人

通过砸瓷器这件事情，我们看见了一个强硬的宋仁宗。但是，如果一味地用暴力，用武力，以势压人的话，他就不是那位仁德至上的“仁宗”了。

在处理江山和美女的关系时，宋仁宗用得更多的技巧，则是晓之以理、以德服人。

当时，为了讨张贵妃开心，一些江西的官员进献了本省的特产金橘，希望博得一笑。张贵妃吃完金橘后，立刻爱上了这口，天天必须吃上几个，欲罢不能了。

上行下效，张贵妃喜欢吃金橘，京城也开始流行吃金橘，金橘的价格一下子暴涨了数倍甚至数十倍。

见金橘的身价一夜暴涨了这么多，宋仁宗就有点儿不高兴了。这位皇帝清楚地知道，虽然大家吃几个橘子没有什么，但这种奢侈攀比之风一起，后患无穷。于是，为了杜绝这种攀比之风，宋仁宗准备直接掐死源头，不让张贵妃继续吃金橘了。

那么，怎么不让张贵妃继续吃呢？把金橘砸了？把张贵妃的嘴缝上？

宋仁宗自有妙计。

有一天，宋仁宗来到张贵妃的寝宫，两人一起吃金橘。吃完后，宋仁宗突然一捂鼻子道:“爱妃有所不知，这个金橘确实好吃，但是这个橘子皮太味儿了，朕有点儿受不了，所以今天，朕就不在这里过夜了。我听说，皇后那边在吃西瓜，朕觉得西瓜比金橘好吃，朕去皇后那里吃西瓜。”

你想呀，宋仁宗都这么说了，张贵妃还能继续吃金橘吗？从那以后，张贵妃再也不吃金橘了，她也改吃西瓜了。西瓜就是开封的特产，再贵也没有几个钱。

后来，京城百姓见张贵妃不吃金橘了，也都慢慢消停了。因为无人问津，金橘的价格直线下降，最终回归到一个合理的价位。

金橘价格再高，也不是什么贵重物品，对老百姓的生活影响有限。但是，如果上层阶级喜欢上各种奢侈品，这种攀比之风一起，可就是一场十级风暴了。

史料记载，有一年，广州水军截获了一批走私的珍珠，当地官员将这些赃物运进开封，以充国库。

珍珠运到京城后，在进入国库前，宋仁宗带领后宫嫔妃去验赃。当然，所谓验赃，其实就是挑一些珍珠自己用。

在挑选过程中，张贵妃看见了一颗硕大无朋的珍珠，瞬间就走不动路了。见爱妃一直看着那颗珍珠，宋仁宗一高兴，就把它赏赐给了张贵妃。

宋仁宗这么一做，其他的嫔妃就不干了，说平时官家就宠着张贵妃，什么好东西都先给她，现在还给她一颗这么大的珍珠，实在是太过偏心了，等等。

后宫嫔妃一人一语，叽叽喳喳没完，宋仁宗烦得脑袋都大了，不胜其烦的他告诉诸位嫔妃:“我送给张贵妃什么样子的珍珠，就也送给你们一颗，以示公平。”

宋仁宗这么一说，众位嫔妃才闭嘴。

送走了各位嫔妃，宋仁宗下令采购一些类似的珍珠，送给其余嫔妃。但问题是，张贵妃挑上的珍珠价格不菲，这一人一颗的，谁受得了？此外，因为是“政府采购”，珍珠商们借此良机，大肆哄抬珠价，一时间珠价暴涨。

面对这天文数字，不用御史们发飙，宋仁宗自己就打退堂鼓了。

当时的宋朝并不太平，西北地区李元昊自立为王，频频对大宋宣战；北面的契丹趁火打劫，增加了岁币的数量（这些后面再说），这些都耗费了宋朝大量的钱财，若在这种情况下还大肆采购珍珠，实在是于心不安。

可是，君无戏言，宋仁宗答应了众妃，一人赏赐一颗珍珠，这要是不兑现的话，届时后宫不宁，自己必定寝食难安。

宋仁宗想了半天后，终于想明白了——众位嫔妃之所以要珍珠，不是因为她们需要珍珠，而是心中不忿，为什么张贵妃有珍珠，她们却没有！因此，若能让张贵妃放弃那颗珍珠，其他人也就不会再纠缠此事了。但问题是，怎么让张贵妃放弃那颗珍珠呢？用抢、用夺，还是用偷？

宋仁宗还是自有妙计。

几天后，宋仁宗召集众位嫔妃一起去赏牡丹。当时，为了这个宴会，张贵妃精心打扮了一番，她戴了一个崭新的头饰，把宋仁宗送给自己的大珍珠镶嵌在了上面。

看见张贵妃如此耀武扬威，其余嫔妃都妒忌得要命，她们更想要珍珠了。结果，妃嫔们刚要开口，却见皇帝一脸怒色，用冰冷的双眼瞅着那个头饰，一动不动。

看了一会儿这个头饰，宋仁宗突然用袖子捂住自己的脸，讽刺道："满头白纷纷，更没些忌讳！"

这个意思是说，张贵妃这么打扮，真是不好看。一头的白色珍珠，远看像头顶白布，仿佛给死人服丧一样。

宋仁宗这么一说，嫔妃们都哈哈大笑了起来。原本兴高采烈的张贵妃，在讽刺中羞得无地自容，她赶紧把头饰取了下来，再也不戴了。

见爱妃主动摘下了珍珠首饰，宋仁宗暗自大喜，他赶紧采取了安抚措施。宋仁宗摘下一朵最大的牡丹花，戴在张贵妃的头上，道："看看，这么一戴，那才叫光彩艳丽、美丽动人。"随后，皇帝又赏赐每位佳丽一朵牡丹花，以示公平。

由于仁宗皇帝的细心倡导，物以稀为贵的珍珠，不再是后宫竞相追逐的奢侈品了，珠宝的价格，也直线下降了（自是禁内不戴珍珠，珠价大减）。

宋仁宗用一朵牡丹花，平衡了众多嫔妃的争宠、攀比之心，更抑制了京城的珠宝价格，可谓高明。

在处理家庭和事业、爱情和工作、江山和美人的关系中，宋仁宗频频运用计谋，找到一个合适的平衡点，既不伤美人的心，也保住了自己的面子。如此两全其美地处理家庭矛盾，宋仁宗绝对是一名合格的"中国好丈夫"。

然而，这位合格的“中国好丈夫”也有其阴暗的一面。

在宋朝的历史上，宋仁宗干了一件惊人之举，并永远把持着第一的宝座。这是一个什么样子的第一？

在宋朝历史上，宋仁宗是第一个休妻的皇帝，也是第一个罢黜皇后的丈夫！

一个响亮的耳光

史料记载，明道二年（1033 年）十一月，在毫无征兆的情况下，宋仁宗突然颁布一道圣旨，宣称：“皇后郭氏，为后九年，一直无子，愧对列祖列宗，特主动出家入道观，愿与青灯古观相伴一生。”

这平白无故的，一位国母，为什么要主动出家呢？

其实，皇后哪里想出家，这是被皇帝逼迫的结果。而宋仁宗的这道圣旨，不过是一个幌子罢了。

在历史中，宋仁宗让皇后出家的真正原因，是皇后打了自己，她扇了自己一个响亮的大嘴巴。

没错，就是皇后扇了皇帝一个大嘴巴。

史料记载，皇帝挨打那一天，宋仁宗带领嫔妃一起赏花游玩。在游玩过程中，四品美人尚氏和杨氏为了争宠，一直与皇帝卿卿我我、旁若无人。玩到最高兴时，尚氏竟然在大庭广众之下，钻到了仁宗的怀里，请皇帝跟自己喝交杯酒。

见尚氏如此行事，一国之母郭皇后大怒，她训斥尚美人不知廉耻、不知自重。孰料，尚美人恃宠而骄，丝毫不惧，出言讽刺道：“臣妾听说，民间的女子嫁到夫家后，若三年无子，就可被休。如今，您已入宫九年，却连一儿半女都没有。臣妾一直不明白，无任何功劳的您，为什么不退位让贤，还继续觍个大脸稳坐皇后之位？”

尚氏的这番话，彻底把郭皇后给惹怒了。郭氏本是将门之女，一直信奉能动手、就不瞎咧咧的准则，此时的她更是大宋国母，无论如何也咽不下这口气。

怒发冲冠的郭皇后站起身来，冲到尚氏的面前，抡起手掌，运足力气，照着尚氏白嫩的小脸蛋，就是一下。

本来，这一巴掌应该打在尚氏的脸上，但谁也没有想到，却打在了宋仁宗的脸上。

原来，听完尚美人挤对皇后的言语，宋仁宗也觉得太过分了。他站起身来，刚想批评尚美人几句，结果就看见郭皇后怒气冲冲地走了过来。宋仁宗害怕尚美人吃亏，就急忙上前，拦在了她们之间，结果不偏不倚，正好挨了郭皇后一个大嘴巴。

宋仁宗养尊处优惯了，哪里挨过打，挨了这么一下后，脸立刻就红了。而且，郭皇后平时喜欢蓄指甲，她的指甲也在皇帝的脸上留下了一道道血痕，这更是让宋仁宗惨叫连连。

捂着受伤的脸颊，宋仁宗大吼一声："回宫！"贴身宦官阎文应立刻召集众人起驾回宫。尚美人、杨美人陪王伴驾，郭皇后则回自己的寝宫，闭宫反省，等待圣裁。

宋仁宗回宫后，御医立刻赶来，给皇帝处理伤口。说实话，皇帝没受什么伤，简单处理一下就行了。但问题是，伤势是小，颜面是大！宋仁宗平白无故挨了一巴掌，若不严惩皇后，颜面何存？

在封建社会，伤害龙体可是株连九族的大罪。单凭这一巴掌，即使把皇后一家满门抄斩，也合情合理，还合法！

一旁伺候的尚美人、杨美人自然不会放过这个机会，她们在旁边一直添油加醋、挑拨离间，让皇帝严惩郭皇后，以儆效尤。最不济，也要废黜郭皇后，不能让这种人继续主持后宫。

两位嫔妃说了一会儿后，宋仁宗就让她们退下了，他留下亲信阎文应，单独商量此事。

宋仁宗道："废后乃是大事，牵一发而动全身，不能轻易为之。但是，若不严惩郭氏，朕实在是咽不下这口气。"

阎文应身为皇帝的贴身大太监，自然明白皇帝的心思，他小声道："废后之事，事关重大，需要宰相同意才行。请皇帝召见宰相，一起商量此事。"

这里有一个潜台词，把宰相拖下水，分担骂名；若大臣反对，也可以让宰相去顶缸！

当时的宰相，有两位，分别是李迪和吕夷简。

宋仁宗深知，李迪是自己的老师，他是一个儒学的坚定支持者，若让他同意废后，势比登天。所以，皇帝根本没召见李迪，只召见了吕夷简一人。

吕夷简来到后，宋仁宗向他讲述了事情的经过，他指着自己脸上的抓痕，直言不讳道："我要废后！"

史料记载，听完宋仁宗的话，在很长的一段时间内，吕夷简的状态都是"默然"。

为何"默然"？吕夷简要好好地思考一下，替皇帝干这件废后的事情，到底是值还是不值。

因为在古代，皇后不仅仅是皇帝的老婆，她还有一个更重要的身份——国母。皇帝要轻易废掉大臣的"母亲"，轻易废掉"孩儿他妈"，这些"孩子们"又怎么可能会干！更何况，凭一个巴掌，就要废黜皇后，皇帝的惩罚，是不是太严厉了一点？万一废除不了，自己岂不是成为众矢之的？届时，这些"孩子们"还不得废了自己？

在吕夷简眼中，皇帝是大臣的"爹"，即使有错，大臣也不能把他怎么样。但问题是，大臣不能把皇帝怎么样，却能整死自己呀。到时候一人一口唾沫，都算是轻的，没准吕家的祖坟，都能让这些"孩子们"给刨了。

因此，在没有算清楚自己得失利益时，吕夷简实在没法回答皇帝，到底干不干这件废后之事。

吕夷简正在犹豫，阎文应的一句话，却让他彻底打定了主意。

当时，看着吕夷简一直犹豫不决、沉默不语，阎文应走上前来，小声说道："吕相公别忘了，当初，是谁害您离开朝廷去地方的……"

这句话，让吕夷简下定决心——废后，跟皇帝一条心！

那么，为什么一直犹豫不决的吕夷简，会被这句话说动了呢？吕夷简和郭皇后之间，又有哪些恩怨故事呢？

我要休妻

吕夷简和郭皇后之间的恩怨情仇，其实非常简单，就是郭皇后一句话的结果。

当年，刘太后病逝，宋仁宗开始亲政。为了铲除刘太后的势力、让自己人上位，宋仁宗找来宰相吕夷简，让他整顿朝纲，重新调整官员的位置。

宋仁宗道：“枢密使张耆，啥本事也没有，就是一‘赤脚健儿’（宋朝对一介兵丁的蔑称），仅仅是因为刘太后的宠信，就位居高位，首先把他罢免，发放许州；枢密副使夏竦，毫无原则地奉承太后，就是一个马屁精，留之无用，发放襄州；参知政事陈尧佐，能力庸碌，毫无建树，发放永兴军；其余大臣范墉、赵稹、晏殊等，都有问题，他们能力之烂、作用之小有目共睹……”

一开始，宋仁宗说一句，吕夷简就记录一句，态度恭谨，但慢慢地，吕夷简就不记录了。

为什么？因为宋仁宗要开除的人，太多了！除了吕夷简外，几乎所有的朝廷大臣，都被宋仁宗罢免了。这种大规模的罢黜官员，是宋朝建立以来没有发生过的，吕夷简都不知道该怎么记了。

最终，在罢黜了十几位官员后，宋仁宗回后宫了，吕夷简则回到中书省，草拟罢黜官员的圣旨。

整整用了一夜的时间，吕夷简才草拟完罢黜官员的圣旨。孰料，就在此时，一个宦官来到中书省，宣读了一道皇帝最新颁布的诏令：“门下侍郎兼吏部尚书、平章事吕夷简，罢为武胜节度使，同平章事，判澶州。”

史料记载，听完这个诏令后，吕夷简惊得瞠目结舌，手中的毛笔也掉在了桌案上。

什么情况？昨天还深得皇帝信任，怎么才过了一个晚上，自己就被贬谪地方了？

吕夷简百思不得其解，他偷偷找来宋仁宗的贴身太监阎文应，问其原委。

阎文应见周围无人，小声说道：“本来，皇帝对吕公无比信任。陛下打算重组朝廷，让您当宰相。但是，昨天陛下回宫跟郭皇后吃饭时，聊起了夏竦的事情。皇帝痛骂夏竦阿附太后，是一个毫无原则的小人。结果，您猜郭皇后是怎么回答的？”

吕夷简迫不及待地问道：“请中贵人速速告知。”

阎文应继续说道：“郭皇后是这么说的：‘夏竦是一个小人，难道吕夷简不是吗？在我的眼中，吕夷简也是一个阿附太后的小人。只不过，这个小人更加机智、更会隐藏自己，别人不知道罢了’。正是因为这句话，皇帝才罢免了您。”

听完后，吕夷简沉默不语。郭皇后的这番话，确实能够让宋仁宗罢免自己。

从此以后，吕夷简跟郭皇后，彻底结上梁子了。

其实，吕夷简还是想错了，郭皇后的这番言语，并没有起到什么决定性的作用，只是起到了推波助澜的功效。

真正想罢黜吕夷简的人，还是宋仁宗自己。毕竟，这位皇帝想摆脱太后的影响，建立一套全新的班子，以一个全新的面貌和形象，开创一个属于自己的时代。在这个全新的时代里，是不需要那些老人的。不管这个老人是谁，都不需要……

就这样，在郭皇后的“建议”下，宋仁宗罢黜了吕夷简，把他发配到了地方。至此，宋仁宗彻底清除掉了前朝所有的老人。

明道二年（1033 年）四月，宋仁宗提拔张士逊为宰相，李迪为副相，李谘（被寇准轰走那个）为三司使，王德用为枢密副使，组成了一个全新的班底。

得知皇帝抛弃了自己、组成了一个全新的班底后，远在澶州的吕夷简气得咬牙切齿，他更加痛恨那个中伤自己的郭皇后了。

从那以后，吕夷简一直想着报仇，但问题是，人家远在京城，又高居凤位，一个小小的地方官员又能怎么办呢？

然而，命运就是这样荒诞不经，吕夷简仅仅在地方深造了半年，就因为一个人的“自甘堕落”被召回了朝廷，委以重任。

这个自甘堕落的人，就是宋仁宗刚刚任命的宰相——张士逊。

简单来说，张士逊这个人，拥君忠诚有余，才干见识却严重不足，对于国内错综复杂的问题矛盾，也没有一个合格的处理办法。他就是一个得过且过的宰相，走一步算一步，当一天和尚撞一天钟。

除了能力严重不足外，张士逊的工作态度，也是一个老大难的问题。

有一天，山南东道节度使杨崇勋修了一个园林，邀请张士逊参观。张士逊应邀而来，二人在一起赏花饮酒。

酒宴中，杨崇勋一个劲灌，张士逊就一个劲喝，两人都喝多了，就呼呼大睡了起来，等睡醒后，已经是第二天中午了。

得知时间后，张士逊吓出了一身冷汗，他连衣服都没有穿好，就急匆匆走了。因为，这一天，是朝廷给刘太后举行祭祀仪式的日子。张士逊是主持人，更是文武百官的代表，他要是不在场，这个葬礼怎么举办？

等赶到会场后，张士逊却惊讶地发现，副相李迪正率领文武百官举行祭祀仪式。礼部官员发现张士逊后，把他拉到一边，对其小声说道：“相公干什么去了！这么重要的事情，您都能迟到？其他官员从早晨就准备好了，一直等待您来主持，结果您一直不来。如今，陛下龙颜大怒，已传旨让副相李迪主持仪式，让您回家反省，等待圣裁。”

一听这话，张士逊如霜打的茄子一般，彻底蔫了，只能灰溜溜回家了。

第二天，皇帝颁布了一道圣旨，无任何念及旧情、无任何挽留之意，罢免了张士逊，把他发配地方去了。

张士逊被罢免后，宰相之位空虚，朝廷急需一位能管理群臣、替皇帝分忧解难的宰相。在寻遍了朝廷后，宋仁宗最终决定，还是用那个老人吧，毕竟用得顺手，也贴心……

就这样，在地方深造了半年后，吕夷简重新出山，官复原职，又成为这个国家的宰相。

如今，阎文应旧事重提，勾起吕夷简的回忆。一想到郭皇后的中伤，吕夷简气愤不已，他决定跟皇帝联手一起收拾郭氏，废黜她皇后之位。

态度已定，吕夷简当即告诉皇帝：“废后之事，事关重大，区区一个巴掌，不能成为废后的理由，应从三个方面入手。

“第一，用儒学正统思想休妻。何为儒学正统思想？女子古代有‘七出’，即不孝、无子、奸淫、妒忌、恶疾、口舌、盗窃。只要女方符合这七条之一，一句话，休她没商量。现在，郭皇后已经符合了妒忌、无子这两条，绝对能够将她扫地出门。

“第二，废后不比休妻，动静太大。请皇帝提前颁布一道圣旨，不接受御史台、知谏院的奏章公文，让他们无处申冤，活活憋死，以减少不必要的争执。

“第三，给郭皇后一个体面的理由。请以皇后的名义发布一道圣旨，说皇后十多年未生一子，愧对大宋王朝，请求皈依道教，与青灯古观为伴。这样一来，皇帝的废后，就变成皇后引咎辞职了。”

听到这三条建议后，宋仁宗很是满意，这才出现了之前的那一幕。

明道二年（1033年）十一月，皇帝突然颁布诏书，宣称："郭氏因无子，自愿入道，特封为净妃，法号冲妙仙师（后改名冲静元师），移居长宁宫。"

此消息一出，朝野震惊，言官们更是大怒。在御史中丞孔道辅的带领下，当时还是"新兵蛋子"的范仲淹等言官一起来到皇帝的寝宫，纷纷上疏求情，希望皇帝收回成命、网开一面。

然而，决绝的皇帝根本不听言官们的诉求，他下令把孔道辅、范仲淹等人驱逐出京，贬官外放。同时，宋仁宗还三令五申，宰相吕夷简也同意废后的事情，有什么事情去找他，别烦我！

最终，这场废后风波，折腾了近半年，在贬罚了数个直言进谏的大臣、在吕夷简的全力背黑锅下，皇帝终于排除万难废黜了郭氏。

至此，每个人，都迎来了属于自己的结局。

明道二年（1033年）十一月，因打了皇帝一巴掌，郭皇后被贬为庶人，打入冷宫。两年后，景祐二年（1035年）十二月，郭氏在长宁宫内郁郁而终，死因不明，享年23岁。

郭皇后死后，那两位希望借此机会上位的杨美人和尚美人，也没有如愿以偿，更没有捞到任何好果子。史料记载，因为出言不逊、鄙视皇后，宋仁宗把尚美人和杨美人轰出了皇宫，让她们出家为尼去了。

因为尚美人在宫中没有靠山，家里也没有背景，终其一生，她都没有再回到皇宫，最终在一个不知名的小寺院郁郁而终。相比尚美人，杨美人则好得多。因为她是宋仁宗养母杨太后的亲戚，所以被允许带发修行，后来也回到了皇宫。但是，即便杨美人回到了皇宫，也无法改变皇帝对其的印象，宋仁宗一生都没有再宠幸过她，等于把杨美人打入了冷宫。

在这次废后事件中，出功出力最大的吕夷简受到了皇帝的表彰，并得到了宋仁宗的青睐和重用。但是，吕夷简的这种表现，却受到了史官们的口诛笔伐，也被写进了《奸臣传》里。

因为，宋朝的史官们坚信（包括范仲淹）——皇帝之所以废后，全是吕夷简公报私仇的结果。若没有这个"奸臣"帮助，这位一直以仁德至上、虚心纳谏为座右铭的仁宗皇帝，怎么可能会去废后！

其实，宋朝的史官们都想错了。从一开始，宋仁宗就打定了主意，要废黜这个皇后了。这次嫔妃争宠、划伤龙颜事件，只是给了宋仁宗一个借口罢了。

即使没有这个事件，宋仁宗也会找其他理由，废除这位郭皇后！

皇帝与皇后这种“冰冻三尺”的仇恨，绝非“一日之寒”。他们之间的恩怨故事，则要从很久很久以前说起……

废后的真正原因

话说，在刘太后统治天下时，年轻的宋仁宗不能执政，也无法管事，但他有一项基本的权利——娶老婆。

天圣元年（1023 年），在群臣的举荐下，刘娥挑选了三个大家闺秀，作为皇后的候补人选。

这三个人选分别是：蜀地官员王蒙正的女儿王氏；已经去世的骁骑卫上将军张美的曾孙女张氏；平卢军节度使郭崇的孙女郭氏。

在这三个人选中，宋仁宗最喜欢的，是蜀地官员王蒙正的女儿王氏。喜欢她的原因简单无比——蜀人王氏，姿色冠世。

此时此刻的宋仁宗，只是一个 14 岁的少年。小伙子哪里懂得什么门当户对、出身门第的道理，他只遵循自己的本性，喜欢女方的长相。刚好王氏姿色冠世，是一个倾国倾城的绝世美女。

看着这么一个漂亮的姑娘，赵祯焉能不动心？但是，对于这个人选，刘娥却全力反对。她反对的理由有二：

第一，王氏跟自己的经历相似，所以不能选。

作为王氏的同乡，当看见王氏的那一刻起，刘娥就认为在这个女孩的身上，有自己太多太多年轻时候的影子，这个女孩也完全可能复制自己当年的“壮举”。

因此，防患于未然也好，扼杀在摇篮里也罢，不管是什么原因，刘娥都不能让这个女孩得到皇帝的宠爱，成为第二个自己！

第二，王氏家族势力太弱，不能帮助自己。

此时此刻，刘娥刚刚垂帘听政，朝中有很多反对她的声音，宰执们也各怀鬼胎，不跟她一条心。在这种背景下，为了巩固自己的权力，刘娥迫切需要走联姻路线，找一个有巨大靠山的儿媳妇，壮大自己的势力。

秉持着这种思想，刘娥认为这三个女人中，儿媳妇的最佳人选，是平卢军节度使郭崇的孙女郭氏。

在这三个候选人中，王氏的父亲王蒙正，是蜀地一个微不足道的小官，他在四川的影响力都有限，更别说朝廷了。张氏的家族倒是风光一时，但那是太祖、太宗时期的事情了，如今张氏父亲一辈的人，都官职低微，在朝中也没有什么影响。对比这两家，郭氏一族的势力，就雄厚无比了。

史料记载，郭氏的祖先郭崇，深得太祖赵匡胤信任。宋朝建立时，为了防止武将造反，赵匡胤一直防范怀疑，可唯独对这个郭崇，赵匡胤没有产生过怀疑，他让郭崇全权管理地方，成为自己最信任的大臣。郭崇死后，赵匡胤悲痛欲绝，追封其为“太师”，可见宋太祖对郭崇的器重。

后来，经历了太祖、太宗两朝，郭氏一门一直屹立不倒。如今的郭氏一族，不仅在军界、政界上颇有威望，在宗室、外戚中也影响巨大。

同时，郭崇的儿媳妇，是枢密使李处耘的女儿。而李处耘的另外一个女儿，是宋太宗的明德李皇后。这样一算的话，郭氏和赵祯，还是一对远房的姨表兄妹。

综上所述，如果能够得到郭家的鼎力支持，无论是对现在主政的刘娥，还是对未来执政的宋仁宗，都有百利而无一害。因此，在刘娥的眼中，郭氏才是自己儿媳妇的合格人选，其余的女人，全都靠边站。

在选儿媳妇这个问题上，母子出现了分歧。那么，怎么让皇帝听话，乖乖放弃王氏，迎娶郭氏为妻呢？

还得用那个老办法。

史料记载，为了让宋仁宗放弃王氏，刘娥昭告天下：“此女妖艳太甚，恐不利于少主。”同时，刘娥拿出当年宋真宗王府那个奶妈的话，来告诫赵祯：“不要沉迷女色，美女就是红颜祸水。要选品行兼优、门当户对的女子为妻，这才是正道！”

遥想当年，为了拆散刘娥和赵恒，奶妈用恶毒的言语攻击他们、拆散他们；现在，为了拆散王氏和赵祯，刘娥完全继承了奶妈的衣钵，用恶毒的言语攻击他们、拆散他们……

迫于母后的压力，宋仁宗最终选择了妥协。在母亲的安排下，赵祯迎娶了郭氏，并册封其为皇后。

但是，跟自己的父亲一样，虽然无法跟王氏长相厮守，但宋仁宗却可以“金屋藏娇”。他偷偷把王氏安排在了一个亲信家里，一有时间，就会偷偷跑去跟王氏约会。

虽然宋仁宗想效仿父亲之事，复制那场长相厮守十五年的爱情大戏。但可惜的是，作为那部大戏的女一号，刘娥却不想让他们拍“续集”。

得知儿子跟王氏藕断丝连后，刘娥大怒，为了避免自己的事情重演，刘娥一不做二不休，责令王氏改嫁他人为妻！

最终，在刘太后的安排下，刘娥的外甥刘从德迎娶了王氏为妻。

眼看着心爱的女人改嫁他人，宋仁宗愤怒的心情，可想而知。

宋仁宗不敢反驳刘太后，毕竟那是自己的母亲，赵祯把这笔账记在了郭皇后的头上。以后，宋仁宗怎么看这个皇后都不顺眼。

在这种情况下，如果郭皇后乖巧懂事的话，估计还能不步那位“潘小姐”的后尘。然而，这个郭氏正好又是一个没眼力见的女子。

要知道，郭氏本来就是富家千金，在家中各种娇宠，如今她又是刘娥钦定的皇后，怎么可能会去低调做人？

史料记载，在后宫期间，郭氏呼东喝西、指南骂北，好不威风。宋仁宗对某位宫女好一点儿，她就视其为隐患，对这名宫女一顿毒打，并将其遣散出宫。至于那些宋仁宗明媒正娶的妃嫔，郭皇后也限制她们与皇帝见面的时间，更不许她们晋级。

当时在三个皇后的候选人中，王氏改嫁他人，张氏却被皇帝收入了后宫。结果，郭皇后硬是不让宋仁宗去见张氏。数年间，张氏与皇帝见面的次数，屈指可数。

后来，张氏重病，即将仙逝。在临终前，张氏恳请皇帝，希望提高一下自己的品级。对于这个要求，宋仁宗同意了，刘太后也点头了，但郭皇后却死活不批。最终，在皇帝和太后的联合压制下，郭皇后这才同意，把张氏晋封为五品才人。得到这个任命后，张氏才欣慰离世。

郭氏的所作所为，让皇帝愤怒不已，而且，随着时间的流逝，郭皇后越来越飞扬跋扈、目中无人了。

因为身边有这么一个嚣张的妻子，宋仁宗心中苦闷不已，他就去别的妃嫔那里喝酒解愁。结果，只要宋仁宗去别的妃子处，郭皇后就会尾随前来，要把皇帝带走。若宋仁宗不肯跟她回宫，郭皇后就会大吵大闹，犹如泼妇一般撒泼打滚、骂街耍赖，无所不用其极。有一次，郭皇后甚至把皇帝喝酒的桌子给掀了。

郭皇后的这些行径，让刘太后都看不下去了。她把这个儿媳妇叫来，狠狠地骂了一顿，郭皇后这才收起自己嚣张的气焰，老实了很多。

当然，明面上的吵闹，郭皇后是减少了不少；但暗地里的害人，郭皇后却有增无减。当时，若哪位嫔妃怀孕了，郭皇后就会指使手下人或逼迫，或收买，或下毒，让其堕胎，手段可谓阴狠毒辣，天怒人怨。

看着这个架势，郭皇后自己生不出孩子，也不许别人生孩子；这个女人宁可让大宋皇室断子绝孙，也不许有别的皇家子嗣出世。

可见，对于这么一个女人，宋仁宗要是不废后，那才叫没有天理。

这些年来，对于郭皇后的所作所为，宋仁宗是看在眼里、记在心中，他一直想废黜这个皇后，只是当时母亲执政，才一直隐忍不发，没有动手。刘娥病逝了，郭氏的“保护伞”终于消失了。老子再不收拾你，等待何时！

于是，在这种心态下，宋仁宗终于找了一个借口，废黜了郭氏。而郭氏之所以被废，也完全是咎由自取的结果，怨不得别人。

这，才是历史的真相。

第八章 另类皇后

“陈子城”的闺女不行

明道二年（1033 年），因打了皇帝一巴掌，郭皇后被贬为庶人，打入冷宫。皇后被废后，朝廷一片动荡，毕竟国不可一日无君，也不可一日无后。

在这种背景下，宋仁宗要赶紧选一个皇后，以安定民心。

鉴于上一次是“包办婚姻”，把自己坑得够呛，这一次在选皇后时，宋仁宗打算亲自动手，他要选一个自己喜欢的女子。

跟汉朝的皇帝钟爱舞女（戚夫人、卫子夫、赵飞燕等），唐朝的皇帝钟情出生门第（五姓家族之女）一样，宋仁宗也有自己的品位和爱好。

综观宋仁宗一生，那些出生于钟鸣鼎食之家，被礼教、家规训练成冰山美人、娇蛮公主类型的女孩，不入宋仁宗的法眼。这位皇帝更喜欢那些民间出生的女子。

不管先前的四川王氏，还是商人之女陈氏、未来的“温成皇后”张氏，乃至张氏的继任者周氏，她们都是小家碧玉、温柔体贴的平民女子。

在废黜了郭氏后，宋仁宗最先选择的是民间一个姓陈的茶商之女——陈氏。

由于史料匮乏，这个庶族出生、毫无背景的茶商女子，是怎么一步步突破层层考验，最终映入皇帝眼帘的，不得而知。但可以肯定的是，宋仁宗看见这位陈氏的画像后，就再也动不了了，他告诉后宫的长辈杨太后，就是她了！

后来，为了加深对陈氏的了解，宋仁宗特意用杨太后的名义，把陈氏召进了皇宫，让她与杨太后聊天。在聊天期间，宋仁宗就躲在屏风后面，观察这位陈氏的一举一动。

在一番观察后，宋仁宗认为，虽然陈氏出自民间，但她举止优雅、秀外慧中、足可为后。宋仁宗非常满意，在送走陈氏后，立刻回宫翻阅《百叶图》去了。

在宋朝，《百叶图》是一本选择良辰吉日的书籍，类似于今天的《万年历》。

翻阅《百叶图》的举动代表宋仁宗在给自己挑选合适的结婚日子，以迎娶这个商人之女。

一国之君要迎娶一个商人之女，这个结果……可想而知。

满朝文武都炸了。这些平时分布在各个山头，钩心斗角、尔虞我诈的大臣们，终于团结在了一起。大家一起上疏，请求皇帝收回成命，重新拟订皇后人选。毕竟，一个卑微的平民女子，怎能成为皇后？皇后只能从达官贵族中挑选！

听完大臣们的反对声音后，宋仁宗彻底怒了，他痛骂道："什么叫平民不能为后！历朝历代，平民出身为后的女子还少吗？还必须要从达官贵族家中挑选，这是一个什么逻辑？只要朕高兴，一道圣旨，就能让陈家变成达官、变成贵族！"

一听这话，群臣知道这是皇帝在闹情绪，多说无益。退朝后，群臣秘密聚在了一起，大家集思广益，想出了一条阴损的计谋，让皇帝收回成命。

第二天，群臣找到宋仁宗最宠信的太监阎士郎，告诉他要如此这般，听完后，阎士郎依计而行。

阎士郎来到皇帝的寝宫，看见皇帝在翻阅礼书，查找册封皇后的好日子。阎士郎来到皇帝的身边，小声说道："陛下，老奴有要事相告。"

宋仁宗合上书本，道:“你有何事？但说无妨。”

阎士郎道:“陛下，可是要册封商人之女陈氏为后？”

宋仁宗回答道:“是呀。怎么着，你也有意见？”

阎士郎:“不，陛下办事，老奴自当从命，毫无异议。只是，有一件事情，陛下可知？”

宋仁宗:“什么事情？”

阎士郎:“陈氏的父亲叫‘陈子城’，陛下可知？”

宋仁宗:“陈子城？这个名字有何意义？”

阎士郎:“陛下可知，这个‘子城’，是一个什么官职？”

宋仁宗:“什么官职？”

阎士郎:“就是子城使呀！子城使，是大臣家中‘奴才头目’的名称呀！老奴刚从两府过来，听见很多大臣在背后嘲笑官家呢。”

宋仁宗:“他们嘲笑我什么？”

阎士郎:“嘲笑官家要迎娶一个家奴的女儿做皇后，真是天下奇谈！”

一听这话，宋仁宗满脸不悦，不再言语。

阎士郎继续道:“启奏陛下，大臣们背后议论官家，是大臣的不对。但是。还希望官家三思，是否真的要迎娶一个家奴的女儿为后。如果您真要这样干的话，置公卿大臣于何地？置陛下于何地？置后宫嫔妃于何地？置列祖列宗于何地？置……”

阎士郎尚未说完，宋仁宗已经彻底崩溃了，他大吼一声:“够了！不要再说了！”宋仁宗当即就把礼书给撕了，拂袖而去。

其实，陈氏父亲的名字，只是单纯叫陈子城而已，官员们却张冠李戴，硬塞给他一个子城使的官职，把年轻的宋仁宗给说晕了。最终，好面子的皇帝无计可施，只得收回成命，不再迎娶陈氏为后了。

就这样，在大臣的“要挟”下，宋仁宗迎娶了大宋枢密使曹彬的孙女为妻，让其成为自己的新皇后了。这个皇后，就是历史上大名鼎鼎的曹皇后。

迎娶了这么一位大家闺秀为后，满朝文武再也不闹了，朝廷也终于消停了。然而，宋仁宗却惊讶地发现——自己上当受骗了！因为这个皇后，竟然是一个已婚女！

那么，这位曹皇后为什么是一个已婚女呢？这又是怎么回事呢？

怪事代代有，宋朝特别多

古人有云，“脏唐臭汉”。意思是说，唐朝、汉朝因为是包容的朝代，且没有受到程朱理学的禁锢，男女关系很是自由，所以就混乱不堪了。

对比这两个王朝，北宋虽然“干净”得多，但犄角旮旯的事，也绝不少。

毕竟，很少有一个王朝，有两位皇帝迎娶已婚女子为妻，并把她们册封为国母的案例。

第一位，就是宋真宗的皇后刘娥，她的前夫是四川银匠龚美；第二位，就是宋仁宗的皇后曹氏。

虽然这两位皇后，都是再婚皇后。但是，对比那位藏着、掖着，一直修改史书，企图篡改历史的刘娥，这位曹皇后，则要“光明正大”得多。

史书上的曹皇后，不仅承认自己是一个已婚之妇，也并没有因此而遭到百官的弹劾。此外，世人也并没有对曹皇后的出身产生过质疑，还把她这个“已婚之妇”的出身，堂而皇之地写到了史书里。

两位皇后，同样都是已婚出身，一个被骂死，一个却啥事没有，这是什么情况？这两者的待遇，是不是也太悬殊了点儿？

其实，就一个原因——曹皇后拥有一个“很会教育”的前公公和一个“不知所谓”的丈夫。

曹皇后的前公公，就是宋真宗时期的名臣——李士衡。

史书中关于李士衡的记录非常少，但有一个故事流传很广，也非常有趣。

史料记载，有一年，李士衡奉命出使高丽，一名武官做他的副使，与他同去。大宋来了使者，高丽国王不敢怠慢，好酒好菜好伺候，还送了很多贵重的礼物。

对于这些贵重的礼物，李士衡没有放在心上，全都交给了副官。副官则要了一个小心眼——所有李士衡的礼物，他都放在了船舱的下面；所有自己的礼物，他都放在了上面。这样在出航时，若海水灌入了船舱，肯定先浸湿李士衡的物品，自己的物品则安然无恙。

副官想得挺好，但是很可惜，智者千虑，必有一失。

当时，船只回国时，突然遇到了暴风，猛烈的大风把船只都吹得倾斜了。在这危难之际，船工们要扔掉船里的货物，以稳定船身。扔东西大家肯定是拿最上面的，于是就把那个副官的礼物都扔掉了，而下面李士衡的物品，则一个也没少。得此结果，副官真是欲哭无泪。

虽然副官的结局很惨，但顺利回国后，大度的李士衡没有怪罪贪得无厌的副官，反而拿出了一半的物品，送给了副官。

李士衡的这个举动，不仅让副官很是感动，也给自己留下了一个仗义疏财的美名。然而，虽然李士衡很会做人，却不太会做官，更是命中犯小人。终其一生，李士衡的官职都很小，也没怎么升迁。

他命中犯的小人，就是宋朝大名鼎鼎的奸臣——王钦若。

咱们前面讲过，王钦若在执政期间，为了大权独揽，打击异己，到处“开战”。

王钦若先是制伏了向敏中，随后驱逐了王曾，然后又在皇帝面前进谗言，以罪臣之子不能重用为由，轰走了李士衡。

李士衡被轰出朝廷后，满朝文武皆为其鸣不平，但李士衡却毫不介意。在李士衡的眼中，远离了尔虞我诈的官场，反而是一种解脱。他可以纵情山水，读读书，写写字，研究一下佛法道义；还可以照顾一下妻儿，享受天伦之乐。这又有什么不好呢？就这样，在后面的岁月里，虽然李士衡还是一名朝廷命官，但更像是一位淡泊名利的隐士，只是拿着朝廷的俸禄而已。

后来，李士衡的这种淡泊洒脱的人生态度，毫无保留地传给了自己的儿子——李植。

史书中的李植，是一个博学多才、满腹经纶的大才子。他在四五岁的时候，就对道教思想产生了浓厚的兴趣；十岁时，就能熟读道教所有经典名著，让人叹为观止；二十岁左右，已成为名震关中、洛阳等地的道家学者。

除了满腹经纶外，李植在书画方面的造诣，也高超无比。有一次，北宋史学家刘贡父到一家寺院游玩，偶然看见了李植绘画的山水画。经过一番欣赏后，刘贡父对他的书画赞不绝口，并留诗赞曰：“是心中象，非笔端物。大士观化，四海一室。”

一代史学大师都如此赞叹李植的高超画技，李植的书画水平，可想而知。

然而，咱们都知道，像李植这样的大艺术家，除了拥有常人无可比拟的才能和天赋外，还存在着很多怪癖，尽干一些让人难以理解的事情。

李植的怪癖就是——不结婚、不娶妻、不生子！

不知道是读道教书籍读傻了，还是天生就没有“那方面”的兴趣，总之，李植对娶妻生子强烈反对，还严重鄙视。他宁愿打一辈子光棍，也不传宗接代。

要知道，莫说在那个不孝有三、无后为大的时代了，李植的这种想法放在今天，下场也应该差不多。无非就是，先拉回家，狠狠骂一顿，然后打一个半死不活，轰出去相亲。

为了让儿子传宗接代，给李家留后，李士衡替儿子张罗了一门婚事。这个结婚的对象，就是这位曹家千金——曹氏。

史料记载，曹氏的祖父，是大宋第一良将曹彬，大伯曹玮也是宋朝赫赫有名的良将（后面再说），曹氏是一个标准的名门之后。当然，虽然身份显赫，但是这些功绩，跟曹氏却没有任何关系。

因为，曹彬死后，曹家子孙就分家单过了。在这些子孙中，曹氏的父亲曹玘没啥本事，他除了一个能够显摆身份的勋爵外，在朝中根本没有什么实权。所以，曹氏所在的曹家，已经家道中落，早已不复当年之勇。

由于家道中落，曹氏到了 18 岁，也没有出嫁。要知道，在那个 12 岁就能出嫁的时代里，如此年龄的女人，已经是一个“齐天大剩”级别的剩女了。可见，曹家要是有本事的话，早就有豪门贵族上门提亲了，曹氏怎么可能还待字闺中？

好在，虽然曹氏是一个高龄剩女，但毕竟是一个豪门之女，这种女子嫁入真正的豪门，够呛；但若嫁入李家这样的小户人家，则绰绰有余。

就这样，明道二年（1033 年），在双方父母的认可下，曹氏嫁入了李家。

若按照正常剧情发展的话，曹氏应该成为李家的儿媳妇，成为一个默默无闻的普通家庭妇女。她的一生，也将消失在历史的长河里，不会留下一丁点的痕迹，最多留下一个李曹氏的名字。

然而，命运就是这样的荒诞不经。曹氏无论如何也想不到，拜“那个人”所赐，自己的命运，将发生波澜壮阔的变化，并在宋朝的历史中，留下永不消亡的印记。

那个人，就是不靠谱的准相公——李植。

荒唐老公

前文讲过，李植是一个渴望自由的人，这种人不可能被婚姻束缚。得知自己要娶妻后，李植一直用不参与、不支持、不合作的态度，宁可一死，也不娶妻。

李植的这种态度，遭到了父亲的强烈反对，在父亲纵令一死，也必须娶妻的态度下，李植最终选择了妥协，同意成亲。

史料记载，李植婚礼那天，根本就是一场监控大会。为了防止儿子逃跑，李士衡出动了所有的家丁，大家严防死守，死死地盯着李植，生怕他脚底抹油，直接开溜。

在这种提心吊胆中，经历了迎娶、拜堂、入洞房的全过程，见李植与曹氏已经独处在屋中，李士衡这才彻底放心，他驱散了监视的家丁，回到前堂，与宾客喝酒去了。

孰料，李士衡刚刚喝了几杯酒，后院就传来了一个噩耗——李植见四下无人，翻墙而出，已经逃跑了……

大庭广众之下、众目睽睽之中，新郎官玩这种逃婚的游戏，这让宾客们做何感想，让老爹李士衡情何以堪！

得知这个消息后，李士衡下令："出动全部家丁，去找李植。就是挖地三尺，也要抓回这个逆子！"

说实话，李植书读得不错，但是运动方面实在不行。没过多久，家丁就把他抓了回来。

看见这个逃婚的逆子，李士衡对他就是一顿痛骂，紧接着就是一顿毒打。李士衡质问这个逆子："说，你为什么要如此行事？如此荒唐的事情，你也能做得出来！"

面对父亲的质问，李植立刻撒了一个谎："我一进门，就看见数不胜数的鬼神在曹氏的面前，所以就被吓跑了。"

这是什么逃婚的理由？一进门，就看见了一屋子鬼，你以为在演《聊斋》吗？要知道，你迎娶的人，是曹家的闺女，不是什么罗刹国的鬼女！

骂完后，李士衡揪着李植的耳朵，来到洞房，让儿子当面给曹氏赔罪。结果，此时此刻，哪里有曹氏的影子？莫非曹氏也"逃跑"了不成？

其实，曹氏没有逃跑，她只是愤怒地回家了。

目睹了丈夫悔婚、翻墙逃跑后，曹氏气得又羞又恼，她本是将门之女，是一个外柔内刚的女子，她不可能咽下这口气。

曹氏见夫君弃自己而去，索性也悔婚了。曹氏不顾婆婆的劝慰、丫鬟的拉扯，直接冲出了夫家，独自回家去了。

新郎悔婚跳墙、新娘独自回家，好端端的一场婚礼，就在这种闹剧中黯然落幕了。

第二天，李士衡带着李植来到曹家，他让李植负荆请罪，求曹氏原谅，以维护这段婚姻。

女婿的这种荒唐行为，让曹玘很生气，但他不打算拆了这门婚姻，觉得还可以商量。但是，曹氏刚烈的性子就不管不顾了，她死活要“离婚”。

曹氏告诉李植：“你已逃婚，等同休妻。如今，你我已经没有夫妻关系。我是不可能回李家了。若强行让我回去，我宁可一死！”

见曹氏的态度如此强硬，李植又是一副你爱回不回的态度，李士衡和曹玘又恨又气，只能不欢而散了。

这场婚事，也只能先拖一拖了。让双方先冷静一下，等冷静一段时间后再说。

在冷静期间，没有一个人能够想到，这场婚姻的女主角，竟然另嫁他人，且飞上枝头，变成一国之母了！

明道二年（1033 年），郭氏被废后，中宫之位空虚，朝廷急切需要找一个新的皇后，来填补这个位置。

当时，吕夷简与曹家走得很近，为了大家共同的利益，吕夷简便建议皇帝，不要在嫔妃中择人继任皇后，以免增加外戚的力量。

吕夷简还用这些理由说服皇帝——未来的皇后，应该从宫外家道败落的“勋旧之门”中选择。这样既遵从祖训，也保证皇族血统高贵，还防止外戚专权，可谓一箭三雕，等等。

最终，在吕夷简的极力推荐、一系列的“暗箱操作”下，曹氏这个已有婚姻的女子，就成为大宋王朝新的国母，开始坐镇中宫、母仪天下了。

纸是包不住火的，不管曹氏如何隐藏自己的过去，当她站在帝国最高舞台时，她身上所有的小秘密，都会被人翻出来，并大白于天下。

当时，宋仁宗刚刚册封了曹氏，就有御史挖出了曹氏过去的故事，他们第一时间报告道:“请罢黜曹氏皇后的身份！因为，这个女子曾经出嫁过，她的夫君，就是李士衡的儿子李植。您不能迎娶这个女子，否则就是购买了一顶绿帽子。”

可想而知，得知这个真相后，宋仁宗都不知道该说什么了。当然，虽然御史说的都是事实，但深谋远虑的吕夷简，早就想好了对策。

原来，早在曹氏参加选秀时，吕夷简就命人四处传播消息，说什么:“曹氏有千万鬼神护体，结婚当晚，李植被这些鬼神吓跑了。所以，李植跟曹氏有名无实，他们之间什么关系都没有”等。

吕夷简不愧为未雨绸缪的高手，他当时散布的这些言论，轻轻松松地化解了这场公关危机，他不仅澄清了曹氏是“清白之身”的事实，还给她身上增加了一层特殊的神秘色彩，并让皇帝对曹氏更加“痴迷”了。

毕竟，在中国古代，上至“手掌打不开”的钩弋夫人，下至“和珅转世”的慈禧太后，这些身上有鬼神之说的女子，往往是帝王们的“最爱”。

没有办法，当帝王可以轻易得到女子时，女子的出身、相貌、籍贯，已经不是首要因素了。反而那些神秘色彩的女子，才能引起这些帝王们的兴趣。

史料记载，当吕夷简解释完“曹氏有鬼神护体、现在还是清白之身”后，宋仁宗长嘘一口气，默认了曹氏“有夫之妇”的事实，并不许群臣再议了。

至此，在一番机缘巧合下，曹氏成为新的皇后，她的已婚身份也得到了一个合理的解释，并被写到了史书里。

软弱可欺

《宋史》中有这样一段文字描述曹皇后:“景祐元年九月，册为皇后。性慈俭，重稼穑，常于禁苑种谷、亲蚕。”

从这段文字中，我们能够看出，曹皇后刚刚入宫时，除了种种稻子、养养蚕、练练字外，没干其他事情。曹皇后虽然是中宫之主，但整体表现用四个字形容——清心寡欲。或者，还能够再加四个字——软弱可欺。

事实正是如此。

史料记载，有一年，宋仁宗打算带张贵妃出去游玩。游玩前，张贵妃竟然恃宠道："希望借皇后的车盖游玩，这样才有意思！"

一听这话，宋仁宗满脸不悦。他心想，借用皇后的车盖，这可是违背礼制的大罪，要是让朝廷那帮大臣知道，后果不堪设想。到时候，自己还不得被他们的唾沫星子淹死？何况，一个小小的妃嫔，竟然敢用皇后的车盖，这种公开藐视皇后的行为，曹皇后焉能服气？这位皇后再软弱可欺，估计也得找自己玩命了。

话虽如此，但见自己宠爱的妃子正在兴头上，宋仁宗不好一口拒绝，他敷衍道："借用皇后车盖一事，我做不了主，毕竟那是皇后的东西。这样吧，你去问问皇后，若她肯借，你就用；若她不肯借，你就乖乖回来，别节外生枝。"

听皇帝这么一说，张贵妃只好应允，她去找皇后了。

按照皇帝预想，但凡是一个皇后，都不允许"部下"这样挑战自己的权威。因此，张贵妃此去，必是碰一鼻子灰回来，曹皇后不可能借给她。为了安抚这位爱妃，宋仁宗连安慰的词语都想好了。

然而，事情的发展，完全出乎宋仁宗的预料。

张贵妃回来后，没有半点儿生气的样子，反而还非常高兴。张贵妃看见宋仁宗后，开口便道："官家，此事成了。曹皇后已经亲口承诺了，答应把车盖借给我了！"

这一下子，宋仁宗这叫一个头疼呀。曹皇后同意借车盖了，但不表示群臣也同意呀。到时候，群臣群起而攻之，自己怎么办呀！

见皇后是指望不上了，宋仁宗只能自己来了。他思索了一会儿，对张贵妃道："爱妃呀，曹皇后在后宫一向贤良淑德，朝野群臣对她也十分尊重。你现在以嫔妃的身份使用皇后的车盖，在人伦上是藐视皇后，在朝纲上是僭越违礼。你这样做，有什么好处呢？到时候群臣弹劾你，我将怎么保护你呢？"

皇帝都这么说了，张贵妃还能说什么呢？极度委屈的她再也不提此事了，满脸羞愧地告退了。

通过这个故事，张贵妃的"恃宠骄纵"，曹皇后的"软弱可欺"，真是不言自明。

其实，曹皇后这种软弱可欺的性格，还要严重得多。

史料记载，宋仁宗皇祐六年（1054年），一生志在成为皇后的张贵妃因为暴病，郁郁而终，享年31岁。

张贵妃死后，宋仁宗悲痛欲绝，他准备赐予张贵妃生前一直想要的身份，追封其为皇后。于是，宋仁宗颁布圣旨，追封张贵妃为“温成皇后”，以皇后之礼葬之。

后世中，皇后还健在的情况下，皇帝追封妃子为皇后，并以皇后礼仪下葬，没什么大不了的。但是，在宋朝，这可是一件惊天地、泣鬼神的大事！

毕竟，在宋朝前，还没有发生过这种事情。皇帝这样做，等于是干了一件旷古未有的逾礼事情，群臣焉能同意？

为了让皇帝收回成命，群臣接连上书，各种谏疏像雪片一样飞到了宋仁宗的案头。然而，对于这些奏章，宋仁宗看都不看，还是“维持原判”，并亲自主持了这位张皇后的入殓。

见皇帝如此一意孤行，群臣就跑到曹皇后那里，希望皇后出面阻止此事。然而，群臣惊讶地发现，作为这个事件的最大受害者，曹皇后却跟没事人儿似的，选择闭门谢客。对于此事，曹皇后也是只字不提。

后来，等张皇后的事情告一段落后，曹皇后才对群臣道：“自古以来，后宫之所以不宁，祸根就在正宫。若皇后没有度量，后宫就会打起来。后宫不宁，皇帝又怎么安心治国呢？希望诸位以国事为重，切莫离间后宫，更不要在一个死人身上大做文章！”

曹皇后的这番话传到宋仁宗耳朵后，他感到十分羞愧，心想，自己为了一己私欲，置天下大礼于不顾，皇后本应生气，却处处为自己着想，真是难能可贵。

综上所述，大家可能会觉得，曹皇后就是一个软弱可欺的女子。在后宫错综复杂的关系中，她只能步步忍让，通过牺牲自己的利益和权利，才能存活下去……

这个女人，就是一个可怜的小白兔呀！

其实，根本不是那么回事！

史书中的曹皇后，之所以这样处处忍让，原因很简单，因为这些事情，没有关乎根本的原则问题。只要是涉及原则问题，曹皇后就会寸步不让，甚至会当面顶撞皇帝！

君如不信，请往下看。在即将发生那场叛乱时，曹皇后瞬间脱去自己“乖宝宝”的外形，变身成一位“钢铁战士”，解救皇帝于水火，扶大厦于将倾。

那么，曹皇后真正的性格，到底是怎么样的呢？这场叛乱，又是怎么回事呢？

率众平叛

史料记载，庆历八年（1048 年）正月，宋仁宗终于得到了那份想要的捷报——经过数月的浴血奋战，大宋终于平息了弥勒教叛乱，缉捕了匪首王则。

大宋自建国起，就一直有弥勒教叛乱事件。只不过，先前的叛乱规模比较小，很快就被平定了。但宋仁宗“任期”的这一次，规模可不小，让这位皇帝很是头疼。

当时，叛军在匪首王则的率领下，攻陷了贝州城。王则在贝州自立为王，自封为安阳武烈皇帝，挑明了跟宋仁宗对着干。

得知有人在自己床上酣梦后，宋仁宗气得直拍桌子，他立即调兵遣将，准备平叛。然而，宋军的军队构成是“强干弱枝”，中央的军队强，地方的士兵弱。让地方上的老弱残兵去抓个罪犯，这成；让他们去平叛，还是趁早换人吧。

在被打回来几次后，宋仁宗也发现了这个问题。于是，他拜枢密副使文彦博为统帅，令他前去平叛。要说这个文彦博，虽然他在历史上害死了狄青（后面再说），但不可否认的是，这个人打仗，还是一把好手。

文彦博来到贝州后，选择了“明修栈道，暗度陈仓”的计策。他命令士兵在城外佯攻，自己则挖了一条通往贝州的地道。

在一个深夜，文彦博率军从地道突然杀出，打了王则一个措手不及。经过一番较量后，宋军擒获了贼首王则，一举收复了贝州城。

胜利的消息传回京城后，宋仁宗甚是高兴，正月十五将至，他便下令全城搞一个灯会，以示祝贺。

在皇帝的命令下，一场热热闹闹的正月灯会隆重开幕了。然而，正当开封城的百姓沉浸在元宵节灯会的喜庆时，没有人想到，一场策划已久的弑君阴谋，正在慢慢展开。

根据野史记载，弥勒教被灭、教主王则被杀后，弥勒教的教众们义愤填膺，他们潜入到了皇宫，准备弑君夺位。

当天晚上，福宁殿中，曹皇后刚刚服侍宋仁宗睡下，突然听见后宫传来一阵阵骚乱，惨叫不断，有人在大声喊叫："有刺客！快来人呀，抓刺客！"

宋仁宗马上起身，命太监出宫打探。太监回禀道："启奏陛下，大事不好了，宫中出现了刺客，已经连杀了数人。"

一听有刺客，宋仁宗立刻打算出宫躲避。这个时候，曹皇后道："官家不可出宫，外面到底有多少刺客，我们都不知道。贸然出宫，万一撞见了刺客，为之奈何？"

宋仁宗一听，皇后言之有理，就打消了出宫的念头。他继续派遣太监出宫，打探最新的消息。

一会儿的工夫，打探消息的太监回禀道："启奏陛下，共有四名刺客，他们手持利刃，奔着福宁殿而来。"

得知刺客奔着自己来了，宋仁宗吓坏了，他立刻要出宫逃命。

面对六神无主的皇帝，皇后临危不乱，她一把抓住皇帝，再次重申了不能出宫的重要性。随后，曹皇后一口气颁布了三道命令以安抚皇帝。

第一道命令，让腿脚快的太监出宫，命负责宫廷安全的都知王守忠前来护驾。

第二道命令，派数名宫女出宫，通知其他嫔妃，不得擅自离开住所。

第三道命令，贼人很可能会用火攻，大家立刻用器皿接水，准备灭火。

可想而知，当曹皇后发号施令时，宋仁宗多半会想，曹氏真不愧为"大宋第一良将"的后代。

有这么一位临危不惧的妻子保护自己，宋仁宗的内心，踏实了很多。

此外，自己最爱的女子突然来临，则让宋仁宗的内心，彻底踏实了。这个女子，就是哭着跑来的张贵妃（当时还是四品美人，此事后，晋级为贵妃）。

原来，得知宫内进了刺客后，张贵妃不顾个人安危，第一时间赶来护驾。双方看见对方皆无事后，抱头痛哭。张贵妃与宋仁宗的这份情谊，一时间让人感动无比。当然了，曹皇后例外。

张贵妃不是一个人来的，她还带来了很多的宫女、太监，还有她的心腹入内副都知杨怀敏。杨怀敏武艺高强，有他在场，大家安心不少。

正当大家相聚时，刺客已经杀到了福宁殿外，几个年轻的宫女躲避不及，瞬间倒在了血泊里。

得知刺客冲到殿外后，曹皇后立刻下令，封闭殿门，大家寻找武器，死守福宁殿。

果不出曹皇后预料，刺客见无法攻入福宁殿，便向宫内投掷火把，企图放火烧殿。好在曹皇后有先见之明，火把刚刚落入殿内，就被大家第一时间浇灭了。

刺客见火攻无效，就搬来宫内灭火用的长梯，直接翻过了福宁殿的城墙，进入殿内。殿内的宦官们正忙着灭火，没有想到刺客会进入殿内，有一些人躲闪不及，被刺客杀死。剩下的宦官、宫女们，则退到了福宁殿内，大家关闭门窗，坚守这最后一座城池。

说是坚守，但这里无兵无将，也没有武器，怎么坚守？刺客就在外面，援军遥遥无期。在这种危急时刻，皇帝急得团团转，张贵妃吓得瑟瑟发抖，宦官宫女们则哭成一片。

这时，曹皇后再现英雄本色，她召集了所有的宦官，对他们道："平时，官家对大家恩重如山；现在，就是尔等报效皇恩的时刻！此时，若大家胆怯避战，全都难逃一死；若大家挺身杀贼，一旦贼人被剪除，必将重重有赏！"

曹皇后的这番话，说得大家慷慨激昂，瞬间就有十余名宦官站了出来，表示愿意与贼人决一死战。

面对这些视死如归的勇士，曹皇后亲自上前，剪去他们的一缕头发，当即表示："明日行赏，用是为验。"

众人见此，感动万千，他们拿着木棍板凳，冲出殿外，仗着人多，与贼人展开决战，但无奈武器不给力，完全处于被动状态。没过多久，几名宦官就死在了贼人的刀剑下。剩下的宦官，也都无力再战了。

虽然宦官们没有击杀贼人，但是他们这种英勇表现，却给御林军争取到了足够的时间。在宦官与刺客战斗时，王守忠终于来了。

援军已到，刺客立刻方寸大乱。不一会儿的工夫，就有三名刺客死在了御林军的刀剑下。最后一名刺客见情况不妙，立刻翻墙逃跑，不知所终了。

至此，福宁殿转危为安。而在这场行动中，若不是曹皇后临危不乱、指挥若定，宋仁宗可能就死在这里了。所以在《宋史》中，对于曹皇后这次平叛行动，使用上了“仓促处置，一出于后”的词语。评价之高，可见一斑。

虽然在这次平叛过程中，曹皇后立下了奇功，但是在论功行赏中，曹皇后所有的功劳和荣耀，都被张贵妃抢走了。

这到底是怎么回事呢？

离奇的案件

一名刺客逃跑，三名刺客被杀，宫里暂时太平了。惊魂未定的宋仁宗接受了曹皇后的建议：“最后一名刺客务必活捉，问其幕后主使！”

与此同时，相关的调查工作，也都在第一时间相继展开。

很快，王守忠呈上了一份极其详细但又莫名其妙的调查报告。

王守忠称：“四名刺客的身份已经查明，是崇政殿守卫颜秀、郭逵、王胜、孙礼，除王胜畏罪潜逃外，其余三人已经被当场诛杀。至于他们为何要入宫行刺，原因不明，还需待查。”

可想而知，听完这个调查结果，皇帝气得七窍生烟——没人指使，没有同党，四个普普通通的侍卫，就敢进宫行刺？这些人是疯了不成？还是说，王守忠是一个饭桶，什么也查不出来？

盛怒的宋仁宗对王守忠道：“查，给我往死里查！务必查出这些人的作案动机，还有他们的幕后黑手！你要是查不出来，我就砍了你的脑袋！”

天子震怒，王守忠都快吓尿了，他吞吞吐吐道：“启奏陛下，有一事，不知该说不该说。”

宋仁宗大怒道：“我都被行刺了，你还敢隐瞒实情，是不是想死呀！”

王守忠趴在地上，道：“启奏陛下，不是微臣隐瞒，只是事关重大。有人指证，逃走的王胜在行刺前，曾经秘密进入过后宫，与一名宫女见过几面。”

宋仁宗大怒道：“既然查出了同党，为何不缉捕那名宫女？”

王守忠道：“那名宫女，我们不敢动。”

宋仁宗大怒道：“大胆！哪个宫殿的宫女，你们不敢动！”

王守忠道：“此乃张美人的贴身侍女……”

一听这话，宋仁宗不敢说了。张贵妃的宫女与刺客有染，万一审理不好，就把张贵妃拖下水了，还有可能把张贵妃栽赃成为“幕后黑手”了……

这个事情，真的不好办了。

想了一会儿后，宋仁宗对王守忠道：“此事不要与人声张，你先跪安吧，我自会处理。”

轰走了王守忠后，宋仁宗宣来那个宫女，问其缘由。宫女一脸惊慌，大呼冤枉，说自己确实与王胜见过几面，可那是托他出宫买点东西，根本不知道他会密谋造反，也跟他没有任何私交。

宋仁宗见宫女一脸惊恐，言语也不像在说谎，就命人把她押解下去。谁知，宫女刚刚被押解走，张贵妃就上门求情来了。

原来，得知自己的贴身侍女被抓走后，张贵妃立刻来找宋仁宗，请求他宽大处理。张贵妃泪流满面，跪在宋仁宗面前，哭诉道：“此侍女勾结匪人，按律当斩。但是，此女追随我多年，我们虽是主仆，却情同姐妹。如今妹妹要问斩了，当姐姐的不能坐视不管。还望陛下法外开恩，饶恕了那名侍女。”

本来，宋仁宗见完那名宫女后，就不太相信她能造反。现在，爱妃又在面前苦苦求情，宋仁宗就动了恻隐之心。他扶起张贵妃，道：“爱妃不必难过，朕答应你便是。”

随后，宋仁宗颁布了一道圣旨：宫女虽然犯下大错，但念及服侍张贵妃多年，免其死罪，重打一百板子了事。

第二天，得知此事后，曹皇后勃然大怒，她穿戴了一身只有正式场合才使用的衣冠，来找皇帝，希望宋仁宗收回成命，诛杀那名宫女。

对于皇后的请求，宋仁宗很是为难，道：“朕已经昭告天下，不杀那名宫女了，你怎么能让朕出尔反尔，被天下耻笑呢？”

曹皇后跪在地上，大义凛然道：“宫女结交匪人，犯了十恶不赦的大罪，不杀她，就不能整肃宫廷；不杀她，无以给天下一个交代；不杀她，才会让天下耻笑您！”

宋仁宗大怒道：“大胆！宫女所犯的罪，并不是什么十恶不赦的大罪。朕以仁爱治天下，区区小罪，何需杀头？”

曹皇后道：“侍女之事虽小，但国家法度却大。若不严惩这名宫女，只怕后宫之人对法律无半点畏惧之心。到时候，若人人都去结交匪人，不但后宫不宁，大宋江山也将危在旦夕。”

宋仁宗自知理亏，按律按法，这名宫女都难逃一死，只是为了爱妃的面子，才赦免了她。于是，宋仁宗心平气和道："诚你所说，侍女确实是罪责难逃。但是，朕已经赦免了她，君无戏言，我怎么能朝令夕改呢？"

曹皇后道："侍女犯罪，理应处斩。请皇帝斩杀了这名侍女，以正国法。"

一听此言，宋仁宗打圆场道："爱妃此言，太激动了。来来来，咱们坐下来，慢慢谈。"

孰料，面对宋仁宗的赐坐，曹皇后竟然刚烈道："陛下何时斩杀了那名宫女，臣妾何时入座！"

面对如此刚烈的皇后，宋仁宗也来劲了，双方开始了冷暴力，谁也不说话，大家就这样僵持下去。

史料记载，这个僵持场面，整整持续了四个小时！眼看太阳都快下山了，宋仁宗见曹皇后依旧没有妥协的意思，只能摆摆手道："就依皇后的意思，把那名侍女斩杀吧。"

至此，这场帝后之间的对峙，以曹皇后的全胜而告终。

如今，很多文献在记载这件事情时，都是这样评价的——人们常说"伴君如伴虎"，曹皇后这种直言进谏的行动，可是需要极大勇气的。特别是前面已经有了终日与青灯为伴的郭皇后的例子，曹皇后这种无所畏惧、直言进谏的精神，更是难能可贵，其浩然正气，流芳千古，等等。

其实，这些文献的评价，只是说对了一半。诚然，曹皇后这样干，确实有维护国法、严惩罪犯的意思，但是，更多的是为了她自己！曹皇后害怕这个宫女"搅浑池子"，把自己拖下水，这才赶紧杀她了事。

后来，在审理这个案件时，宋仁宗询问大臣对于此事的处理意见。皇后坚持要斩杀宫女，到底是对，还是错。

当时，以枢密使夏竦为首的大臣们认为皇后做得对。若交给刑部处理，宫女在严刑拷打之下，不定会供出什么来呢。万一宫女胡言乱语，恐怕会牵连出无数人，到时候人心惶惶、人人自危，必生事端。

反之，以大学士丁度为首的官员则认为，刺客公然在后宫行凶，且刺客是皇帝的贴身侍卫，这种案件怎么能够随便处理呢？好不容易抓来一个同党，还让皇后给秘密处理了，这怎么行呢？应该把宫女交给刑部，让刑部把所有幕后党羽都一网打尽。

为了各自的理念，夏竦和丁度吵吵闹闹了两个时辰。在这次争吵中，朝廷的那些“大佬们”则选择了按兵不动，就这样沉默地看着这些小字辈们争吵。

毕竟，后宫这池子水，太深了。

要知道，在这个案件中，虽然对于匪人行刺的动机、目的都不知道。但是，大家却清楚一件事情——后宫殿阁众多，皇帝每天都在不同的地方就寝，可这次，刺客却能够准确地找到福宁殿，可见必有内应！

按照当时的证据显示，这个内应，应该是张贵妃的贴身宫女。但是，若走了司法程序，这个宫女又将怎么说呢？她会不会胡说八道，把曹皇后拖下水呢？真的不会中伤曹皇后吗？

我个人认为，这个宫女的出现，是故意而为的结果。有些人就是想以这个宫女为契机，借机闹事，最终“浑水摸鱼”。而作为一个能够辅助三代帝王的女子，曹皇后也不是一个省油的灯，她以维护法律为借口，把这个宫女秘密处理了，不给人搅和池塘的机会。

所以，对于曹皇后来说，第一时间诛杀这名宫女，才是最保险的处理方法。而且，经过这件事情，她还能够得到一个直言进谏、维护法度的美名，何乐而不为呢？

奇怪的结局

小字辈在争持，老字辈则选择了沉默不语。当然了，虽然不说话，但这些“老江湖”们，可都清楚无比。对于这个案件的真相，他们也有自己直观的认识。

在这些“老江湖”的眼中，这次宫廷暗杀的主谋，是张贵妃无疑，就算不是张贵妃，她手底下的人也脱不了干系。

要知道，张贵妃觊觎皇后宝座的野心，已经是众所周知了。只不过，这么多年来，皇后一直无错，她始终找不到借口，无法上位。在这种情况下，保不齐张贵妃铤而走险，上演这么一出“刺王救驾”的戏码，建立一个大功勋。

退一万步说，就算张贵妃不是主谋，但是，她手下人呢？张贵妃想当皇后，她手下的人也肯定想当皇后的奴才呀！保不齐有几个人聚在一起上演这么一出戏，帮助主子升级。

综上所述，不管怎么说，这件事情，都跟张贵妃有关系。

这种猜测，绝非危言耸听，后面案件的进程，则足以说明一切。

史料记载，第二天下午，御林军在皇宫北楼处，缉捕了畏罪潜逃的王胜。当时，只要严审王胜，撬出他的口供，就能知道此事的幕后黑手了。然而，就在此时，张贵妃的心腹杨怀敏忽然冲上前去，冲着已经束手就擒的王胜的心窝就是一刀，把他捅死了。

杨怀敏捅死王胜后，以贼人负隅顽抗，不小心当场击杀的结果，上奏了朝廷，意图隐藏事情的真相。

曹皇后焉能同意。得知事情的真相后，曹皇后大怒，立刻命人缉捕了杨怀敏，将他捆缚至中宫，要亲自审理。然而，在押运过程中，张贵妃却半道把杨怀敏的囚车拦截了下来，把杨怀敏“押解”到了自己的宫殿内，打死也不交出来了。

这一下子，曹皇后大怒，她找来几个御史，让他们联名上奏，管皇帝要人。

御史们告诉皇帝：“若严审王胜，就能知道整个刺杀事件的真相。这么关键的证人，杨怀敏为什么要杀掉呢？这个人是不是跟刺客有关系呢？如果是的话，杨怀敏就是刺客的同伙，必须严惩不贷；如果不是的话，杨怀敏私自斩杀重要人犯，也要严惩不贷，以儆效尤。”

宋仁宗没有同意御史们的建议，只是降了杨怀敏一个品级，仍留其在宫中当差。

宋仁宗这样轻判的理由是：杨怀敏在危难之时，主动来福宁殿救驾，而且还与贼人浴血奋战，这样的忠臣，理应褒奖。即使杨怀敏犯下了错误，也足以将功补过，判他一个贬官留任，也在情理之中。

看见宋仁宗如此偏袒，众御史们不服，大家接连上书，说其他负责宫廷安全的首领们，因为玩忽职守，都被贬出皇宫了。杨怀敏却仅仅降了一个等级，还留在宫里。这样的结果，让那些人如何服气，如何给天下一个交代，等等。

最终，宋仁宗拗不过这些御史们，只能颁布一道圣旨，把杨怀敏轰出皇宫，贬到地方去了。

当然，虽同意了御史们的请求，宋仁宗却把这笔账，算在了曹皇后的头上。

毕竟，在皇帝的眼中，若不是曹皇后指使那些御史上奏，自己怎么可能贬杨怀敏出宫。而且，曹皇后竟然肆无忌惮地与御史联手，干涉朝政，更是大大的可恶。

后来，在论功行赏时，宋仁宗没有给曹皇后一点儿赏赐，其原因，就在于此。

庆历八年（1048 年）十二月，在经历了一年多审讯后，宋仁宗终于宣布了判罚结果——鉴于所有涉案人全部死亡，相关人员也得到了应有的惩罚，此次宫廷叛乱一事，以后不再追查，就此结案。

至此，这场北宋最大规模的宫廷刺杀事件，就以这样稀里糊涂的结局而告终。

结案后，开始论功行赏。宋仁宗下诏，张氏救驾有功，由四品美人越级晋封为一品贵妃。至于其他救驾人员……以后再说。

见皇帝如此赏罚不公，大臣们彻底怒了。他们接连上疏，要求皇帝收回成命，先追封皇后的功劳，再册封美人晋级，这才是一个“明君”所为。

虽然谏书像雪花一样飞向宋仁宗，但这位皇帝不为所动，最终维持了原判，没有给护驾的曹皇后任何赏赐。

对于这样的结果，群臣皆为曹皇后鸣不平。可是，曹皇后本人却很释怀，她根本不计较这些功劳，仿佛那件救驾的事情，就没有发生过一样。曹皇后自己不说这件事情，也不许宫女说这件事情。

当然，皇帝不给曹皇后赏赐，也因为他不希望这个女人“做大做强”，最终跟自己的母亲一样，到一个尾大不掉的境地。

然而，世间的很多事情，就是这样荒诞。宋仁宗越不给，大家反而越同情曹皇后；曹皇后越不要，她得到的反而越多。

就这样，因为曹皇后这种贤良淑德、谨言慎行的表现，大臣们都自觉地站在了她的身边，与她共同进退了。不管是即将登场的范仲淹、欧阳修，还是未来上台的包拯、司马光，这些大臣都夸赞曹皇后的美德，成为她的亲信。

最终，在这些大臣们的“帮助”下，曹皇后成为宋朝历史上第二个“垂帘听政”的太后，并辅佐了宋仁宗、宋英宗、宋神宗三位皇帝，书写了自己波澜壮阔的历史。

当然了，曹皇后再“猛”，那也是未来的事情。在宋仁宗初期时，曹皇后还是一个无害的“乖宝宝”的。

毕竟，在那个老臣面前，曹皇后还没有抗争的资本。

那个老臣，就是宋仁宗执政前期的重臣，宋朝历史上毁誉参半的一代宰相——吕夷简。

第九章 宋朝最具争议的宰相

吕夷简的为官处世之道

咱们都知道，宋仁宗时期，是一个良相辈出的时代。但是，这么多的宰相中，真正得到皇帝的圣宠，让宋仁宗无比信任的宰相，仅一个人。

这个人，就是吕夷简。

原因很简单，在皇帝的眼中，吕夷简不仅对自己“忠心耿耿”，他还会“做官”，更会“做人”。

吕夷简对皇帝忠心耿耿的证据，如下：

史料记载，宋仁宗至和年间（1054—1056 年），宋仁宗得了一场大病，许多天都没有上朝。宋仁宗病愈后，宣召宰执们进宫，想问问生病期间的军国大事。

皇帝召见，谁敢怠慢，其他的大臣们，都是火急火燎地往皇宫赶，可唯独这个吕夷简，就跟没事人似的，慢悠悠地往皇宫赶，一点儿也不着急。即使宦官来督促，吕夷简也没有一丁点儿提速的意思。

吕夷简是最后一个到达的。见此情景，宋仁宗有点儿恼了，他质问道：“朕刚刚大病初愈，想跟列位臣公见面，公为何姗姗来迟？”

在群臣的窃窃私语中，吕夷简毫不惧色，他一鞠躬，道：“启奏陛下，您身体一直不好，已经很久没有上朝了。这段时间，朝廷上下已经议论纷纷。如果今天我在马路上狂奔进宫的话，恐怕会引起更多的胡思乱想！”

一语惊醒梦中人。

没错，大白天的，宰相在大街上狂奔，且皇帝一直有病，这样的结果，只能让天下人以为：皇帝可能驾崩了……到时候，一些野心家们伺机而动，天下还不乱套了。

吕夷简说完后，宋仁宗感慨颇深，心想这位吕公，真是深谋远虑，一心为公。皇帝旁边的群臣们，也各个赞叹不已。刚刚说吕夷简坏话的大臣们，则羞愧难当，恨不得找一个地缝钻进去。

这件事情后，宋仁宗对吕夷简更加器重了。

咱们前面说过，得到圣宠后，官员的表现无非就两种：一种是特狂妄、特嚣张，比老子还老子；反之，另一种则是特低调、特谦虚，比孙子还孙子。

在这个方面，吕夷简无疑属于后者。他跟曹彬一样，官职越高，越谦虚谨慎。吕夷简不仅天天低调行事，干活也小心谨慎、滴水不漏。随便一件小事，都能看出吕夷简的为人处世之道。

吕夷简会做官的证据，如下：

史料记载，吕夷简很大度，是一个肚里能撑船的好宰相。

咱们都知道，寇准之所以频繁下岗，就是因为小肚鸡肠，不能容人，导致处处树敌。在这个方面，吕夷简则反其道而行之，他的肚子里，何止是“能撑船”，就是来一艘航空母舰，也能撑得下！

史料记载，吕夷简刚刚出任宰相时，很多人都不服他。某一天，吕夷简经过中书省走廊时，突然听到里面有人在议论自己，其中一人愤愤不平道：“吕夷简那小子，何德何能，也配当宰相？真是贻笑大方！”

听完这些话，吕夷简后面的亲信们就“炸”了，一些人主动请缨道：“我们现在就进去，看看是谁在说您的坏话，保证整死他！”

孰料，吕夷简摆摆手道：“算了，别查了。这个人只是在背后议论我两句，对我有什么损失呢？但是，一旦让我知道这个人是谁，我会恨他一辈子。到那个时候，这个人的仕途就算完了。与其这样，还是不知道的好。”

说完，吕夷简就跟没事人似的，快速离开了。

目睹吕夷简的背影，群臣竖起大拇指，说他真是一个坦诚、大度的好宰相。有这么一个宰相领导大家，真乃官员之幸也。

当然，对于一个官员而言，会“做官”还不够；会“做人”，才是正道。

那么，吕夷简是怎么做人的呢？

史料记载，有一天，吕夷简的夫人马氏到宫中为曹皇后贺节。双方聊了一会儿后，曹皇后道：“官家喜欢吃淮白鱼，但祖宗有禁令，不许宫人去外面购买。吕相国世居寿州，应该有此物，可否给我们几条？”

淮白鱼，是淮河特产的一种好吃的鱼，因其通体鳞色雪白而得名，也称浪里白条。淮白鱼美味可口，是淮扬菜系中的一大名菜。

曹皇后都开口了，马氏焉能拒绝，她拍着胸脯表示：“回去后，马上准备此物，进献给皇帝。”

回到吕府后，马夫人立刻组织下人去抓鱼，费了半天劲，抓了十箩筐，准备送进皇宫。恰逢此时，吕夷简下朝回家，见夫人正在装车，便问及此事。

听完夫人的解释后，吕夷简皱了一下眉头，道：“送两筐即可。其余的，都给我运回去。”

马夫人大惑不解道：“此陛下想要之物，为什么不多给一些呢？你留下这么多，又有何用呢？”

吕夷简皱着眉头道：“你个傻老娘们，懂啥！皇宫都没有的东西，你一下子给十筐，想死呀！”

看看，吕夷简就是这样一个“屈伸舒卷，动有操术”（《宋史》对其的总结）的人。这么一个小心谨慎的人，根本就抓不到他一丝把柄。

无独有偶，吕夷简的这个招数，后来被南宋的奸臣秦桧学了去。秦桧当时就是运用了吕夷简的招数，才摆脱了一场灭门的危机。

综上所述，这就是历史上的吕夷简，他对皇帝忠心耿耿，会做官，还会做人。这样的一个人，要是不得到皇帝的宠爱，那才叫新鲜。

史料记载，宋仁宗很喜欢他，认为只有吕夷简这样的人，才是忠臣。吕夷简病逝后，宋仁宗悲痛欲绝，御题“怀忠之碑”四个字赏赐，以表达对吕夷简的宠爱之情。

虽然皇帝喜欢吕夷简，但朝野的那些君子们非常讨厌他。

以范仲淹为首的那些“君子儒”们，认为吕夷简就是一个脑瓜灵活、左右逢源、工于权术的“犬儒”。这样的人，根本不配当官，更别说当宰相了。

欧阳修也非常讨厌他，他对吕夷简的评价，更是到了极其鄙视的程度——吕夷简为政，二十年间坏了天下！

那么，到底是什么原因，让这些人如此恨吕夷简呢？这个吕夷简，又干了什么坏事呢？

整人的艺术

史料记载，宋仁宗刚刚亲政时，吕夷简便提出了八条建议，即正朝纲、塞邪径、禁货贿、辨佞壬、绝女谒、疏近习、罢力役、节冗费。对于这些建议，宋仁宗全部虚心接受。

后来，在吕夷简的辅佐下，仁宗初年政治清平，社会安定。对于这位宰相的政绩，《宋史》毫不避讳地夸奖道：“仁宗初立，太后临朝十余年，天下晏然，夷简之力为多。”

这是吕夷简不朽的政绩，必将被历史铭记。

同样，吕夷简那些卑鄙的政绩，也会被历史铭记。

史料记载，虽然在刚刚步入政坛时，吕夷简是一个忧国忧民的好官，但人是会变的，在官场这个大染缸内，再干净的布料，也会被染出颜色来。

跟丁谓一样，随着时间的流逝，吕夷简这个喜剧开头的人生，也慢慢地、不可避免地变成一个“悲剧的结尾”了。

简单来说，在权力的作用下，吕夷简渐渐地迷失自我，开始贪污腐败、纸醉金迷了。此外，为了大权独揽，他还清除异己、陷害忠良。当时，朝廷上所有跟他政见不合或者是威胁他统治的官员，都被轰走了。

第一个被吕夷简整死的人，就是朝廷的宰相——李迪。

李迪是谁？他是寇准的继任者，是与代表邪恶势力的丁谓奋战的英雄，是朝廷“清流派”的代表！在这种背景下，论资历、论关系、论威望，吕夷简哪一点能跟李迪比？想扳倒李迪、取代他的位置，谈何容易？而且，更可气的是，李迪还有一个特殊的身份——皇帝的老师。

综观史书，干掉政敌，无非就是：栽赃陷害、流言诽谤、诬告坑人，甚至是买凶杀人……但是，吕夷简却不屑这么做。示之以隐忍，杀人于无形——才是最高等级的害人之术。

史料记载，有一天，吕夷简来到李迪的办公室，双方在商完事情后，闲暇之余就聊了聊家长里短，各自谈了一下自己的孩子。

这时，吕夷简突然说道："公子柬之，才可用也，当授以事任。"

一听这话，李迪非常高兴。要知道，李迪早就想提拔儿子了，但怕别人弹劾自己以权谋私，所以一直没让儿子升职。现在好了，有吕夷简做担保，他可以名正言顺地提拔了。

于是，李迪接受了吕夷简的好意，他提拔儿子李柬之为两浙提刑使。

然而，他们中计了！

自从李柬之去了地方，李迪就惊讶地发现，吕夷简就跟换了一个人似的，再也不尊重自己，也不服从自己领导了。

以前开会时，吕夷简对自己毕恭毕敬，什么事情都第一时间同意。可现在呢，每次开会时，吕夷简都对自己的决策大呼小叫，寸步不让，还敢公开叫板。而对于吕夷简咄咄逼人的态度，李迪竟然毫无办法，只能任由吕夷简独断专行。

这是一个什么情况？为什么会变成这种局面？

李迪糊里糊涂，吕夷简却清楚无比。他清楚地知道，李迪之所以现在孤掌难鸣，就是因为他的儿子不在身边，再也没有人给他出主意了。

原来，李迪是一个政治操守不错但执政水平很一般的人。这种人当一个地方官员，绰绰有余，但是当一个国家的宰相，就有点儿捉襟见肘了。

以前，李迪在处理国家大事时，一旦处理不好，他就会宣布暂时休会，然后会躲到屋里跟儿子开一个小会，商量好后，再提出一个可行的方案。

因此，李迪虽然智慧平平，却总能语出惊人，提出与众不同的观点，其原因，就是他儿子在背后出谋划策的结果。

但现在呢？吕夷简把他儿子调到地方了，李迪已经没有可以商量的人了，这可怎么办？

后面的发展，完全在吕夷简的预料之中。

史料记载，自从李柬之去了地方后，李迪就彻底没招了，他既无法提出合理的解决办法，也无法应付错综复杂的国家大事。一段时间后，皇帝对李迪的不满与日俱增，对吕夷简的欣赏也与日俱增。见此情景，朝廷的“墙头草”们纷纷改换门庭，投到吕夷简的门下了。

就这样，虽只是一个副相，但吕夷简却完全取代了李迪，成为这个国家真正的宰相。

李迪天天被吕夷简欺负，被挤对得受不了了，最终，李迪提出了辞职，请求告老还乡，离开这片是非之地。

一个职员平白无故辞职，老板都得过问几句，何况是一国的宰相。得知李迪要辞职后，宋仁宗大惑不解，就请李迪给一个辞职的理由。

此时此刻，如果李迪是一个聪明人的话（比如向敏中），他辞职的理由，应该是身体有病、请求告老还乡。

只有这样，李迪才能保全自己、保全儿子、保全李氏家族。但是，盛怒之下，一门心思想走的李迪，就不管不顾了，他给出了辞职理由是：老疾无堪，夷简慢欺。也就是说，现在身体老了，病也多了，忍受不了吕夷简天天欺负自己！

一听这话，宋仁宗说不能呀，吕夷简是多好一人，怎么能欺负您呢？宰相之间处理政事，意见不同，打打架，互相攻击几句，这不是常有的事情吗？我看您就是闹一点儿情绪，何必辞职不干呢？过几天就好了。

为了照顾李迪的面子，宋仁宗特意把吕夷简叫来，让他当面说，自己有没有欺负这位老宰相。

吕夷简多贼呀。他立刻矢口否认：“不可能！没有这事，这是哪个坏人栽赃陷害、往我脑袋上扣屎盆子？我对老宰相毕恭毕敬，比对我亲爹都好。陛下若不信，可以去调查嘛，满朝文武都能为我证明！”

你想，满朝文武都是傻子呀。为了一个不得宠的宰相，去得罪一个正值圣宠的宰相，除非是疯了。

所以，宋仁宗随便调查了几个大臣，大家都说：“这是没影的事，吕夷简怎么可能不尊重李迪。还欺负李迪，这不是开玩笑吗？”

在这种局面下，李迪算是看明白了，满朝文武都是吕夷简的人，再闹下去，自己无任何益处，只能留下一个闹情绪的恶名。于是，李迪选择撤回辞呈，继续干活去了。

干活归干活，但是经过这件事情后，李迪算是想明白了——必须弄死吕夷简，有他没我，有我没他，要不然自己的“毁灭”只是一个时间问题了。

主意已定，李迪就开动脑筋，准备弄死吕夷简了。

驱除李迪

李迪深知，光靠嘴皮子，扳不倒吕夷简，必须有确凿的证据，才能弄死这个小人。而历朝历代的经验告诉他，弄死一个大臣最快的办法，就是找出这个大臣结党营私、结交重臣的证据。

毕竟，在皇帝的眼中，大臣的这种做法，就是要图谋不轨了。一旦让皇帝定了性——管你是谁，杀你全家！

为了找到吕夷简结交重臣的证据，李迪拼命地回想。想了半天，他终于想到了一件足以弄死吕夷简的事情。

这件事情要是定性了，吕夷简就死定了。因为，吕夷简结交的这个人，比朝廷重臣还厉害。他结交的是皇族成员，且是宋仁宗最防范的八王爷赵元俨。

原来，在很久以前，吕夷简拿着一张八王爷的推荐信，来找过李迪，说八王爷为一个门生求官，让李迪签字。

当时，李迪不想跟八王爷有关系，但碍于八王爷的面子，还是给签了。这件事情，他也没有跟任何人提起过。

如今，李迪旧事重提，就是要置吕夷简于死地。虽然在那封任命书上，李迪也签字了，但他完全可以推脱，说根本不知道那人是谁，就顺手给签字了，最多是一个失察之责，但吕夷简就不一样了，他可是结交王侯，这个罪名一旦成立，吕夷简就是不死……也生不如死了。

说干就干，李迪马上来到资料库，找到了那封任命书，上面有吕夷简、李迪两个人的签名，也有赵元俨亲信的名字。如获至宝的李迪马上拿着这份任命书，面见宋仁宗，状告吕夷简私下与八王爷来往，图谋不轨。

可想而知，宋仁宗看见这封任命书后，脸直接变绿了。他第一时间叫来吕夷简，痛骂他有负君恩，干什么不好，非干这种事情。

史料记载，对于皇帝的指责与痛骂，吕夷简就在一边站着，不说话，也不反驳，等皇帝骂完后，吕夷简这才慢慢解释道："启奏皇帝，这封任命书上有我的签字，这不假。但是，这封文件上写了什么东西，卑职根本不知。因为，这上面的签字，是我补签的。李宰相在签署这封文件时，卑职正在养病，等这个任命已经发布好几天了，卑职才补上签字。陛下如若不信，请去中书省翻阅档案，看看李宰相在签署这封文件时，卑职是不是在请假养病。"

此言一出，李迪当时很震惊，宋仁宗也蒙了。

宋仁宗立刻派人去中书省，调查吕夷简请假的记录。果然，李迪签署文件那天，有吕夷简在家养病的请假条，上面有皇帝批准的大印为证。

这一下子，李迪真是搬起石头砸自己的脚，他反倒成为结交八王爷的大臣了。此时的李迪，就算是跳进黄河里，这辈子也甭想洗净了。

那么，这到底是怎么回事呢？

原来，吕夷简做事小心谨慎，不留痕迹。当初，接到八王爷的推荐信后，吕夷简也苦恼不已。办吧，很容易授人把柄；不办吧，八王爷又得罪不起。于是，吕夷简思来想去，最终决定拉宰相李迪顶缸。

就这样，吕夷简先请了一个病假，随后他"拖着重病"来到李迪的面前，请求李迪签字。而这样的结果，就是自己根本不知情，当时在家里养病，这是后签字。

当然，吕夷简这样做，本没打算害人，只是自保罢了。如果不是李迪旧事重提，谁也不知道他有这样的城府。

"真相大白"后，李迪无话可说，毕竟，面对这么一个狡诈的人，李迪根本不是对手，只能乖乖认输。

最终，李迪因诽谤同事、挑拨君臣关系的罪名，被贬到地方去了。

李迪走后，吕夷简也如愿以偿地成为这个国家的宰相，成为一人之下、万人之上的巅峰人物了。

当然，虽然成为宰相，吕夷简却没有掉以轻心，因为他清楚地知道，在这个世界上，可是有这么一句真理：没有竞争的市场，只存在于理念想象中。

这不，没过多久，又来了一个上门争夺权力的人。

这个人，就是两朝元老、王旦的学生、斗倒丁谓的大英雄——王曾。

智斗王曾

史料记载，吕夷简成为宰相没多久，副宰相宋绶就找来，道："你当上了宰相，能容得下我吗？"

一听这话，吕夷简清楚地知道：大事不好，抢生意的来了！

吕夷简并不希望王曾回来。因为在吕夷简还是一个官场新兵时，王曾就是名满天下的大臣了。人家是一代贤相王旦的得意弟子，还是斗倒奸臣丁谓的英雄。这样的一个人，吕夷简拿什么跟他相比？

论资历、论能力，双方根本不在一个等级。更可怕的是，论关系，王曾虽然不是帝师，却跟宋仁宗关系密切、情比金坚。

原因很简单。遥想当年，王曾之所以被轰出朝廷，是因为他拥护宋仁宗，反对刘娥专政。所以说，王曾是不折不扣的"帝党"，是皇帝最信任的大臣。反之，吕夷简虽然也深得皇帝信任，但他毕竟是一个"外人"。因为，在帝、后之间，吕夷简一直是左右摇摆，态度暧昧，尽量两边都不得罪。但这样的结果是，帝、后两边也不会记他的好！所以，宋仁宗亲政后，之所以能毫不犹豫地罢免吕夷简，就是痛恨他这种油滑世故的性格，只是宰相张士逊喝酒误事，宋仁宗才把吕夷简重新召回朝廷。

综上所述，如果王曾回到朝廷，他肯定会取代吕夷简的位置，这就等于让吕夷简下岗回家。所以，吕夷简不想让王曾回来，以威胁自己。

话虽如此，但吕夷简也清楚地知道，在王曾能否回来这个问题上，自己只能"同意"。

因为，让王曾回来的人，根本不是这个求情的副宰相宋绶，而是另有其人。副宰相宋绶就是一个文人，除了会写一手好文章外，没啥本事，也不可能结交王曾。因此，这就是皇帝的意思。是皇帝借宋绶的口，在试探吕夷简。

既然皇帝要提拔王曾，吕夷简就无法阻止了。既然无法阻止，不如顺水推舟做一个好人。更何况，当好人不仅能得到很多回报，还能达到自己的目的。

第二天，吕夷简主动找到宋仁宗，告诉他："昨天，宋绶找到我，说王曾想复出，问我的意思。对于这个问题，我百分之百同意呀。因此，我希望皇帝下诏，让王曾回来当宰相。"

一听这话，宋仁宗大喜过望。他本以为，王曾与吕夷简有矛盾，吕夷简会强烈反对王曾复出。结果，自己的宰相竟然这样深明大义，真是一个公忠体国的贤相呀！

然而，还有让皇帝更高兴的呢！

见皇帝如此高兴，吕夷简继续说道："启奏陛下，论能力、论资历，臣都不及王曾万分之一。王大人才是宰相的合格人选，臣愿退位让贤，让王大人当宰相。"

宋仁宗本来的意思，就是把王曾叫回来，以牵制吕夷简。结果，吕夷简竟然这样的大度，这反而让宋仁宗不好意思了。

宋仁宗第一时间安慰道："爱卿有这等心胸，让朕备感欣慰。但是，爱卿在宰相位置上，干得好好的，今无故罢相，恐引人非议。爱卿还是当宰相吧，王曾给你当副手，就这样了。"

至此，在以退为进的战术中，吕夷简保住了自己宰相的位置，他也可以去干"正事"了。

史料记载，虽然吕夷简在宋仁宗面前说得铿锵有力，要照顾老前辈，要退位让贤，但是，等到了自己一亩三分地上，他就变得说一不二，一点儿也不给面子了。

当时，在处理国家大事上，不管王曾提什么样的建议，都会被吕夷简无情反驳掉；不管王曾干什么，吕夷简都跟他对着干。

对于那个宋绶，吕夷简更是不给好脸。一有机会，吕夷简就痛骂他，甚至当众拍桌子，骂得宋绶抬不起头来。吕夷简还会指桑骂槐，痛骂宋绶推荐的那个人。

见吕夷简如此行事，王曾彻底怒了！吕夷简痛骂宋绶的事情，更是让王曾无法忍受。因为在王曾的眼中，宋绶是他的大恩人。

然而，王曾可不是李迪那样的蠢蛋，他清楚地知道，像李迪一样到宋仁宗面前叫屈哭诉，一点儿用都没有。而且，在宋仁宗的眼中，吕夷简是让自己复出的"大好人"，自己抱怨吕夷简，就是恩将仇报、无情无义了。

因此，要想扳倒吕夷简，还得找其犯罪的证据才行。而在找到这些证据前，自己只能继续忍受这种耻辱的待遇。

在找到证据前，对于吕夷简的威逼，王曾处处忍让，还告诉宋绶也要忍让，不要在宋仁宗面前抱怨——要给吕夷简一个"认㞞"的假象，让他放松警惕，好寻找其犯罪证据。

落败而归

忍辱负重期间，王曾也没闲着，他玩命地寻找吕夷简的犯罪证据，准备反戈一击。

鉴于吕夷简在结党营私上做得滴水不漏，王曾就在贪污腐败上找他的问题。毕竟，大家都在官场混，谁能两袖清风、一尘不染？

功夫不负有心人，几个月之后，宋绶带来了一个人，说找到了吕夷简贪污受贿的证据。

这个人叫吕昌龄，是吕夷简同族的侄子。此人一直不务正业，在吕夷简家骗吃骗喝，还向吕夷简要官做。因要官不成，吕昌龄在吕府大闹了一顿，结果被吕夷简扭送到官府，痛打了一顿。

要官不成，还挨了打，吕昌龄恼羞成怒，他声称一定要找到吕夷简贪污腐败的证据，让这个人血债血偿。

吕昌龄就躲在吕家附近，时刻寻找吕夷简贪污的证据。监视期间，吕昌龄看到了一个叫王博文的人多次出入吕府，他又私下打听到，王博文偷偷给了吕夷简三千贯钱，买了一个开封府尹的官职。于是，吕昌龄便跑到宋绶、王曾处，状告吕夷简贪污受贿、卖官鬻爵。

得知这个消息后，王曾大喜过望，他立刻写好一封奏折，准备弹劾吕夷简。

第二天，王曾单独拜见宋仁宗，递上了这个奏折，告诉宋仁宗，吕夷简祸乱朝纲，干了太多卖官鬻爵的事情。现任开封府尹王博文，本是吏部一郎官，因为给了吕夷简三千贯钱，才被提拔为开封府尹。臣不屑与吕夷简这个卖官鬻爵、祸乱朝政的人为伍，现在请求辞职。

此言一出，宋仁宗大吃一惊，他万万没有想到，吕夷简竟然是这种人。于是，宋仁宗立刻找来吕夷简，让他当面对质。

跟当年李迪状告自己时一样，吕夷简依旧采取了一种非暴力不合作的态度，他不反驳，也不说话，等皇帝不说话了，他才慢慢地回答：“请将此事交给御史中丞调查，若王曾所言属实，臣甘愿领罪。”

吕夷简的这种态度，让宋仁宗很是满意。在他眼中，吕夷简如此淡定，看来是没有这种事情。

吕夷简的这种态度，也让王曾很吃惊，他万万没有想到，吕夷简竟然敢让御史中丞调查自己。要知道，御史中丞范讽，可是朝廷出了名的耿直汉子。范讽经常在朝堂上反驳吕夷简，和吕夷简不是一路人，由他来审案，明显对吕夷简不利。难道说，这个宰相已经黔驴技穷，彻底认输了？

认输？吕夷简选择让范讽调查自己，就是反击的开始。

随着调查的不断深入，越来越多的事情开始浮出水面，也越来越对王曾不利了。

首先，在当堂对质时，吕昌龄突然反了水，他告诉范讽，送吕夷简钱财的人，应该不是开封府尹王博文，而是王博古。

其次，范讽在调查后得知，王博古没有送给吕夷简三千贯钱，而是吕夷简给了他三千贯钱。吕夷简之所以给王博古这么多钱，不是为了贿赂，而是借用一下他的名，给家乡捐款，让当地政府修一座私塾，让更多的孩子能够读书。范讽派人到地方调查后得知，地方政府已经收到了这笔钱，正在修建私塾，王博古正是经办人。

至于这三千贯钱的来历，就没有调查的必要了。大宋宰相俸禄极高，吕夷简为相多年，即便是三万贯钱，也给得起。

至此，这场吕夷简卖官鬻爵的受贿案，就以这样的结果告终了。

至此，王曾也算是明白了，自己的政治生涯，也已经告终。

原来，从一开始，这就是吕夷简精心准备的一个圈套。他先是偷偷摸摸地给家乡捐款，然后跟侄子吕昌龄上演了一出苦肉计。他让吕昌龄给王曾等人通风报信，再引导王曾状告自己。其结果，就是王曾结结实实跳进了挖好的大坑，且这辈子也别想爬出来了。

史料记载，这件事情“真相大白”后，宋仁宗痛斥王曾和宋绶忘恩负义、人品低劣，竟然敢状告自己的恩人，如何成为百官表率。最终，宋仁宗大笔一挥，把王曾、宋绶轰出了朝廷，让他们去地方重新“深造”去了。

对于这样的结果，王曾也没有申冤申诉。毕竟，在这件事情上，吕夷简干得滴水不漏，而且这是他精心准备的阴谋，即使自己把这件事情说出去，又有谁会相信呢？与其在这里自取其辱，不如保留最后一丝颜面，默默地离开吧。

输给这么一个狡诈的对手，王曾一点儿也不觉得冤。只是，这样的结局，让王曾很无奈。

景祐四年（1037年），在吕夷简的诡计中，王曾黯然离京，发配到郓州为官，从此以后再也没有回来。

宝元元年（1038年）冬，王曾在郓州逝世，享年61岁。他的死，也标志着寇准那一代的老人们，结束了属于他们的时代。

一个旧的时代，终于结束；一个属于吕夷简的时代，正在展开……

驱逐了王曾，吕夷简就清除掉了最大的敌人。从此之后，他取得了对整个朝廷的掌控，成为这个帝国真真正正的“独相”。

从此以后，再也没有一个人，能够阻止他大权独揽了！即使是那个宋朝最伟大的宰相，不仅无法阻止他，反而被他弄死了。

这位宰相，就是宋朝的一代传奇——范仲淹。

第十章 宋朝最伟大的宰相

卑微的童年

在宋朝历史上，没有一个人的出身，比他更卑贱；也没有一个人的成就，比他更耀眼。在那个群星闪耀、名臣贤相无数的宋朝，只有他，才能成为那颗最耀眼的星，被永载史册，成为宋朝的一个传奇。

这个人，就是“先天下之忧而忧，后天下之乐而乐”，一生都以直言进谏为己任，“宁鸣而死，不默而生”的宋朝著名政治家、文学家、思想家、军事家、教育家——范仲淹。

史料记载，范仲淹的祖先叫范履冰，此人非常了不起，是唐朝的一代名臣，曾当过武则天的宰相。

唐朝安史之乱时，范履冰的子孙为了避祸，搬到了江南，并在吴中（今江苏苏州）一带定居下来。

由于是书香世家，范家很容易当官。在晚唐的历史中，到处都有范氏一族在吴中当官的痕迹，只是官职不高罢了。

到五代十国后，范氏一族成为吴越王钱氏的官员，范仲淹的父亲范墉成为钱俶的幕僚，为他出谋划策，尽了不少力。再后来，钱俶投降宋朝后，范墉一家就成了大宋的子民。

史料记载，范墉一共有五个孩子，范仲淹最小，他出生于宋端拱二年（989 年）八月二十九日，籍贯在真定府（今河北正定）。

范仲淹出生后，仅仅过了两年，范墉就因病去世了，他成为一个无父的孩子。

由于范仲淹的母亲谢氏身份低微（虽然史书上说，谢氏是夫人，但史学家认为，她应该是小妾），且性格比较软弱，所以在一番斗争后，啥也没得到，被范家扫地出门了。

谢氏为求生计，带着年幼的范仲淹改嫁给了朱文翰。从此以后，范仲淹改朱姓，取名朱说，开始了一段崭新的生活。

补充一下，“说”是通假字，同“悦”，所以范仲淹也叫朱悦。

关于范仲淹的养父，《山东通志》是这样记载的：“朱文翰，字苑文，淄州长山人。端拱二年（989 年）中进士。历任平江府推官、秘阁校理、户部郎中、淄州长史等职。范文正之继父。”

这段话，透露了两个信息：

第一，朱文翰中举的时间，竟然是范仲淹出生的时间。这一升一降，竟是同年。父子同年而喜，也是一件很有意思的事情。

第二，虽然《山东通志》记载，朱文翰历任很多的职务，但官职卑微，很多官职都没有实权，也没什么升迁的机会。为了生计，朱文翰一直颠沛流离，先后担任过宿州、池州、安乡（注意这个地方）等地的官员，是一个名副其实的“救火队员”。

凡事都要往好的方面看。在不断的搬家过程中，范仲淹可是跟父亲一起“宦游”的。也就是说，幼年的范仲淹在父亲的陪伴下，完成了一场游历天下的旅行。

宋朝的雄伟山河、异地风景、人文逸事，不断增加范仲淹的见识，让他受益匪浅。同样，底层人民的疾苦，百姓沿街乞讨、卖儿卖女的惨象，也深深印入范仲淹的脑海里，并在他幼小的心灵里留下一个“先天下之忧而忧，后天下之乐而乐”的烙印。

此外，这些见识和经历，不仅塑造了范仲淹极高的人格，更为他的创作提供了源源不断的灵感。否则，一个从来没有到过岳阳楼的人，怎么能够写出那篇千古绝唱《岳阳楼记》？

其实，安乡位于洞庭湖的西北部，与“巴陵胜状，洞庭一湖”的岳阳遥相呼应，共同守卫着浩浩荡荡、横无际涯的洞庭湖。幼年时代的范仲淹，就在安乡看着岳阳湖的美景，思考着自己为国为民的决心。等他的年龄到了一定程度，凭借对岳阳周围的理解，再加上自己一生的感悟，写出这么一篇千古名文《岳阳楼记》，也就不足为奇了。

划粥断齑

史料记载，虽然寄人篱下，但幼年时候的范仲淹，生活一直无忧无虑。然而，等到他 19 岁那年，这种逍遥快乐的生活，就全部戛然而止了。

这一年，是景德四年（1007 年），范仲淹的养父朱文翰因年老多病，辞官回家了。

咱们前面讲过，官员在致仕后，没有了各种灰色收入，工资将一落千丈。官员也没有退休金，唯一的收入，就是基本底薪。而且，即使工资只剩下了基本底薪，很多时候也不是全俸，只是一部分而已。

现在，大家明白吴虔裕为什么要公开宣布“我就是老死在大殿台阶上，也不退休”了吧。您要是王彦超，您也不退！

由于史料的匮乏，朱文翰退休后到底领多少工资，不得而知。但是，我们知道的是，朱家是一个大家庭，范仲淹的兄弟姐妹们很多，家庭开销很大，自从继父退休后，朱家的日子就一天不如一天，日渐窘迫。

在这种情况下，已经 19 岁的范仲淹如果还赖在家里，不问家计艰苦，就有点儿说不过去了。别人不说什么，范仲淹的母亲谢氏也坐不住了。

于是，谢氏先找儿子谈话，再跟朱文翰商量，决定托人在长山县城找一份差事，让范仲淹去当店铺学徒，替家里挣一些钱回来。最不济，也把这张嘴带出去，别留在家里继续添乱了！

然而，仅仅过了一个月，范仲淹就卷铺盖回来了。范仲淹回来的理由，很合情合理——掌柜的太坏，做生意太奸诈，自己干不了这种骗人的勾当，所以把工作辞了，想回家继续读书。

我相信，当听完范仲淹的这番说辞后，朱家人应该是鸦雀无声，一片寂静……

读书？在宋朝，读书是一个极其花钱的事情，朱家要是有钱的话，还需要让范仲淹去打工吗？

退一万步说，即使有钱，也得论资排辈，读书这种事情，也轮不到范仲淹这个“外来户”。

然而，也许是范仲淹读书的执着，感动了朱文翰；也许是范仲淹读书的热情，感动了朱文翰；也许范仲淹酷爱读书，而且是一块读书的料，感动了朱文翰。不管是哪个原因，得知范仲淹想要读书后，朱文翰明知家境不太乐观，还是同意了他的请求。

范仲淹读书，是真真正正地苦读。

根据北宋人魏泰《东轩笔录》记载：惟煮粟米二升，作粥一器，经宿遂凝，以刀画为四块，早晚取二块，断齑数十茎，酢汁半盂，入少盐，暖而啖之，如此者三年。

这段话的意思是说：范仲淹读书时，生活非常地苦，为了节省伙食费，他只能吃凝固的粥充饥。做好一份粥，过一夜凝固，范仲淹用刀划成四块，每顿吃两块，一天（早晚）吃两顿。喝粥的配菜是捣碎的腌菜，加半盂醋，还有一点食盐。他就这样吃了下去，还整整吃了三年！

范仲淹的这种生活，也正好应了那句古文：“天将降大任于斯人也，必先苦其心志，劳其筋骨，饿其体肤……”

在清贫艰苦的生活中，还能继续坚持自己的梦想，永不放弃、毫不畏惧的人，想不成功都难。

这不，苦读了数年后，范仲淹超过了所有的同学。家乡的那些老师们，也无法再教他了。

于是，为了获得更高的知识，也为了让那些瞧不起他的人彻底瞎眼（后面再说），大中祥符四年（1011 年），23 岁的范仲淹踌躇满志地告别了家人，来到南京，进入了这里最著名的书院——应天府书院。

在这里，范仲淹开始了一段崭新的求学之旅。

宋朝国号的由来

如今，咱们一提到南京，就会想到那个江苏的南京。其实，宋朝的南京，不在江南，而是在河南，也就是今天的商丘。

在今天，河南商丘不过是一个三线城市，但是在宋朝，商丘可是一个超大的一线城市。因为，这里不仅是赵匡胤的龙兴之所，更是宋朝国号的发源地。

宋朝的商丘，叫作宋州。如果您有印象的话，赵匡胤在后周时期获得的最大的官职，就是宋州归德军节度使。

赵匡胤陈桥兵变时，由于太过仓促，因此对自己的新国号，没有细细选择。

当时，在短暂的思考后，赵匡胤使用了自己担任过的最高地方官职“宋州归德军节度使”的“宋”字，称这个国家为“宋”了。

就这样，在赵匡胤的黄袍加身中，宋州这个名不见经传的小城市，就成为宋朝的龙兴之所了。

当然，在确定了自己的国号后，赵匡胤就后悔了。在他的眼中，一个超级大国的国号，怎么能这样平淡无奇呢？于是，在君主的授权下，宋朝的文人们开动脑筋，找到了三个“巧合”，终于为宋朝的国号增添了三层神秘色彩。

第一个巧合，古代的商丘，不仅是赵匡胤的龙兴之地，也是商朝的龙兴之所。

根据《史记·殷本纪》中记载，商人的始祖契“封于商”，他们以自己的封号命名，建立了商朝。由于时代久远，这个“封于商”的具体地点，已经不得而知了。但是宋朝的文人们坚信，这个地方就在商丘。于是，在这个结论下，商丘成为商朝的发祥地，也是赵匡胤的龙兴之所，赵家与商朝的关系，就这样拉上关系了。

第二个巧合，古代的商丘，不仅是商朝的龙兴之所，也是宋国的都城。

话说公元前 11 世纪，周武王灭掉商朝，建立周朝。建国时，周武王大肆分封天下诸侯，他封纣王的庶兄微子启为宋公，建立宋国，以继承商朝的祭祀。在当时，周武王的这种做法，不是羞辱故国，而是为了表示对前朝的尊重。商灭夏时，也封夏朝的后裔为杞公，建立杞国。

微子启建立宋国后，宋国的都城，就是商丘。因此，商丘不仅是宋国的都城，也是宋国前身商朝的都城。

这里有一个问题，为什么赵匡胤要这样绞尽脑汁，把自己的国家往商朝上面靠呢？

这就涉及第三个巧合，他爹的名字。

赵匡胤的老爹叫赵弘殷，这个殷字，是商朝的别号，所以赵家人都是商朝的子民。

咱们都知道，在中国历史上，一个国家可以有好几个国号。比如这个商朝，商是国号，是本号，是商人对自己国家的称号。但在中国历史上，商朝还有一个名称，叫殷朝。这个殷，是别称，是周朝及后世王朝对商朝的称号。所以，后世也称商朝为殷、殷商、商殷等。

这有些类似三国时期刘备建立的蜀汉政权。刘备称自己建立的国家，叫汉，是大汉王朝的延伸；但是魏国不承认，所以在史书中，称这个政权叫蜀，或者叫蜀汉。

综上所述，商可以叫作殷，殷也可以称作商。所以这个叫赵弘殷的人，就被曲解成为商朝的子民了。

而那个“弘”字，如果作动词的话，有扩大、推广、光大的意思，所以赵弘殷这三个字，就是赵家要复兴、光大商朝的意思！

至此，将这三个巧合联系在一起后，我们就能得到一个神奇的结论了——殷等于商，商又等于宋，赵弘殷是商朝的子民，他的名字，更是赵家要复兴宋朝、延续商朝的意思。因此，宋朝的皇帝们，都是殷商的后代，也要光复殷商王朝。

现代人读到这里，可能认为没什么，不就是认殷商为祖先吗？这有什么呀。然而，在古人眼里，出身、祖先何人，都是最重要的东西，没有之一。在那个讲究门户出身的古代，认祖认宗的重要性，远非现代人所能想象，宋朝人更是以殷人的后代而骄傲和自豪。因为，圣贤孔子的临终遗言——我是殷人（史记·孔子世家）。

最终，秉持着祖先的遗训，等到了赵匡胤这一代时，赵匡胤终于完成了祖先的梦想，复兴了殷商王朝，建立了大宋王朝。而且，赵匡胤用商朝的后裔宋国的都城宋州作为自己的国号，更是“命中注定”了他要继承老爹，或者是商朝子民的遗志，要复兴、光大这个商朝了。

至此，在这一系列机缘巧合下，大家共同“证明”了一件事情——宋朝的国号，其实早在两千多年前就已经出现了。而赵匡胤本人，就是太古时期商朝的真龙天子转世！

怎么样，这么一解释的话，赵匡胤建立的这个宋朝，是不是立刻高端、大气、上档次了？从此以后，谁还敢说赵匡胤来路不明？谁还敢说他不是真龙天子？

吃得苦中苦，方为人上人

宋州既然是宋朝的龙兴之所，也是宋朝国号的发源地，宋朝皇帝对商丘的重视程度，可想而知。

景德三年（1006年），宋真宗下令，改宋州为应天府。何为应天？响应上天的地方。可见商丘在宋朝皇帝心中的重要性。

大中祥符七年（1014年），在天书运动中，宋真宗再次下令，升应天府为南京，处陪都地位，与宋朝北方的首都汴梁遥相呼应，又称其为南都。

宋州的身份地位提高了，各种的配套设施，也自然要第一时间跟进。

当时，宋州有一所私学，称为宋州学舍，为后晋人杨悫所建。这是一所“远近学者皆归之”的著名学校。

看见有这么一块好的教育资源，宋真宗眼前一亮，说这么好的学校，若放着不管，岂不是非常可惜。于是，宋真宗将这所学校收为国有，并赐名为应天府书院。

宋仁宗登基后，也非常重视教育，就继续提高了这所书院的等级，将它改为南京国子监。

此时，这所昔日弱小的私塾，摇身一变，成为北宋最高等级的学府了。

当时，商丘的应天府书院、江西庐山的白鹿洞书院、湖南长沙的岳麓书院、河南嵩山的嵩阳书院，并称为宋朝四大书院。而应天府书院更是四座书院中，起源最早、规模最大、人才最多的，是当之无愧的四大书院之首。

这座中国最高等级的书院，就成为范仲淹学习的场所。他在这里博览群书、学习深造、修身、齐家，并完成自己的最终目标——平天下。

由于史料匮乏，范仲淹在应天府是如何学习的，学习的什么课程，谁是他的教书先生，吃住情况等，皆无从考证。但是，通过历史的只言片语，我们还是能够了解范仲淹在学校的情况——他依旧过得很辛苦，还是以吃粥度日——“之应天府，依戚同文学。昼夜不息，冬月惫甚，以水沃面；食不给，至以糜粥继之，人不能堪，仲淹不苦也”（《宋史·范仲淹传》）。

范仲淹来到应天府后，与同学一起读书，昼夜不停，苦读不歇。冬天时，如果太疲惫了，就用冷水浇脸；没有食物了，就用稀粥代替。别人不能忍受这种艰苦，范仲淹却认为无所谓。

范仲淹这种艰苦朴素的生活，还引发了一个有趣的小故事。

很多史料记载，范仲淹在读书期间，有一个大官（多为“南京留守”）的儿子知道了范仲淹“划粥断齑”的故事，大为感慨，就告诉自己的父亲。其父听说后，也大为感慨，就让厨子做了一堆美食，赠予范仲淹。

几天后，大官的儿子再次拜访范仲淹时，他惊讶地发现，整整一桌子美食，范仲淹竟然一口也没吃。这些美食，已经发霉变质了。

见此情景，大官的儿子目瞪口呆，便问范仲淹道：“我父亲尊敬你的为人，特送来一堆好吃的。你竟然一口不吃，是何意思？”

面对大官儿子的质疑，范仲淹先表示了歉意，再解释道：“蒙令尊大人抬爱，送我这么多美食，我十分感激。但是，我艰苦惯了，猛一下子吃了这么多的美食，以后还能继续吃粥吗？还能继续过那种艰苦的日子吗？所以，我宁愿这些美食烂掉，也不能动碗筷，养成这种奢侈的毛病。”

听完范仲淹的解释后，大官的儿子感慨万千，从此更加敬佩范仲淹了。

一言以蔽之，在中国历史上，那些所谓的成功人士，谁年轻的时候，没有吃过苦？但是，当他们功成名就后呢？又有几个人，还记得当年吃苦的感觉呢？

哥，就是这样自信

范仲淹在读书期间，除了简朴之外，还能始终保持着一颗乐观、向上、自信的心。

范仲淹的这种自信，有诗《睢阳学舍书怀》为证。

白云无赖帝乡遥，汉苑谁人奏洞箫？
多难未应歌凤鸟，薄才犹可赋鹪鹩。
瓢思颜子心还乐，琴遇钟君恨即销。
但使斯文天未丧，涧松何必怨山苗？

这是一首超经典的“励志诗”。此诗的最后一句，堪称点睛之笔。

是呀，山顶的“小苗”，一旦破土而出，就已站在高山之巅，享受着无数的阳光和雨露。而那些白手起家的人，可能奋斗一辈子，也无法达到那种高度。这样的结果，让人很无奈，也让人很无语。范仲淹则认为，在这个不公平但天道还在的世界里，只要自己是一棵注定高耸入云的松树，即使身处山沟，又何必怨恨那些山顶上的“小山苗”！

这里，我将通过一个小故事，来诠释范仲淹的这种自信。

这个故事叫作——独不见皇帝。

史料记载，范仲淹在应天书院读书的第四个年头，商丘发生了一件足以轰动全城的大事。

什么大事呢？皇帝来这里了！

原来，当时在王钦若、丁谓等人的撺掇下，皇帝大搞天书运动。宋真宗今天祭拜泰山，明天祭祀汾阴，到处“封神”，玩得不亦乐乎。

大中祥符七年（1014 年）正月，真宗来到亳州，拜谒老子，并加封老子李耳为太上老君混元上德皇帝。拜完老子后，宋真宗在回京期间，转道去了一趟应天府，准备去圣祖殿祭拜一下自己的祖先。

皇帝驻跸应天，这可是百年难得一遇的事情。为了一睹龙颜，全应天府的百姓都出动了，大家皆站在街上，迎接皇帝。

看见这么多百姓来迎接自己，宋真宗很是高兴，就颁布了一道圣旨：升应天府为南京，成为帝国的陪都。

为了纪念这个事件，皇帝在宋州城内的重熙颁庆楼大摆酒宴，请城中百姓大吃三天！

在皇帝的号召下，全城百姓都沸腾了，大家蜂拥而至，玩命吃饭。应天书院也沸腾了，老师和学生们倾校而出，大家拿着各自的文章涌入重熙颁庆楼，在大吃大喝之际，还希望能够面见一下皇帝，朗诵一下自己的文章。

要知道，如果皇帝看中了自己的文章，那就不是少奋斗多少年的事情了，而是一朝得志，直接“升天”了！

然而，在这个万人皆疯的场面中，有一个人却不惊不乍，静若处子，独守书斋，潜心读书，真正做到了两眼不闻窗外事，一心只读圣贤书。

这个人，就是范仲淹。

对于范仲淹这种反常的举动，大官的儿子深为不解，他问道：“你不吃山珍海味，是为了磨炼心性，这个我能理解。但是，大家都去看皇帝了，你为什么不去呢？这么一个目睹龙颜的好机会，多难得呀，你为什么不感兴趣呢？”

你们猜，范仲淹是怎么回答的？

史料记载，听完大官儿子的问题后，范仲淹合上书本，认真回答道：“书念不好，见到了皇帝，也没用；书念好了，自然能够见到皇帝，何必另去！”

说完，范仲淹又继续读书去了。

这样的人，要是不成功的话，那才叫没有天理。

果然，第二年，即宋大中祥符八年（1015年），范仲淹参加了当时的科举考试，一举中第，他终于见到了梦寐以求的皇帝，步入了大宋的官场舞台。

这一年，范仲淹才27岁。

第十一章 建功立业

复姓归宗

史料记载，范仲淹虽然一举中第，但成绩不太理想，他没有位列一甲，甚至二甲、三甲、四甲、五甲……这次考试，范仲淹仅仅获得了第九十七名。

虽然名次并不理想，但范仲淹还是很高兴，有诗《寄乡人》为证：

长白一寒儒，登荣三纪馀。
百花春满地，二麦雨随车。
鼓吹前迎道，烟霞指旧庐。
乡人莫相羡，教子读诗书。

可见，此时此刻的范仲淹，是快乐的，是对未来充满了向往的。

因为，除了金榜题名外，他还有一件更加高兴的事情——终于可以复姓归宗了！

由于史料的匮乏，范仲淹是怎么知道自己身世的，已经无从考证了。

最流行的说法是，某一天，范仲淹看见哥哥不务正业，跟一群狐朋狗友在喝酒聊天，便上前规劝，想让哥哥找一份正经的工作，不要再继续游手好闲。

对于范仲淹的规劝，哥哥根本不领情，他反唇相讥道："你一个外姓子，凭什么管我？我花的是我朱家的钱，与你何干！"

一听这话，范仲淹如雷轰顶，他立刻去质问自己的母亲，问哥哥为何如此说话。谢氏知道纸包不住火了，便告知了范仲淹真正的身世。

得知自己不是朱文翰的亲生儿子后，范仲淹大吃一惊。饱读诗书的他在一番激烈的心灵交战后，下定决心，要复姓归宗。

在朱文翰在世期间，范仲淹视继父为亲生父亲，一直没有说过复姓归宗的事情，害怕继父伤心。朱文翰病逝后，范仲淹告诉母亲自己的想法，并来到范家，准备认祖归宗。

然而，虽然范仲淹的想法是美好的，但现实却是极度骨感的。范仲淹这次复姓归宗的壮举，只得到了冷冷的两个字——不行。

原来，范家人极度现实，他们认为范仲淹就是一个穷屌丝，认这个穷亲戚没意义。而且，范家人极度怀疑，范仲淹之所以这样做，是要分他们的家产！所以，秉持着这些思想，范家人毫不犹豫地拒绝了范仲淹，把他轰走了。

自己弃朱归范，回归家族的壮举，竟然被族人如此谩骂和误解，范仲淹当时愤恨与恼怒的心情，可想而知。

于是，为了能风风光光地回到范家，范仲淹决定前往南都求学，继续深造。出发前，范仲淹在母亲面前发誓——不出十年，必金榜题名，让范家人求咱们复姓归宗！

范仲淹的这个十年之期还未过半，就金榜题名，完成了当初的誓言。

得知范仲淹中第后，范家人一看，虽然范仲淹考试的成绩不理想，但却是一个年轻有为的官员呀。只要年轻，范仲淹就有晋级的希望，鬼知道未来将获得什么样的官职。于是，范家人大笔一挥，终于同意范仲淹复姓归宗了。

宋真宗天禧元年（1017 年），29 岁的朱悦（范仲淹）终于弃朱姓范，回归了自己的家族。

那么，回归范家后，他为什么给自己起名叫仲淹呢？史学界众说纷纭，最常见的一种解释是：范仲淹在苦读时，非常喜欢南北朝时期一个叫江淹的大才子，常自比为“江淹第二”，所以就叫自己为范仲淹了（在中国古代，排名为伯仲叔季，第二也叫仲）。

当然了，这种解释也未必正确。毕竟在中国历史上，江淹可不是什么正面形象，在他当官期间，除了直言进谏外，并没有什么杰出的政绩。江淹死后，还留下了一个“江郎才尽”的贬义成语。因此，史学家也争议，范仲淹名字的由来，未必出自这个江淹。

虽然备受争议，但我个人认为，范仲淹的名字，应该就是出自这个江淹。毕竟，江淹一生最大的政绩，就是不畏权势、直言进谏，他还被齐明帝称为“从宋代（南北朝时期的刘宋）以来，不曾有严明的御史中丞，君今天可说独一无二了”。

在这方面，江淹真可谓是范仲淹的榜样，范仲淹的一生，都是以直言进谏为己任，为此还留下了那句“宁鸣而死，不默而生”的千古名言。

修建“范公堤”

现在，看看这个官场新兵蛋子，是如何肩负两门期望，怀着一颗爱国救民的雄心，在历史舞台上大显身手的。

史料记载，由于考试的成绩很不理想（参见后面的包拯，这点很重要），所以范仲淹并没有获得什么实质性的官职。他一直处于一种“打酱油”的状态，就是宋朝的一块砖，哪里需要，就往哪里搬。

范仲淹的第一份工作，是广德军（今安徽广德县）司理参军，负责讼狱、审案。后来，范仲淹被调入集庆军（今安徽亳州），任节度推官，成为一个幕僚职员。再后来，天禧年间，范仲淹被调往泰州（今江苏东台市），在那里当了一名盐税官。

在泰州任职期间，范仲淹在历史上留下了第一项业绩——大名鼎鼎的范公堤。

原来，泰州近海，本地最大的生意就是煮海造盐。但是，由于离海很近，每次海潮上涨的时候，都会泛滥成灾。

当时，泰州有一条抵抗海潮的大堤，但那是唐朝时期修建的，历经五代十国后，早就失修荒废了。由于没有大堤保护，每次潮起潮落，海水都会肆无忌惮地“灌溉”泰州城，让老百姓苦不堪言。

见此情景，范仲淹不顾越权之嫌，向上级谏言，要求重修堤坝，抵御海水。当时范仲淹的顶头上司张纶是一个忧国忧民的好官，他没有责备范仲淹多管闲事，反而非常欣赏他，同意了范仲淹修堤坝的方案。

天圣二年（1024年），朝廷提升了范仲淹的官职，任命他为兴化县知县，全权负责修堤事宜。

朝廷的任命下来后，范仲淹很是高兴，他终于可以为黎民百姓做一件实事了。但是，等一开工，范仲淹就惊讶地发现，理想和现实，往往不是一回事……

史料记载，在修筑海堤期间，范仲淹整整经历了“三难”，这三难不仅让范仲淹苦不堪言，还差点儿让修堤一事毁于一旦。

第一难，修坝难。

根据《胡公神道碑铭》记载，范仲淹刚刚修筑海堤时，工作非常顺利，但随着天气越来越冷，修堤进度就越来越慢，也越来越不顺利。后来，那里的天气变得极其恶劣，天降暴雪，海里还刮起了飓风。在狂风暴雨中，汹涌的海潮不仅瞬间击毁了已经修好的大坝，还淹死了上百名修堤的工人。

这一下子，大坝没修好，花费国家赋税不说，还淹死了人。一时间，为民请命的范仲淹成了国家的“罪人”，那些反对修坝的人立刻借题发挥，要求严惩范仲淹。最终，朝廷受不了这种舆论压力，只能把范仲淹抓了起来，等待圣裁。

好在当时负责审理这个案件的人，还是那个好官张纶。

为了搭救范仲淹，张纶上书朝廷，陈述修筑堤坝的好处，并指出眼前风暴虽大，仅是一时之困；若能修筑堤坝，则成百代之功。最终，在张纶的力保下，朝廷这才释放了范仲淹，命他继续修筑堤坝。

第二难，定线难。

史料记载，范仲淹官复原职后，吸取了上次修堤的经验教训。他认为，由于时代的变迁，海岸线已经彻底变样了，若用以前的海岸图造堤，只能重蹈上次被大海毁堤的覆辙。因此，必须重新勘定海岸线。

然而，说得容易，做起来难。勘定一条长达百里的海岸线，即使是在科技如此发达的今天，都是一件耗时耗力的事情，在一千年前的北宋，更是谈何容易！

当时，为了勘定这条海岸线，范仲淹亲临海滩，苦思解决之道。但一连数日，也没有找到一个解决的办法。

后来，在一个机缘巧合下，范仲淹路过一个猪圈，发现渔民喂猪的泔水桶上，漂着一层褐色的稻糠。范仲淹灵机一动，终于想出了解决的办法。

又一次大潮到来时，范仲淹下令，沿海百姓要将稻糠撒遍海滩，不得有误。于是，神奇的一幕发生了。海潮一至，稻糠随着海浪前进；海浪退却后，稻糠却吸附在了沙滩上，形成了一条弯弯曲曲的褐色海岸线。

最终，在这条海岸线的帮助下，范仲淹下令沿线打桩，终于确定了新的堤坝地址。

第三难，家里难。

史料记载，天圣四年（1026 年），范仲淹正在紧张地修堤，他的家乡却传来噩耗，范仲淹的母亲谢氏病逝了。

孝道不仅是中国传统文化中最基本的社会伦理准则，更是衡量一个人是否“配当人”的基本准则。

在儒家思想中，父母病逝是最大的事情，父母病故后，儿女们不管担任何种职位，都要放下手头的工作回家，即使在天涯海角，也要第一时间赶回祖籍守孝，这就是我们常说的丁忧。

丁忧的时间，规定是二十七个月，但大家为了表示自己的孝心，一般都守孝整整三年。除非有特殊情况，比如打仗或者是正在处理某件大事，皇帝可以对其“夺情”，让他不必去职，为国效力。

有很多官员们巴不得皇帝对自己“夺情”呢，毕竟官场如战场，三年不得出仕，鬼知道朝廷会发生什么变故。闹不好自己重新出山时，位置都没有了，只能继续熬资历，给别人打下手了。

鉴于这个原因，在宋朝，很多官员都隐藏父母病逝的消息，就当人还活着，能拖一天是一天，一直拖到自己不行了为止。即使被人揭发了，这些官员们也自有一套感天动地的说辞：“隐藏了父母死讯，没错，是我不对。我没有上报的原因，其实很简单。因为我的父母，依旧活在我的心里。”

您看，这个说辞，真是让人“感动不已”。

当然，这种说辞一次两次，朝廷还干，但时间长了，朝廷认为会引起伦理问题。于是，自宋太宗时期起，朝廷就开始严惩这种伪造隐瞒的行径，一旦发现父母死了不上报的官员，直接罢官为民，永不录用。

如此一来，贪恋权势的官员们只能日夜祈祷自己的父母长命百岁，多撑几年，至少等自己混够本儿再含笑九泉；或者是，官员们捞一个不能回家丁忧的事情，躲过这场大劫。

这种不能回家丁忧的事情，领兵打仗，算一个；修筑海堤，也算一个。

当时，有人就建议范仲淹："修筑海坝如此重要，完全可以上奏皇帝请求'夺情'，您就不要回家丁忧了。万一接替您的人不能胜任，岂不是让之前的所有心血付诸东流？而且，三年不得出仕，会让您丧失很多机会，无法升职不说，没准您回来的时候，混得还不如现在呢。"

虽然这些谏言合情合理，但若范仲淹干这种事，他也就不是那个永载史册的范仲淹了。

史料记载，得知母亲病逝后，范仲淹不顾众人的反对，丢下修筑海堤的摊子，第一时间赶回老家，守孝去了。好在，他的继任者并没有改变他定下的规章制度。两年后，天圣六年（1028 年）春，这条长达一百五十多里的海堤终于修筑成功。后来，当地百姓为了纪念这项造福万民的伟大工程，就给这条堤坝取名为范公堤了。

斗转星移，沧海桑田，在经历了近 1000 年后，如今那条范公堤早已失去了捍海的功能，但它依旧见证着那段波澜壮阔的历史。

修筑范公堤的范仲淹，理应不朽！坚决贯彻执行范仲淹的规章制度，最终修筑完成的那个继任者，也应该不朽！

那个继任者，就是范仲淹的挚友——滕宗谅（字子京）。

能够结交这位挚友，是范仲淹的一个大幸。但是，他根本就不知道，结交滕宗谅，也将是他人生中最大的一个不幸。

因为，在未来那场惊天动地的"大战"中，这位道德高尚、能力一流的滕宗谅同志，将成为坏他大事的"扫把星"。那场轰轰烈烈的"庆历新政"运动，就是在这位好友的手中开始崩盘的！

大宋第一“命好”官员

让一个以天下为己任的官员回家丁忧，是一件极其痛苦的事情，范仲淹也不例外。这不，在回家守孝期间，范仲淹不仅时刻关注范公堤的进程，还干了一件事情，让自己声名远播，并彻底轰动了整个朝廷。

这就是上了一篇请求改革的《上执政书》。

范仲淹的这篇《上执政书》虽然很短，但在这篇文章中，范仲淹以对国家日渐衰败的忧心，提出了一个迫切改革的具体方案。

在这套方案中，范仲淹以“举县令、择郡守，复游散、去冗僭，慎选举、敦教育，育将才、实边郡，保直臣、斥佞人”为改革内容；以“固邦本、厚民力、重名器、备戎狄、杜奸雄、明国听”18字为改革方针。

范仲淹自信地认为，若根据这套方案改革，可杜绝“黄钟毁弃，瓦釜雷鸣；谗人高张，贤士无名”（屈原《楚辞·卜居》）的社会现象，国家也能“一夜暴富”了。

上述这些内容，便是十五年后，范仲淹写给宋仁宗的《答手诏条陈十事》的原始稿件，也是那场轰动一时的“庆历新政”的最早计划书。

换句话说，从十五年前，范仲淹就“密谋”改革，要重新塑造这个国家了。

当时，由于皇帝还小，刘娥专权，所以对于范仲淹的这篇改革方案，朝廷并未采纳。但是，因为这篇《上执政书》，范仲淹打出了自己的威名，并彻底进入了“那个人”的法眼。最终，在“那个人”的帮助下，范仲淹一飞冲天。

那个人，就是前枢密使，当时的南京留守——晏殊。

晏殊（991—1055年），字同叔，抚州临川人，北宋著名的文学家、政治家，也是一个著名的“发掘家”。因为，宋仁宗时期的朝廷三大重臣范仲淹、富弼、欧阳修皆出自其门下。晏殊发掘出来的其他名臣，更是不计其数。

晏殊名满天下，桃李也满天下，但综观其一生，用两个字形容足矣——命好。这个人，堪称是宋朝“运气”最好的官员，没有之一。

晏殊从出生时，命就特别好。上天赐给了他一个非常聪明的脑袋，聪明得让所有人羡慕不已！

晏殊的这个脑袋，聪明到什么地步呢？用寇准、丁谓这种天才的脑袋去比，根本不够看！用范进先生的脑袋去比，只能撞墙自尽。

史料记载，拜这个脑袋所赐，晏殊成为一个超级神童。七岁时，晏殊就能熟读四书五经了，琴棋书画，更是不在话下。

晏殊出名后，当地的教育部门一看，这孩子太聪明了，就是一个神童呀，让他参加那些初级的考试，纯粹是浪费时间。于是，他们大笔一挥，就保送晏殊至京城，去参加进士考试。

宋朝历史上一个神奇的纪录，就此产生。

这一年，晏殊只有 14 岁。

可想而知，如此小的年龄，就能在京城参加最高等级的考试，晏殊的这等壮举，不仅能把别人活活气死，更是让那些同为“天才”的寇准（19 岁参加考试）、丁谓（26 岁参加考试）等人，情何以堪？

晏殊的好运气，还不仅如此。因为，在参加进士考试时，晏殊都没有答卷，就被直接录取了！

是的，您没有看错，我没有写错，晏殊一个字没写，就被直接录取了。

原来，按照惯例，在参加考试前，考生需要面见考官，介绍一下自己的情况，以博得一个好印象，增加中第的砝码。当时，朝廷有一个潜规则，太老的或者是太嫩的，都会被酌情淘汰。

如果是宋太宗一朝，以太宗那个不爱用小将的个性，晏殊肯定被淘汰掉了。但是，这哥们命好呀，现在是宋真宗时期，拜寇准所赐，朝廷更喜欢重用年轻奋进的小将，以淘汰掉那些碌碌无为的老臣。

当时，面试期间，宰相张知白一眼就看中了他，在简单的询问后，张知白随便问了几个问题，还出了几个对联，让晏殊作答。结果，晏殊想都不想，就对答如流，还一字不错。

见这个小孩的学问如此了得，张知白大吃一惊，在深入了解后，张知白被晏殊的才华所折服。于是，为了提拔这个小孩，张知白做出了一个惊人的决定——以宰相之名担保晏殊，让他直接录取，去参加最终的殿试！

至此，晏殊这个名不见经传的小孩，就这样不用参加考试，直接被朝廷录取了。这个“壮举”，也算是宋朝开天辟地头一回了。

得知这件事情后，宋真宗大吃一惊，他立刻召见晏殊，要亲自面试一番，看看这个小孩是不是真有“神童”之实。

史料记载，在这次殿试中，虽然晏殊还是一个嘴上没毛的小孩，但他一点儿也不怯场，气定神闲，举止有度，颇有大师风范。而且，在做题时，晏殊更是以诚实、老实著称，让皇帝对他刮目相看。

原来，当时做题时，皇帝随机找了一道考题，让晏殊作答。看完这道考题后，晏殊却没有提笔，而是站了起来，对皇帝毕恭毕敬道："臣十日前，已经做过这道题了，'乞别命题'。"

听完晏殊的话后，宋真宗很是高兴。一般人看见这道考题做过，一定会心里偷乐了，然而这个晏殊，却诚实地要求换题。不错，如此诚实可靠的人，必将成为大宋王朝新一代的忠臣。

宋真宗龙心大悦，就自拟了一道题目，让晏殊作答。结果，晏殊毫不迟疑，一挥而就，文章既快又好，令朝臣赞叹不已。

至此，宋真宗大笔一挥，就准备录取晏殊，授予其官职了。孰料，就在这个时候，有一个人提出了反对意见，还要把晏殊轰出朝廷。

这个提反对意见的人，就是当时的宰相——寇准。

因为对南方人有地域歧视，见皇帝要录取晏殊，寇准第一时间站出来大喊道："陛下万万不可，晏殊是南方人，怎能轻易授予官职。我朝太祖有遗令'不用南人为相'，任用南方人时，还望陛下慎重。"

此时此刻，宋辽刚刚签署完"澶渊之盟"，寇准的威望如日中天，他在朝廷上说一不二，走路都是横着的！因此，听完寇准的言语后，满朝文武虽大为不满，但也没有一个人敢反驳他。群臣只能这样看着皇帝听信寇准的话，把晏殊轰出朝廷……

哎，一个好好的嫩芽，就这样被寇准掰断了，真是可惜。

然而，群臣还是想错了，如此命好的嫩芽，又岂能轻易夭折？当时，听完寇准的话后，宋真宗竟然当众反驳了他（少见），他命人继续宣读任命诏书，让晏殊去秘书省（国家史馆）上班去了。

至此，晏殊这个年轻的老实人，终于进入宦海，正式步入了大宋政坛。而在群臣的眼中，这个深得皇帝宠爱的年轻人，前途不可限量，未来必将一片光明！

小事定终身

史料记载，跟自己的老爸喜欢年轻的寇准一样，宋真宗也太喜欢这个孩子了。按照当时的惯例，授予官员职务后，需要将其外放地方，去下面历练一下，才能加以重用。

当时寇准、丁谓等人，也是这么过来的。结果呢，宋真宗把晏殊留在了朝廷，他天天把这个孩子带在身边，准备亲自培养。

单凭此项，宋真宗对晏殊的宠爱之情，可想而知。

当然了，虽然宠爱晏殊，但宋真宗却没有轻信。一有机会，宋真宗就会派密探去检查晏殊的生活情况。他要看看这个孩子，是不是真的那么老实。

没过多久，密探回禀道："秘书省的很多官员下班后，都会招呼好友在家中聚餐，或者跑到酒楼里彻夜狂欢。可是，这个晏殊却是一个另类，他下班后，只会回到家里乖乖读书，没有一点儿这方面的爱好。"

一听这话，宋真宗大喜过望："看来，朕没有看错人。"

后来，在挑选东宫辅官时，宋真宗毫不犹豫地让晏殊成为自己孩子的老师。

当时，对于这个任命，宰执们百思不得其解，他们认为晏殊虽才华横溢，但年龄太小，人世间很多的事情，这个小孩根本就不懂，焉能成为太子的老师？

于是，宰执们找到真宗，请皇帝明示。宋真宗解释道："朝廷的一些官员，一有空闲时间，不是纵酒狂欢，就是招蜂引蝶，这样的人，怎能教育好太子？反观晏殊，他一有空闲时间，只会闭门读书，这样一个'谨厚'的人，才是太子老师的合格人选。"听完皇帝的解释后，宰执们再无反对之声，他们一致同意，任命晏殊为东宫辅官。

然而，对于这个任命，晏殊却不同意，而他不同意的理由，能让皇帝彻底无语。

原来，得知皇帝任命自己的理由后，晏殊吓得大惊失色，他第一时间跑到皇帝面前，希望皇帝收回成命，并给出了一个自己辞职的理由：臣非不乐燕游者，直以贫无可为之具。臣若有钱，亦须往，但无钱不能出耳（《梦溪笔谈》）。

意思是说：臣也喜欢宴游玩乐，只是家里贫穷，没有钱去玩。臣如果有钱，也会去宴饮，去妓院！只是现在没钱，所以出不了门。

可想而知，晏殊的这番话，把宋真宗噎得够呛……

当然了，噎归噎，宋真宗并没有因为这件小事，就改变对晏殊的看法。相反，听完晏殊的解释后，对他更加重用了。

毕竟，像晏殊这样的老实人，实在是太难得了！

史料记载，宋真宗晚年时，对晏殊恩宠有加，他不仅提拔了晏殊的官职，让其 30 岁就参与中央决策，在小事情方面，也只信任晏殊一人。

宋真宗晚年时，有很多焦头烂额的事情要处理，一有什么疑难问题，就写张小纸条，偷偷交给晏殊，让他作答。而晏殊就在这张小纸条上写上答案，原样地交给皇帝，每一次的答案，都深得宋真宗的心意。

就这样，随着宋真宗不断宠信，朝廷上下，包括刘娥在内，都来频繁巴结这个晏殊。因为在大家的眼中，这个人必将位极人臣，拜相只是早晚的事情。

确实，按照这种剧情发展的话，晏殊确实能够成为宰相。然而，一件小事，却彻底改变了晏殊的命运，也彻底改变了他的人生观。

当时，宋真宗的身体每况愈下，而朝廷的斗争却愈演愈烈，以寇准为首的太子派，已经与以皇后为首的后党势同水火了。

在这种背景下，群臣皆惶惶不可终日，为了自己的将来，大臣们用尽各种办法打探皇帝的意图，以窥知自己的未来命运。对于群臣的意图，宋真宗则严防死守，用尽一切办法，防止消息外泄。

有一天，重病中的宋真宗勉强起身，写了一封密诏，招呼官员处理。

宋朝官制，皇帝身边负责起草诏书、传达旨意的秘书班子，分两类。由翰林学士负责起草诏令，称为“内制”；由中书门下的官员起草诏令，称为“外制”。这两类人合称“两制”。

有一天，皇帝叫人时，内制官员刚好不在。传旨太监一看，没人不行呀，不能让皇帝等呀，于是，就把外制的晏殊宣上殿了。

晏殊来到后，一看皇帝安排的任务，是书写罢免官员的诏书，马上跪倒道：“臣乃外制，不敢越权，还请皇帝宣内制上殿。”

对于这个老实人的说法，宋真宗点了一下头，也没有怪罪晏殊，而是另外宣召，命钱惟演上殿办公。殊不知，就在此时，这个老实人跪在地上，又说了一句老实话，道：“臣恐泄露，请止宿学士院。”

晏殊说这么一句话，其实意思很简单，就是为了表示清白，主动要求在宫内居住，把自己“软禁”在翰林学士院里，以保证消息不会外泄。

史料记载，听完这句话，宋真宗立刻脸色铁青，他点了一下头，就再也不说话了。

第二天，晏殊看见了皇帝任命官员的诏书后，立刻吓傻了眼。因为，这名单上的内容，跟他昨晚看见的内容，完全不一样。对于这种结果，晏殊胆战心惊，他的心中有万千疑虑，却不敢对别人说。

其实，宋真宗之所以修改名单，也是因为晏殊的好言提醒。毕竟，就算晏殊再怎么老实，宋真宗也不会全然相信他。在他的心中，连结发夫妻都信不过，更何况一个小小的外臣？

晏殊的那番老实话，只是起到了提醒的作用，当然，皇帝也不会因为这件事情，就给晏殊定罪。

然而，皇帝是这么想的，晏殊却完全误会了皇帝的意思。

史料记载，这件事情对晏殊的内心触动很大，更改变了他的行为模式。

每当想到这件事情，晏殊会扪心自问:“做一个老实人，真的能让领导满意吗？说老实话，真的能让领导信任自己吗？真的能在风起云涌的官场生存下去吗？”

不知不觉中，晏殊慢慢地改变了自己的行为处事风格。从此以后，这个老实人虽然还是说着老实话，但是再也不说真心话了。

一个以直言进谏的老实人著称的晏殊彻底消失了。取而代之的，是一个只会说老实话的碌碌无为的官员。

综观二十四史，这种只会说老实话的官员，其结果只有一种——下岗、回家、滚蛋。

然而，作为大宋王朝运气最好的官员，晏殊却没有因为这种碌碌无为的作风而下岗，反而在两个人的帮助下，官运亨通，最终成为宋朝的宰相。

这两个人，就是他的学生范仲淹，还有他的女婿富弼。

那么，这是怎么回事呢？

大宋第一“惹祸”官员

宋真宗病逝后，宋仁宗即位，刘太后执掌朝政。

刘娥并不重用这个只会说老实话、不求有功但求无过、毫无作为的晏殊。她执政期间，晏殊的官职虽然一路升迁，却没有获得什么实权，他本人也没有成为刘太后的亲信。

对于这样的局面，晏殊是看在眼里、急在心里，因为他清楚地知道，若按照这种剧情发展，自己未来的结果就是——罢官免职，下岗回家。

为了改变这种悲惨的结局，晏殊决定提拔几个有潜力的官员，成为自己的门生，让他们替自己“养老”。

毕竟，在风云变幻、无法预知的官场里，若想长盛不衰，或者想活着退休，抑或是想安安心心地进棺材，只能去靠门生给自己填坑、挖雷、擦屁股。

就这样，晏殊瞄上范仲淹，把他收入麾下了。

对于范仲淹而言，认晏殊为师，也没有什么不妥，毕竟“大树底下好乘凉”。而且，晏殊当时的人品也非常好，绝对是范仲淹学习的榜样。

史料记载，当时，为了反对刘娥的亲信张耆进入枢密院，晏殊据理力争，最终惹恼了刘娥，被轰出了朝廷，贬到南京当留守去了。正是在南京当留守期间，晏殊相中了范仲淹。晏殊对他各种邀请，并送给了范仲淹一样绝对不能拒绝的礼物。

这就是让范仲淹掌管府学，回到应天府书院，去自己的母校教书。

咱们都知道，对于读书人而言，若能回到母校教书，将是自己最高的荣耀和骄傲！

正是因为这个礼物，加上晏殊不畏强权的本色，范仲淹被感动了。范仲淹认了这个比自己小两岁的晏殊为师，并一生对他行门生礼节。

殊不知，认晏殊为师，将成为范仲淹的一生中最后悔的一件事情。

因为，晏殊这个人，即使有忠君谋国、待人以诚、唯才是举的优点，但最终还是一个处事圆滑、不担风险、躲避责任的小人！

一言以蔽之，晏殊的为人处世之道，就是欧阳修的那句精彩点评——富贵优游五十年，始终明哲保身全。

晏殊的这种性格，在后来的“庆历新政”中，表现得尤为明显。当然了，这些都是后话。

这样的一个人，只是拿范仲淹当一个工具罢了，怎么可能用真心去对待范仲淹，又怎么可能去提拔这个“刺头”当官。

史料记载，晏殊在地方待了一段时间，刘娥的气消后，她就大笔一挥，把晏殊重新调回了朝廷。

按理来说，老师“得道”了，身为弟子的范仲淹，也应该“鸡犬升天”了。然而，等了很长一段时间后，范仲淹别说升天了，连“气球”在哪都不知道！在这个“升天”的旅行团中，压根就没有他的座位。

原来，晏殊清楚地知道，范仲淹就是一个“刺头”，身在千里之外，就敢对朝廷谏《上执政书》，若让这种人进入朝廷，那还得了！跟这种人谈谈学问，是可以的；推荐这种人为官，还是算了吧。

作为一个坚定地信奉“无为”的官员，晏殊想跟范仲淹拉开距离、再无瓜葛。然而，人生就是这样奇妙，晏殊越想逃，他就越逃不了，反而往范仲淹的身上越靠越近了！

原来，晏殊讨厌这个“穷折腾”的范仲淹，宰相王曾却喜欢这个活力十足的年轻人，他有意提拔范仲淹。

当时，晏殊有一个秘阁校理的推荐名额，他却给了别人。对于这个结果，王曾很是奇怪，他把晏殊找来，问道：“公知范仲淹，舍而不荐，而荐斯人乎？已为公置不行，宜更荐仲淹也。”

这段话的意思是说：“你不是很了解范仲淹吗？为什么不推荐范仲淹，反而推荐别人呢？如今，你的推荐信被我压下来了。你还是改一改，推荐范仲淹吧。”

本来，晏殊是打死也不想推荐范仲淹的，毕竟范仲淹是一个直肠子、炮筒子，早晚得惹事。但是，现在宰相发话了，晏殊就是不想干，也只能推荐了。

就这样，在宰相王曾的“劝说”下，晏殊含着眼泪，默默递上了推荐范仲淹的书信。当时，晏殊就应该明白，估计用不了多久，自己就会被范仲淹牵连、吃瓜落儿了。

事实证明，没过多久，晏殊的预测就应验了。

第十二章 两起两落

前程似锦的官职

天圣六年（1028 年），在晏殊的“推荐”下，范仲淹获得了一个前程似锦的官职，他被提拔为秘阁校理，成为一名馆职人员。

这里有一个问题，什么叫作“馆职”呢？这个官职，又为什么前程似锦呢？

对于这个问题，有两点足矣。

第一，馆职人员天天给皇帝送文件，自然能够与皇帝混一个脸熟。在这种友好的关系中，万一馆职的某一次言论或者是某一篇文章，得到了皇帝的赏识，那就不是少奋斗几年了，而是“直挂云帆济沧海”了！

此外，因为天天见面，皇帝对这些馆职人员，自然更加青睐。唐宋以来，一直有这么一个“潜规则”，宰相多出自“两制”，即帮助皇帝草拟圣旨的翰林学士、中书舍人。而两制的官员，则多出自馆职。

第二，因为馆职人员的工作特殊性，宋朝所有的达官显宦们，都想尽办法把儿子、孙子往馆阁里塞。在这些官员的帮助下，馆阁成为大宋王朝最高等级的“沙龙场所”，里面更有一张强大的关系网。若范仲淹能够得到这张关系网的帮助，绝对受益匪浅，少奋斗数十年。

综上所述，在馆阁为官，虽然官职不高、薪水也不好，但前途不可限量。如果混得好，完全可以走馆职→两制→宰相的道路，用不了几年，就能成为这个国家的宰相，最不济，也能成为皇帝的秘书（知制诰），风光无限。

可见，只要范仲淹安分守己，就可以……可惜的是，在这个男人的词典里，根本就没有安分守己这四个字。

这不，仅仅当了一年馆阁人员，范仲淹就因为一件事情，被轰出了朝廷，发到地方上去了。这就是咱们前面讲过的痛骂刘娥之事。

前文讲过，天圣七年（1029 年）十一月，因为看不惯刘娥大权独揽，在刘娥寿宴后，范仲淹接连上了《乞太后还政奏》等奏折，痛骂刘娥不守妇道，让她赶紧归政，滚回后宫去养老！

此外，在痛骂太后时，范仲淹也没忘搂草打兔子，捎带把皇帝骂了一顿。他是这样痛骂的：“天子有事亲之道，无为臣之礼；有南面之位，无北面之仪。若奉亲于内，以行家人礼可也；今顾与百官同列，亏君体，损主威，不可为后世法。”

这段话的意思是说：若在宫中，皇帝可以按照家礼，以儿子的身份对母亲叩首。可在朝堂之上，皇帝是一国之君，怎么能跟群臣一样，干这种叩首的事情呢？这样做的结果只能是，亏君体、损主威，被后世耻笑。

一言以蔽之，想孝顺老妈，可以，回后宫干去；这里是办公地点，干这种事情，不行！

当时，皇帝读完范仲淹这篇痛骂自己的文章后，觉得无所谓。虽然这个人嘴很臭，把自己说得一无是处，但在宋仁宗的眼中，这个官员是向着自己的，他怎么可能会去惩罚一个忠于自己的大臣呢？

虽然皇帝不怪罪范仲淹，但是，刘娥却愤怒不已，她准备严惩这个小官。

同样地，读完这些文章后，范仲淹的老师晏殊，也愤怒不已，他准备找这个学生谈话。

史料记载，听闻范仲淹痛骂了皇帝和皇太后，晏殊吓得浑身哆嗦，他立刻找来范仲淹，狠狠地痛骂道：“狂妄自大、不可理喻、主动找死！”

晏殊告诉范仲淹:“你痛骂的这个人，是谁呀？是大宋王朝垂帘听政的皇太后呀。如今，刘娥执政朝廷十余年，虽没有登基称帝，但她就是大宋王朝的女主！你一个小小的官员，痛骂当今女主，不想活了吗？你自己想死，可以，但不要连累推荐你的我！”

听完晏殊的话后，范仲淹叹了一口气，随后义正词严道:“仲淹受明公误知，惧不称，为知己羞，不意更以正论得罪于门下也。”

意思是说:“我范仲淹受老领导的推荐，心中经常担心自己不称职，让老领导丢脸。结果，没想到，我竟然会因为说了一些正直的言论，而让老领导批评。”

范仲淹委屈、鄙视、轻蔑的心情，溢于言表。而晏殊听完后，史称“惭无以应”。

当然了，不管晏殊的话多难听，不可否认的是，他所说的都是“事实”。

没过多久，晏殊担忧的事情，终于发生了。

天圣七年（1029 年），因“不尊重”刘娥和皇帝，愤怒的刘太后下诏，将范仲淹轰出京城，贬到河中府，当一个小小的通判去了。晏殊作为推荐人，受连带责任，也被轰出了朝廷。

这一年，范仲淹 41 岁。

从 27 岁进入官场，到修成正果，范仲淹整整用了 14 年；但被打回原形，却仅仅用了几个月……

当然了，对于这样的一个结果，范仲淹却毫不介意。虽然他为自己的鲁莽行动，付出了昂贵的代价；虽然他得罪了太后，也许未来前途尽毁，但是，范仲淹却毫不后悔。

毕竟，作为一个“以天下为己任”的人，这些小小的挫折，只会让他越挫越勇、越挫越强。

打击，只能毁灭庸人；而英雄，只会在打击中百炼成钢。

假以时日，当他再次回到朝廷，我们将看到一个完全不一样的范仲淹。

天下，两种人而已

一般来说，一个人被贬了以后，会呈现两种姿态。

第一种姿态是，彻底趴下了。即便以后站起来，也不敢再叫板了。唐宋八大家之一的韩愈同志，就是这类人的杰出代表。

遥想唐朝，韩愈为了劝谏信佛的唐宪宗，呈上了一篇千古名文《论佛骨表》，痛骂佛教对唐朝的危害，更痛骂皇帝不务正业，只会信佛玩乐，等等。结果，这些义正词严的话，把唐宪宗惹怒了，这位皇帝大笔一挥，就把韩愈发配到潮州去了。

史料记载，到了潮州后，韩愈立刻给皇帝上了一道奏折，反复陈述自己现在穷困潦倒的生活，并大吐苦水，说潮州的环境如何如何地恶劣，自己的身体如何如何地孱弱，等等。此外，韩愈还大肆吹捧唐宪宗，说他是唐朝最伟大的英明君主，没有之一，希望皇帝大人不记小人过，不跟自己计较，等等。

可见，韩愈就是想通过摇尾乞怜的姿态，博得唐宪宗的同情，好离开这个蛮荒之地，重回富庶的京城。

像韩愈这样的，在中国历史上，不是一个，而是一群。大家可以想象，历朝历代，甚至我们现在的身边，都有这种人。

每当谈论国家或公司大事时，这种人都会慷慨激昂，好像真的有肩担道义的决心和勇气。可是，一旦被贬入地方或者是降职罚俸了，这些人就彻底㞞了。他们会忘记自己的初衷，马上写一些凄凄惨惨戚戚、哀哀怨怨、催人泪下的东西，以博得上司的同情，好回到先前的位置上，重新获得失去的那一切。

除了这种一旦被贬就彻底趴下的姿态外，另外一种则是不管遇到什么样的打击，都不会趴下，更不会认㞞。

范仲淹，就是这种人的杰出代表。

史料记载，范仲淹在离京前，专门写了一篇千古名文《上资政晏侍郎书》，送给自己的老师晏殊，用来感谢他对自己的栽培、知遇之恩。

在这篇文章中，范仲淹是这样告诉老师的：我范仲淹是一个“不以富贵屈其身，不以贫贱移其心”的人，假如朝廷重用我，我会比今天干得更好，也不枉老师推荐我一场；假如老师喜欢那种“少言少过自全之士”的人，那么这种志于禄者的人“滔滔者天下皆是”，您又何必推荐我当官？

可见，即使范仲淹被罢官了，也绝对不会低下自己高贵的头，去苟且偷生、去叫苦求饶。

在这篇《上资政晏侍郎书》中，范仲淹第一次向天下展示了自己独特的世界观，并将这种思想发扬光大。

这种思想，就是范仲淹津津乐道的“天下两种人”之说。

史学家们认为，在痛骂晏殊时，范仲淹的这种思想，就已经非常成熟了。在他的思想体系里，中国的朝廷上面站着“两种人”。这两种人，可不是什么文臣、武将，而是从政治、思想、道德层面上划分，道不同、不相为谋的两种人。

对这两种人，范仲淹的定义是：一种是忠于道的人，称为忠臣，或曰“君子儒”；另一种是忠于禄的人，称为奸臣，或曰“犬儒”。

范仲淹认为，忠于道的君子儒，是一群坚守孔孟之道的人，是一群相信“君使臣以礼，臣事君以忠”“民为重，君为轻，社稷次之”“士以天下为己任”“天下兴亡，匹夫有责”“贫贱不能移，富贵不能淫，威武不能屈”“大丈夫行事，论是非，不论利害；论顺逆，不论成败；论万世，不论一生”的人。在这些君子儒心中，有一个永远需要捍卫的“道”。志于此道者，虽高居庙堂，也心系天下，为道统而活，守孔孟之道。志于此道的官员，更以一种“帝王师”的人格标准来鞭笞自己，把自己当成天下的典范。“帝王师”们面对暴君、昏君时，会挺身而出、冒死直言，即使粉身碎骨，也要规劝皇帝，而不顾忌自己的个人荣誉、身家性命。三军可以夺帅、匹夫不可夺志，虽九死而未悔也……志于此道者，此之谓也。

反之，范仲淹认为，忠于禄的犬儒，是一群奸臣、小人。这是一群信奉“学得文武艺，货与帝王家”“有奶便是娘”，疯狂地痴迷着金钱的人。这是一群功利主义者、实用主义者、机会主义者，他们可能也懂君主之道，但他们宁愿抛弃所有的原则，匍匐在皇帝的脚下，一切以皇帝马首是瞻，毫无原则。只要皇帝给够他们高官厚禄、荣华富贵、封妻荫子，这些小人就能完成皇帝的一切“愿望”。至于皇帝的愿望是不是合理、是不是劳民伤财、是不是祸害国家，这些犬儒全都不管。他们的目标只有一个，让皇帝高兴，让自己挣钱，其他的东西，全都免谈。一切向钱看，人为财死鸟为食亡……志于此道者，此之谓也。

因为在朝廷上有这么两种人，所以范仲淹在《上资政晏侍郎书》总结道：“夫天下之士有二党焉。其一曰，我发必危言，立必危行，王道正直，何用曲为？其一曰，我逊言易人，逊行易合，人生安乐，何用忧为？斯二党者，常交战于天下。天下理乱，在二党胜负之间耳。”

可见，在范仲淹的眼中，志于道者为一党，志于禄者为一党。这也是他第一次，悟出一个崭新的词语——朋党。

后来，朋党一词，困扰了整个北宋一朝，不仅摧毁了“庆历新政”，也把这个王朝推向了地狱的谷底。

重回朝廷

虽然被贬到了地方，但范仲淹根本没把贬职当回事。对于他这个君子儒而言，即使远离朝廷，也心系天下。

这不，在河中府当通判期间，范仲淹接连上了《论职田不可罢》《奏减郡邑以平差役》《谏买木修昭应寿宁宫奏》等奏折，继续向朝廷谏言，阐述自己的治国理念。

像这种帝王师的人才，自然不会被朝廷埋没，而会被宋仁宗重新委以重任。

史料记载，明道二年（1033 年）三月，刘娥刚刚病逝，宋仁宗就迫不及待地开始清理朝廷，颁布自己的用人原则了。

什么用人原则？凡是阿谀奉承、跟刘太后关系密切的官员，一个不要；凡是直言犯上、跟刘太后对着干的官员，全部加官。

在这种背景下，宋仁宗自然想到了那个痛骂刘娥、逼太后归政的范仲淹，还有那个受连带责任、一起吃瓜落儿的晏殊。宋仁宗把他们召回朝廷，并委以重任。

这里多说一句，晏殊当年被范仲淹连累，本以为永无出头之日了。万万没有想到，结果竟然沾了范仲淹的光，不仅风风光光地回到了朝廷，还成为副宰相。

可见，晏殊的“命”，真不是一般的好，也不是一般的强！

言归正传，范仲淹重新回京后，宋仁宗大笔一挥，授予了他一个左司谏之职。至此，范仲淹得到了一个实权，他准备甩开袖子、大干一场了。

是的，他确确实实是大干了一场。

当时，范仲淹刚刚回到朝廷，就跟当年的寇准一样，给皇帝狠狠地下了一剂猛药。其方式，让皇帝下不来台；其结果，让皇帝哭笑不得。而且，范仲淹比寇准狠，他不仅“折腾”皇帝一人，还彻底“得罪”了满朝文武，让所有官员心中憋屈无比、无法释怀。

明道二年（1033 年），江淮一代发生了旱灾，当地老百姓食不果腹、苦不堪言。

见百姓如此疾苦，范仲淹是看在眼里、急在心里，他多次奏请皇帝，毛遂自荐，去江南赈灾。

虽然范仲淹有一颗救国救民的心，但皇帝刚刚亲政，止忙着筛选群臣，就把这件事情给耽误了。

见自己的奏章石沉大海，范仲淹大怒。在一天早朝时，范仲淹持笏出列，厉声道：“请皇帝绝食半日，自省其身！”

宋仁宗直接就蒙了，说我干什么缺德事了，就要自省其身？还要绝食半天，范仲淹你疯了不成？

范仲淹怒斥道：“皇帝半日无法进食，就如此惊慌，江淮百姓已经数日没东西吃了，陛下为何不闻不问！”

一听这话，宋仁宗悚然醒悟，立刻调集赈灾物资，并委派范仲淹前去赈灾。

史料记载，范仲淹到达灾区后，立刻展现了自己长期治理地方的能力。在赈灾的开始阶段，范仲淹一不发放物资，二不开仓放粮，他首先亲自考察当地的各级官员。那些在赈灾过程中表现优秀的官员，都得到了提拔和奖励；那些在赈灾过程中无所作为甚至贪赃枉法的官员，也得到了应有的惩罚。最后，在细细地筛选了一遍这些官员后，范仲淹得到了一个高效、廉洁的赈灾团队，他这才开始赈灾。

可想而知，有一个如此高效、廉洁的赈灾团队，范仲淹的赈灾过程顺利无比，甚至事半功倍。在很短的时间内，就顺利解决了灾情，让江淮一代的百姓安居乐业。

在赈灾期间，范仲淹也不忘未雨绸缪。为了防止灾情重新上演，范仲淹向朝廷进献了各种防灾的方案，这些方案包括兴修水利、减免赋税、奖励耕作、精简政府机构，等等。对于范仲淹的这些建议，宋仁宗欣然接受，并下令通告全国，以此为鉴。

对于范仲淹的这些举动和建议，宋仁宗很支持，但是，对于范仲淹带回来的“礼物”，宋仁宗就有点儿不理解，甚至丈二和尚，摸不着头脑了。

赈灾结束后，范仲淹奉命回京。面见皇帝时，范仲淹除了汇报赈灾工作外，还带来了一件礼物——足足数麻袋的草根和树皮。

对于这些东西，宋仁宗不甚理解。范仲淹就解释道：“启奏陛下，这些草根和树皮，都是当地灾民充饥的食物。臣把这些东西拿回来，希望王公大臣们都能品尝一下，体验一下民间百姓的疾苦。”

这个招数，够狠、够味……

史料记载，听完范仲淹的话后，宋仁宗感慨颇深，他同意了范仲淹的请求。第二天早朝时，宋仁宗下令，每一位大臣在下朝后，都要领一些草根和树皮回去充饥，并写一篇心得体会（太狠了）。

可想而知，大臣们这个恨呀，但也无计可施，只能硬着头皮吃下去了。后来，在很长的一段时间里，京城的奢靡之风得到了极大的改善。大臣们再也不敢奢侈攀比、铺张浪费了。

单凭此事，范仲淹在皇帝心中的地位，必将扶摇直上，直冲九万里。

除了会治理国家外，范仲淹还特别会做人。没过多久，范仲淹又干了一件漂亮的事情，让皇帝刮目相看，并增加了无数的好感。

原来，刘娥病逝后，宋仁宗开始清理刘娥的余孽，好打造自己的政治班底。在这种清算运动中，文武百官人人自危，谁若不小心说了一句刘娥的好话，就有可能被当成太后的余党，被排挤、被清算了。

对于官员这种人人自危的现象，范仲淹认为大可不必。毕竟大家都是混一口饭吃，当年在刘娥手下时，谁没说过刘娥一句好话。如今，因为这么一句恭维的话，就要被罢官，何必呢？

于是，为了改变这种现状，范仲淹又做出了一个出乎意料的举动。

在一天早朝时，范仲淹启奏道，说刘娥垂帘听政时，自己说了她不少坏话，导致去地方待了好几年，但是今天，我得替刘太后说几句好话。范仲淹道：“刘太后生前，虽然有种种不好，但她有养育、辅佐君王的大恩。若无刘太后，陛下如何平安地长大成人？若无刘太后，陛下如何顺利登基？若无刘太后，天下怎么可能如此太平？因此，臣启奏陛下，请念及刘太后的恩情，不要再打扰刘太后的英灵了。”

听完范仲淹的话后，宋仁宗百感交集，想到刘太后对自己的养育、辅佐之恩，宋仁宗立刻颁布了一道圣旨：“从今以后，再有上书诋毁、诽谤刘太后的官员，全部严惩不贷。”

至此，范仲淹化解了这场朝廷危机。

从此以后，官员们再也不会战战兢兢地上班了，也不会被刘娥的事无故牵连了。而通过这件事情，皇帝也修复了与母后的关系，获得了一个仁德之君的美名。

通过这些“出彩”的事情，皇帝越来越器重范仲淹了。官员们也相信，凭借着皇帝对他的欣赏和喜爱，范仲淹的升迁之路将一帆风顺。假以时日，他必将位极人臣。

然而，命运就是这样地荒诞不经。没过多久，因为一件事情，范仲淹就亲手摧毁了自己的良好形象，从一个皇帝信任、尊重、喜爱的大臣，一落千丈，变成了一个让皇帝讨厌、痛恨、仇视的大臣。

那么，这是怎么回事呢？

死磕到底

明道二年（1033 年），范仲淹重新回到朝廷后，他接连干了几件漂亮的事情，得到了皇帝的赏识，也彻底铺平了官场晋级的道路。

然而，范仲淹还未在朝廷待够一年，就因为一件事情，再次得罪了皇帝，再次被轰出了朝廷。

这件事情，就是明道二年十一月发生的那场废后风波。

咱们前面讲过，因为挨了一个大嘴巴，宋仁宗雷霆大怒，他跟宰相吕夷简“狼狈为奸”，共同密谋了一场废后运动，罢黜了郭氏皇后之位。

当时，废后的诏书一经颁布，朝堂一片哗然。在大家的眼中，皇后扇了皇帝一个大嘴巴，虽应该严惩不贷，但不应该废后呀！这个处罚是不是太重了点儿？

毕竟，一个耳光，就褫夺了皇后的封号，于法不合，于理不通，于人情有违，难给祖宗和天下一个交代。

虽然群臣认为皇帝擅自废后太过分了，但也只敢私自讨论，不敢明目张胆地反对。

毕竟，当时宋仁宗刚刚亲政，正是“杀鸡儆猴”的关键时刻；吕夷简又是一个害人的“专家”，这么多年害人无数，已经权倾朝野了。如今，这两人“合伙”办的案子，谁敢有异议？谁敢不服？因此，群臣不敢贸然反对，只能审时度势地观察风向，谋定而后动，知止而有得了。

胆小的群臣不敢动，那些“以天下为己任”的官员们，可不会袖手旁观，他们可不会任由皇帝胡作非为。范仲淹，就是这些官员的杰出代表。

此时，范仲淹刚刚因为赈灾有功，被晋封为盐铁判官，可谓前途无量。但是，得知皇帝要废掉郭皇后，范仲淹毅然放弃了自己锦绣的前程，第一时间上奏，强烈反对皇帝废后。

范仲淹认为，废后，乃前代昏君所为。宋朝自太祖、太宗建立以来，已经过了 70 余年，从来没有发生过废后的事情。皇帝身为人子，不遵守祖制，就是不孝；皇后郭氏，乃章献太后所选，皇帝废了母亲选的儿媳妇，就是对母亲不敬；一个对父母不孝、不敬的人，何以齐家？一个不能齐家的人，又何以成为万民的表率，最终安天下！

奏章递上去后，范仲淹以为，皇帝看完后，会打消废后的念头。然而，等了很久，根本就没有回音！这封奏章好似石沉大海了，皇帝貌似就没有看见。

为了让皇帝看见自己的想法，范仲淹又写了一份，再次上呈。结果这一次，还不如上一次呢。中书省直接给退了回来，根本不上交。

此外，中书省的官员还说了这么一段话：皇帝已颁布圣旨，不接受御史台、知谏院的奏章公文，一切与郭皇后相关的文件，一律不许上奏。

得知这个消息后，范仲淹彻底地怒了：看来，皇帝是执意要废后了，这样的话，我们也只能尽人臣本分，跟你血战到底了！

离开中书省后，范仲淹带着满腔的怒火，联系了十多位言官御史，一起来到文德殿前跪坐请愿，不允许皇帝轻易废后。在请愿期间，大家公推御史中丞孔道辅当“老大”，让他与皇帝商量此事。

这里有一个问题，为什么大家让孔道辅当“老大”，而不公推发起者范仲淹呢？

这个问题其实很简单。因为孔道辅可是根正苗红的圣人后裔，人家是孔子的第四十四代子孙。所以，不管怎么看，孔道辅都是他们公认的“老大”，也是他们当之无愧的精神领袖。

有这么一个身份显赫的人带头闹事，言宫们的声势立刻壮大了不少，大家一起齐声呐喊：“皇后被废，为何不听言宫劝谏？”

见孔子的后代都带头闹事了，宋仁宗知道“这场架”是躲不过去了。于是，他派宦官告诉众人：“大家聚在这里，成何体统？若有什么诉求和不满，可以去中书省，去向宰相吕夷简说明。”

一句话，宋仁宗就把吕夷简给卖了……

范仲淹等人一听，好，有负责人是吧，那就好办了。于是，大家风尘仆仆地来到中书省，开始向吕夷简兴师问罪。

见到吕夷简后，孔道辅等人也不避讳，劈头盖脸就是这么一句：“大臣之于帝后，犹子事父母也。父母不和，可以谏止，奈何顺父出母乎！”

这段话的意思是说：我们都是帝、后的儿子，他们就是咱们的父母。现在父母不和，作为儿女，应该一起去劝父母和好，怎么能顺着父亲的意思，把母亲休掉呢？

这里的潜台词是：你吕夷简不帮忙说好话，还劝父母离婚，到底是怎么想的？你还是人吗！

对于这种侮辱人格的质问，吕夷简表现得非常大度，他只是平静地回答了一句话：“废后，有汉唐故事。”

这里的故事，指的是前例，即前朝的例子。吕夷简的意思很明确，只要前朝有废后的例子，我们就能废后，大家不要在这里继续瞎咧咧了。

故事？前例？太搞笑了，吕夷简在范仲淹、孔道辅面前讲历史，完全是关公面前耍大刀——自取其辱！要知道，现在这里的人，都是博学多才的主，还需要你给他们讲故事、说案例？真是自不量力。

史料记载，听完吕夷简的辩解后，范仲淹冷笑道：“吕相公所说的汉唐故事，怕是汉光武帝废后的事情吧？虽然刘秀废过皇后，但是您别忘了，对于这件事情，史学家早已盖棺论定，刘秀废后，是他一生的污点。从他开始，以后历代废后的皇帝，都是昏君！你让皇帝学习昏君，意欲何为？陛下应该去学习尧、舜的品德，你什么时候见过，那些圣明之君废过皇后？”

这番话，说的吕夷简毫无还嘴之力，碰上这么一个“牙尖嘴利”的主儿，吕夷简只能乖乖认输。后来，他恭恭敬敬地对大家一拱手，道：“请诸君明日早朝时，亲自去跟皇帝讲这番道理。”

吕夷简又算是把宋仁宗给卖了……

听完这句话后，大家一想，反正吕夷简已经“投降”，皇帝身边已经没有帮手了，这场战役已经稳胜了。大家就接受了吕夷简的建议，相约明日早朝时，再与皇帝争辩此事。

很显然，在大家的心中，皇帝已经成光杆司令了，吕夷简也投降了，明天的这个时候，所有的问题都会解决了。今天晚上，终于可以睡一个好觉了。

可惜的是，虽饱读诗书，群臣却不会以史鉴今，还是犯了一个错误，一个当年寇准犯过的致命错误——今天的事情，一定要今天做完！

第二次下岗

史料记载，送走了群臣，吕夷简第一时间跑到皇帝的面前，禀奏宋仁宗，宣称言官们聚众闹事，有损皇帝圣德，理应严惩不贷，以儆效尤。

听完吕夷简的奏报后，宋仁宗虽然认为不妥，毕竟言官的本职工作就是谏言，但自己是铁了心要废后了，也只能不管不顾了。最终，宋仁宗还是答应了吕夷简的请求，准备严惩范仲淹等人。

第二天，太阳升起，风雨骤来，一场让无数人下岗的朝廷巨变，就此展开。

据说，当时范仲淹准备上朝时，他的妻子李氏曾苦苦哀求，希望范仲淹不要招惹皇帝，不要为一个废后请愿，招来不测之祸。范仲淹不为所动，他头也不回地就出门了。然而，等他刚到宫门，就彻底地傻了。

原来，当时在宫门外，已经聚集了一帮等候的太监。大家一看范仲淹来了，立刻围了上去，领头的太监第一时间宣布了一道诏令——把范仲淹轰出朝廷，发配睦洲。

听完这个诏令后，范仲淹都快气疯了，他想进宫，去跟皇帝对质。然而，这些太监们哪给他这个机会，七手八脚，就把范仲淹架了起来。大家抬着他一路小跑，离开了皇宫，奔着范仲淹的府邸而去了。

回到自己的府邸后，范仲淹再次傻了。原来，宫里的办事效率，就是一个字："高"。

当时，范仲淹一家十几口人，已经被驱逐出府了。大家站在路边，等着跟他会合，一块离京。范仲淹出门的各种物品，太监们也替他整理好了，甚至帮他装好车了……

这效率，这速度，不服都不行。

至此，在太监们的监督下，范仲淹第二次被驱逐出了京城，又被发配到地方去了。

当然，其余那些请愿的大臣们，结果也好不了。孔道辅被外放到了泰州，其余的不是罚俸，就是被贬，一个都没跑……

至此，伴随着范仲淹、孔道辅的离京，再也没有人敢提反对意见了，皇帝终于废黜了郭皇后。

这一年，范仲淹 45 岁。

当然，即使第二次被废，范仲淹也不会吸取任何经验和教训，他还是那么冲，那样强悍无比。

为什么这么说呢？

当时，按照朝廷法度，官员被发放离京时，要给皇帝上一封谢表，以"感谢"皇帝把自己轰出京城。一般来说，为了让皇帝念及自己的好，在写谢表时，官员是怎么惨，怎么写；怎么可怜，怎么来。官员也一定会告诉皇帝，我上有八十岁的老母，下有十二星座齐全的孩子，您可千万别再罚我了。再罚的话，我全家就都饿死了，等等。总之一句话，这篇谢表，一定要让皇帝潸然泪下，而自己在皇帝的心中，也一定要比窦娥还要冤！

在宋朝，官员写谢表基本上都是这个套路。当然了，极个别的官员除外。这些极个别的官员，有前朝"看透一切"的吕端，还有这个宁死不折的范仲淹。

那么，范仲淹是怎么书写的呢？

范仲淹在《睦州谢上表》中是这样写的：皇帝，您相信宰相的话，行汉唐之事，干废后之举，我无话可说，只要您不重蹈前朝昏君的覆辙，就行了。至于您下放了我这个“腐儒多昧”之人，我还得感谢您呢！因为，睦州是一个好地方。这里“静临水木之华，甘处江湖之上”，风景秀丽，景色迷人，臣在这里吃得好睡得香，都不生病了。而且，在这里生活，臣也可以“乐道忘忧，雅对江山之助；含忠履洁，敢移金石之心”，我依旧可以上书朝廷，清除奸孽，造福于民，以表自己这颗金石之心。

看见没有，这就是范仲淹的骨气，即使被贬下岗，也绝不屈服权贵。

他，还是那个“以天下为己任”的范仲淹。他的这种性格，矢志不渝……

第十三章 以天下为己任

郭皇后“病逝”

史料记载，范仲淹被贬到地方后，他没有唉声叹气，而是马上放下个人恩怨，积极投身工作。

对于他而言，与其怨天尤人，不如踏踏实实地为百姓干一些好事、实事。

这，才是一个为国为民的好官。

范仲淹被贬半年后，苏州发生了数十年难遇的特大水灾，朝廷接连派去了几拨人，都无法赈灾。最终，朝廷只能拉下身段，加封了范仲淹的官职，让他去苏州赈灾。

对于其他人而言，赈灾是一件困难的事情，但在范仲淹眼中，根本不叫事。他到了灾区后，还是那个老三样：一是审查官员；二是查找原因；三是对症下药。

最终，在范仲淹的指挥下，当地百姓疏通了河道，把太湖水引入大海，一举解决了水患问题。

后来，因治水有功，宋仁宗再次把他召回京城，并授予了他礼部员外郎、天章阁侍制的官职。

这一年，是景祐二年（1035 年），范仲淹 47 岁。

这里解释一下，在宋朝编制中，但凡什么“阁”的官职，虽然名头很大，但其实官职很小。比如“龙图阁大学士包拯”，连“龙”字都用上了，很大了吧。其实呢，就是一个虚衔，一个荣誉称号而已。但是，这些官职的未来前景却很好，堪称前途无量！因为这些人，都是皇帝的侍从、跟班，是皇帝的贴身秘书。

以这个天章阁侍制为例，虽然官职很小，工作内容也很琐碎，基本上就是一个领取旨意，传送到各个部门，再回来汇报工作的跑腿工作。但是，这份跑腿工作却只有一个服务对象，且不用对第二个人负责。

这个服务对象，就是那个九五之尊，大宋的皇帝——宋仁宗。

要知道，越接近心脏的地方，越能得到充足的血液，同样的道理，越接近皇帝，越能获得一个好的官职。

范仲淹每一次被贬后，都能获得一个更好的官职，这不仅代表着他能力优秀，也代表着皇帝对他宠爱有加。要不然，宋仁宗怎么可能提拔范仲淹为自己的贴身秘书，天天跟他见面呢？

当然，对于范仲淹而言，被提拔为皇帝的贴身秘书，固然是好事，但是，正所谓“伴君如伴虎”，皇帝也不是好伺候的，把他伺候好了，能一夜之间飞黄腾达；同样，把他惹毛了，也能一夜之间身败名裂。

这不，没过多久，这个根本不知道安分守己为何物的范仲淹，又干了一件事情，惹恼了皇帝，再一次被贬回了地方。

这事说起来比较离奇，但归根结底，还是那件事情引起的，堪称是那个故事的“续集”。

原来，虽然历经千辛万苦，皇帝才废黜了郭皇后，但真的废黜后，宋仁宗就有点儿后悔了。这位皇帝一琢磨，说郭皇后虽然有错，但并非罪不容赦，我怎么能不念旧情，这样对她呢？

后来，宋仁宗在后宫闲庭信步时，无意间看见了郭皇后以前乘坐的马车。一见此物，皇帝感慨颇深，他就来到关押郭皇后的冷宫处，想看看这位发妻现在的处境。

到了冷宫后，皇帝见条件如此简陋，只有一个小洞用来传递饮食，庭院还到处杂草丛生，就动了恻隐之心，亲自写下了一首《庆金枝》词，派人送给了郭氏。此外，皇帝还颁布了一道口谕："当复召汝！"

一般来说，皇帝都这样了，但凡一个聪明的女人，都知道应该怎样去做。结果，不知道是郭氏太傻，还是性格太硬。对于皇帝的这道口谕，郭氏毫无感激之情，反而命太监回复了一句狠话："想复召我，可以！但必须用皇后的凤辇迎接，否则绝不见面！"

大姐，你是真傻呀，还是真傻呀，还是真傻呀……

可想而知，听完这句话，皇帝对郭氏大失所望，他仅有的那一点儿感情，也只能灰飞烟灭了。

宋仁宗万万没想到，郭氏一点儿没变，还是那副臭脾气。身处冷宫之中，幽禁多日之后，她竟然没有一点儿悔过的意思。这样的一个女人，还是别放出来了……

而且，皇帝也不可能用皇后的凤辇去迎接她，因为他已经有了新的皇后曹氏。皇后还在，用凤辇去迎接废后，你让曹氏情何以堪？到时候御史们群起而攻之，自己只能被唾沫星子淹死了。

最终，皇帝失望地走了，释放郭氏的事情，也不再提了。

然而，很多的文献和史书中，都详细记录了宋仁宗这次探监后的结局……

得知皇帝去看过郭氏，还说了"当复召汝"的话后，阎文应和吕夷简吓得浑身颤抖、冷汗直流。因为他们清楚地知道，郭氏之所以被废，他俩是幕后黑手。这要是让郭氏咸鱼翻身了，自己岂不是死无葬身之地？

因此，为了自己的利益，为了消除这个潜在的威胁，阎文应和吕夷简只有一个解决办法了——让郭氏从这个世界上彻底消失。

说干就干，阎文应找来照料郭氏的太医，让他如此如此、这般这般……

后来，在太医的"照料"下，没过多久，郭氏就"偶感"风寒了。随后，在很短的时间内，郭氏的病情每况愈下，小病变成大病，大病变成绝症了。等皇帝知道时，郭氏已经一病不起，回天乏术了。

根据野史记载，宋仁宗得知郭氏生病后，就想去见她最后一面。结果，阎文应等人因害怕皇帝与郭氏见面，就在皇帝来到前，把郭氏安葬了。

据宫女回忆，郭氏下葬时，手脚还微微颤抖，胸口还能微微隆起，还有一丝气息，却被阎文应强行放入了棺木里，急切地下葬了……换句话说，郭氏被活埋了。

一代皇后，以被人活埋的结局而告终。这样的结果，实在令人唏嘘不已。当然，这样的结果，也不可能让满朝文武同意！

史料记载，景祐二年（1035 年）十二月十日，郭皇后刚刚“病逝”后，言官王尧臣就打响了第一枪，他上奏仁宗皇帝，请求调查冲静元师（郭氏被废后的道名）的起居、饮食、用药等情况，查明郭氏死亡的真正原因。

至此，一场围绕郭氏之死的朝廷之战，正式拉开了帷幕。

王尧臣的奏折，很快引起了共鸣，包括范仲淹在内的很多正义之士纷纷上书，请求调查郭氏的死亡原因，以正视听！

在这些人中，以范仲淹的态度最为激进。他挺身而出，连上数道奏折，誓死要将这件事情追究到底！

这里的“誓死”，可不是一个所谓的说辞，范仲淹是真的做好了“誓死”的准备。

史料记载，为了追查出杀害郭氏的凶手，范仲淹曾对家人道：“吾不胜，必死之！”他还对长子范纯祐交代好了后事，甚至买好了棺材。

虽然范仲淹这一次请愿的决心，是奔着必死去的，但事情的发展，却没有他想得那么严重。

因为阎文应恶迹昭著，又是瞒着皇帝干的这种事情，所以宋仁宗对他没有一丝一毫的同情，他就这样看着阎文应被群臣弹劾，也没有任何搭救。

最终，眼看局势就要失控，吕夷简“充卒保车”，也开始弹劾阎文应了。

最终，众叛亲离下，阎文应被轰出了朝廷，贬到岭南充军了。

在充军途中，不知道是因为生病，还是其他原因（比如杀人灭口），阎文应竟然死了。

阎文应死后，朝廷立刻对他秋后算账，抄了他的家，没收了他的财产，并把他的尸体挫骨扬灰，以告慰郭皇后的在天之灵。

至此，伴随着阎文应的“伏法”，郭皇后的冤屈终于昭雪，这件事情也终于告一段落了。

在一般的官员眼中，这件事情是告一段落了，但在范仲淹的眼中，这件事情才刚刚开始！

要知道，在范仲淹的眼中，阎文应这种大奸大恶的“犬监”（犬儒都不算），虽然为非作歹，但最多是一粒小沙砾罢了，他背后的宰相吕夷简，才是一块巨型花岗岩！

吕夷简，才是害死郭皇后的罪魁祸首。

因此，为了整顿朝纲、驱除奸逆，范仲淹必须砸了这个“巨型花岗岩”。

那么，范仲淹是怎么攻击这个花岗岩的呢？一代奸臣吕夷简，又将怎么反击呢？

开封府尹“范青天”

史料记载，干掉阎文应后，范仲淹立刻掉转炮口，开始玩命攻击吕夷简了。

当时，朝廷议事时，只要吕夷简发言，范仲淹必不给他好脸。不管吕夷简干什么事情，范仲淹都要刨根问底，问一个清楚明白。只要吕夷简有一点点隐藏的意思，范仲淹就会揪着这个问题不放，一直拼命弹劾吕夷简。不说一个“真相大白”，这事不算完。

天天被这么一只“疯狗”追着咬，试问谁受得了？最终，在范仲淹咄咄逼人的气焰下，吕夷简彻底服软了，他派人告诉范仲淹道：“公乃天章阁侍制，并非言官，不在其位不谋其政，公何必对朝廷事务横加指责，得罪宰执呢？”

范仲淹大义凛然地回答道：“我乃朝廷命官，辅佐君王是臣子的本分，就算不是言官，也要出言规劝！这就叫：路见不平一声吼，该出手时就出手！”

为了收拾掉这个爱“多管闲事”的范仲淹，吕夷简使出了“明升暗降”的无赖手段，他提拔了范仲淹的官职，让他当开封府尹去了。

吕夷简用的这个招数，真可谓“司马昭之心，路人皆知”。

咱们前面讲过，在宋朝官职里，没有比开封府尹更难做的工作了，那里号称五多：人多、事多、权贵多、纠纷多、关系多。想在这个关系极其复杂的位置上独善其身、全身而退，就两个字——难矣。

当时，得知范仲淹当上开封府尹后，他的老师晏殊就提醒道：“吕夷简提拔你为开封府尹，可谓一石三鸟之计。第一，提拔你的官职，博一个爱才之名；第二，开封府活忙事多，他让你天天忙于公事，无暇再去议论朝政；第三，开封府的事情极其难办，吕夷简就是在等你出错，好反咬一口，让你走人。”

因此，当时的那些正义之士，都为范仲淹的未来，捏了一把汗。

事实证明，大家的顾忌，完全没有必要。

范仲淹是谁呀？人家是永载史册的好官。这点儿事情都处理不好、这点儿磨难都经不住，他还是那个“以天下为己任”的范仲淹吗？

这不，一上任，范仲淹立刻整治衙门、实行新规、重申冤案，让开封府变成了一个高效、廉洁的衙门，深得百姓厚爱。

在整改期间，范仲淹还改变了开封府一个“可耻”的陋习。

原来，开封府有一个审案“陋习”，大家都喜欢重用酷刑，常致屈打成招。他们认为，审理案子、查找资料太费事了，一顿板子就能解决，既省时，又省事，何乐而不为呢？

对于这个审案现象，范仲淹愤怒不已。为了改变这种陋习，他就想了一个好办法，彻底坑了这些官吏一把，让他们再也不敢屈打成招、随便结案了。

其实，范仲淹用的这个办法，当年宋太宗也用过。

有一天，范仲淹下令，让厨房蒸一百个馒头，当作午餐。在吃饭前，将这些馒头交给一侍女看管。等午餐时，一清点馒头的数目，大家全都傻了眼：“咦？不是有一百个馒头吗？这里只有九十九个，怎么少了一个！”

光天化日之下，抓贼的地方，竟然进贼了，开封府内顿时炸开了锅。得知此事后，范仲淹愤怒地下令：“查，往死里查，务必查一个水落石出、清楚明白。堂堂开封府，竟然进了贼，这要是传了出去，开封府的面子何存！”

领导发怒了，手下岂敢怠慢，大家立刻挨屋查找，寻找那个消失的馒头。但问题是，一个馒头，怎么找？万一凶手已经“毁尸灭迹”、把馒头吃了，难道要挨个切腹检查不成？

把开封府翻了一个底朝天，衙役们也没有找到那个馒头。于是，为了快速结案，衙役们就想到了那个简单、有效、好用的老办法。大家找来那名侍女，让她主动承认，说是自己太饿，吃了那个馒头，好快速结案。

侍女没有吃那个馒头呀，所以她刚开始的时候拒不认罪。侍女不认罪，衙役们就恐吓威胁，还扬言要对她用刑。侍女害怕自己受皮肉之苦，就“承认”了偷吃馒头的事。

侍女“伏法”后，衙役们很高兴呀，大家带着侍女的供词，来范仲淹这里结案。

可想而知，后面将要发生的事，我不说，大家也应该猜出来了。

看完侍女的供词后，范仲淹“大喜过望”道：“大家这样认真办案，老夫很是欣慰。只不过，你们最好再复审一遍，千万别冤枉了好人。”

衙役们回答道：“此案已审理清楚，无须再审。”

范仲淹道：“真的审理清楚了？”

衙役们回答道：“是的，无须再审！”

好吧，既然你们有了这种“觉悟”，那就莫怪我手下无情了！范仲淹长叹一声，从怀里掏出一物，对着大家说道：“你们看，这是何物！”

衙役们定睛一看，立刻吓得魂飞魄散了。因为，范仲淹手里的东西，正是他们刚才找了半天，也没有找到的——馒头。

衙役们顿时瞠目结舌，范仲淹则痛骂道：“这样办案，怎么能够不冤枉好人？”说完，范仲淹把馒头一扔，拂袖而去。

这个方法，与当年太宗皇帝诛杀乞丐、贼喊捉贼的办法，真是如出一辙。

后来，通过这么一个“贼喊捉贼”的把戏，范仲淹彻底把开封府的风气扭转了过来。从此以后，衙役们秉公办案，再也不敢屈打成招、稀里糊涂结案了。

在范仲淹的治理下，开封府面貌焕然一新，京城治安也大为改观。为了感谢这位“范青天”，百姓便传唱了一首歌谣，用来感谢：朝廷无忧有范君，京城无事有希文！

希文，是范仲淹的字。可见，老百姓对范仲淹是多么地爱戴。当时在京城，范仲淹拥有无数的粉丝，未来的包青天包拯也是他众多粉丝中的一人。

根据杨德堂先生的《范仲淹故事》记载，比范仲淹年轻十岁的包拯，是一个范仲淹的“铁粉儿”。范仲淹任开封府尹期间，包拯没少过来帮忙。在帮忙期间，包拯还跟范仲淹一起破了一个金戒指的疑案。后来，包拯还拜范仲淹为师。

培养了一个杰出晚辈，范仲淹很是欣慰。但是，作为一个“以天下为己任”的官员，一个小小的开封府，根本不是范仲淹的舞台。范仲淹还得继续进攻，把当朝第一奸臣吕夷简轰下台，才能还百姓一个朗朗乾坤。

那么，在“战斗”时，范仲淹又干了什么事情呢？他反对吕夷简的事情，也都是正确无比吗？

贤臣也有犯晕的时候

按照吕夷简的意思，是要把范仲淹调去当开封府尹，用烦琐的工作累死他，让他无暇顾及朝政，彻底闭嘴。然而，吕夷简万万没有想到，范仲淹当上开封府尹后，仅仅过了一个月，就将开封府治理得井井有条。而且，通过治理开封，范仲淹不仅赢得了百姓、官员的一片喝彩，还为自己的谏言，更增加了一份本钱。

这样的结果，真是让吕夷简始料不及，悔得肠子都青了。

把开封府治理得差不多了，范仲淹回归“本职工作”，他开始直言进谏，炮轰吕夷简的政策，表达自己的不满了。

虽然范仲淹炮轰吕夷简，对他的决策提出反对意见，但这里要澄清一点——范仲淹的那些反对意见，未必都正确；吕夷简的很多决策，实际上可圈可点，是完全正确的。

比如说，吕夷简的那个“迁都”决策，就完全正确。

咱们都知道，早在宋太祖时，赵匡胤就想迁都洛阳，离开这个无险可守的开封城。只不过，在皇弟赵光义的强烈反对下，这个迁都计划一直没有实现。

后来，赵光义登基后，这位皇帝就定都汴梁了。当时，为了保护首都的安全，赵光义下令，汴梁周围要常年驻守 20 万大军，以拱卫皇城。

要说这 20 万大军，其实也不多，也不会给国家财政带来多大的负担。但是，由于宋朝的冗兵、冗费制度（后面再说），等到了宋仁宗时期，开封城的周围，已经驻扎了上百万的兵马了。这些兵马给国家财政带来的负担，可想而知。

当时，宋仁宗每年要花费大量的赋税，来养活这些兵马。于是，如何清理掉这个没用的“毒瘤”，裁撤无用兵马，就成为一个迫在眉睫的问题。

为了解决这个问题，吕夷简旧案重提，他提议迁都。吕夷简建议，迁都至洛阳，用关中的天险代替士兵，以减少那些不必要的军费开支。

对于迁都这个建议，范仲淹却强烈反对，并给出了四个字——绝不可行。

范仲淹反对迁都的理由，有二：

第一，若国家初定，迁都或可推行，可国家承平已久，若贸然迁都，只会让人心浮动，万一造成社会动乱，到时候咋办？

第二，关内荒废已久，百废待兴，也没有什么食物储备。若这时候贸然迁都，万一敌国入侵，我们没有粮食储备，怎么抵挡敌军？难道要坐以待毙吗？

鉴于这两点，范仲淹给出了一个自己的解决方案：暂缓迁都一事，先派官员运粮至洛阳，进行储备，数年之后，等粮食储备得差不多了，再迁也不迟。当然了，最好别迁都，毕竟古人有云，治理国家，在德不在险。若皇帝内推仁政，则天下必然归心；外修武功，则四方蛮夷自然归属，这才是长世之策。

宋仁宗收到范仲淹的奏折后，觉得有理，就把奏折转给吕夷简，让他提一下意见。

史料记载，看完了范仲淹的奏折后，吕夷简就回了八个字——仲淹迂阔，务名无实。也就是说，范仲淹这个人，太迂腐了，净说一些没用的道理，就是一个书呆子。

吕夷简告诉皇帝，所谓的治国在德不在险，全是书生之言，一点儿用都没有！汉末时期，天下大乱，黄巾四起，当时有一个叫向栩的大儒，说什么朝廷无须用兵平叛，只要让他去黄河岸边读一遍《孝经》，就足以喝退黄巾军，这不是一个神经病吗？范仲淹的言语，跟这个向栩的思想差不多。如今，开封四周无险可守，敌国骑兵只要数日，就能到达开封城下，难道那个时候，让范仲淹站在城头上，吟诗赋词一首，把敌人吓跑吗？

吕夷简还告诉宋仁宗，范仲淹之所以反对迁都，不过是站在自己的对立面，以获得正直敢谏的虚名罢了。咱们还得迁都，这才是正道！

听完吕夷简对自己的评价后，范仲淹彻底地炸了。好呀，你不是说我迂腐吗？那我就务实起来。

史料记载，为了反对迁都，范仲淹联合了十几名御史，大家一起轮番轰炸，誓要破坏吕夷简的迁都计划。

这个迁都计划，本来就会破坏京城达官显宦的利益，而且宋仁宗也没有特别坚定的信念一定要迁都。所以到了最后，吕夷简这个迁都的计划宣布破产。

可叹可惜，宋朝最后一次“自救”的迁都计划，就在范仲淹的全力反对下，变成了一缕浮云，灰飞烟灭……

虽然范仲淹破坏了迁都的计划，为宋朝的亡国埋下了一个深深的伏笔。但是，我们也不能全部怪罪于他。毕竟，范仲淹身处的时代决定了，他只能以眼前的现状为出发点，想问题比较片面，无法顾全大局，也无法发出事后诸葛亮的唏嘘感叹。能够发出这种感叹之声的，只有百年之后的后世子孙。

可见，即使是“一代圣人”，干的事情也未必是对的，还得具体问题具体分析。同时，所谓旁观者清当局者迷，身在局中的范仲淹也未必拥有那种眼界。何况，这个人已经被仇恨蒙蔽了双眼，范仲淹当时唯一的目的，就是跟吕夷简唱反调，最终干掉这个奸臣！

为此，范仲淹不惜采用任何手段……

《百官图》之斗

史料记载，景祐三年（1036 年）夏天的某日，宋仁宗在审理奏折时，突然收到了范仲淹的一道奏章，还有他绘画的一张《百官图》。

《百官图》，是范仲淹呕心沥血绘制的一张百官升迁图，是他苦心研究后的“成果”。这张图详细记录了这些年来，吕夷简当政期间，所有文武百官的升、降、迁、贬。

范仲淹在上面一一指出，朝廷哪些官员的升迁是合法的，哪些官员的升迁是花钱买的。这些非正常升迁的官员，全是吕夷简的亲信。吕夷简排除异己，任用亲信，蒙蔽圣上，还望陛下明察（“如此为序迁，如此为不次，如此则公，如此则私。况进退近臣，凡超格者，不宜全委之宰相。”）！

在奏章上，范仲淹除了痛骂吕夷简一手遮天、私自升迁官员，他还谏言了《帝王好尚论》《选贤任能论》《近名论》《推委臣下论》四论，希望皇帝任用贤能，重振朝纲。

此外，在奏章中，范仲淹还加入了一个历史典故，痛骂吕夷简是一个“小人”，是让西汉亡国的奸臣张禹的转世投胎。“汉成帝信张禹，不疑舅家，故有新莽之祸。臣恐今日亦有张禹，坏陛下家法。”

这个典故出自西汉。当时，汉成帝的母亲王政君垂帘听政，开始重用娘家人。

在母亲的授权下，皇帝的很多舅舅都当了侯——王凤成为阳平侯，王崇成为安成侯，王谭成为平阿侯，王商成为成都侯，王立成为红阳侯，王根成为曲阳侯，王逢时成为高平侯，等等。

活人册封完了，王政君又瞄上那些死去的亲戚。当时，皇太后王政君有一个叫王曼的小弟弟，因为早死没有封侯，王政君颇为遗憾。后来，王政君一琢磨，说让王曼的次子继承他的侯爵之位，不就得了。何况，王曼的这个次子，据说很有“本事”。于是，王政君大笔一挥，就让这个孩子继承父亲的爵位，成为新都哀侯。

这个新上任的新都哀侯，就是王莽。

后来，因为有这么一个“巨型娘家”当靠山，王莽越混越强，终于在几十年后，篡夺了汉朝的江山，建立了自己的新朝政权。

那么，王莽篡位的事情，又跟张禹有什么关系呢？

关系大了去了！要知道，张禹是汉成帝的老师，要不是他一味颠倒黑白、混淆是非，力保王家忠诚，玩命劝慰皇帝册封王家诸侯，王家何以做大做强，最终达到一个尾大不掉、无法控制的局面？

这个张禹，堪称西汉最大的罪臣，没有之一。

在这里，范仲淹举出张禹的例子，用意非常明显。他就是告诉皇帝，这个吕夷简，就是西汉的张禹。皇帝现在这样不讲原则，胡乱听信官员，闹不好哪天就能册封出一个“王莽”来。到时候血洗赵氏一族，毁掉宋朝天下，您那个时候再后悔，就晚了！

范仲淹的这封奏折，真可谓杀气腾腾，这个人已经不计后果了。范仲淹这么做，不仅把吕夷简往绝路上逼，也把自己推到悬崖边上了。

这样的结果，也显而易见了——不是你死，就是我亡！

来吧，吕夷简，好好反驳我的奏章和《百官图》吧。我的奏章脉络清晰、有理有据、条条是道。就算你吕夷简为相多年、根深蒂固、君眷深重，被这些罪名攻击，你也承受不了，不死也得被扒层皮。且看你如何反驳！

范仲淹想得挺美，但可惜的是，他还是太小看吕夷简了。史料记载，面对范仲淹的指控，吕夷简毫不畏惧，他仅仅用了十二个字，就轻轻松松地化解了这场公关危机。

这十二个字就是：越职言事，荐引朋党，离间君臣。

吕夷简回击的这十二个字，真可谓字字见血、句句见肉。

吕夷简告诉皇帝：

第一，范仲淹是开封府尹，不是言官，他现在胡乱上奏，就是妄议朝政、就是越权，必须严惩不贷。

第二，范仲淹言事，动不动就呼朋引伴，一堆人“跟着他”一起干，长此以往，范仲淹将建立一党，成为朝廷一祸，必将危害大宋社稷。

第三，离间君臣这条，请皇帝参考前两条，若陛下相信范仲淹，当我没说。反之，若陛下相信前两条，范仲淹就是在离间君臣、陷害忠良！

吕夷简老谋深算，他清楚地知道如何反击制胜。他的这种反击，完全应验了兵法上“避其锋芒、暗度陈仓、抄其后路”的战术。吕夷简不正面回答范仲淹指控的罪证，而是另辟蹊径，高调论证范仲淹是一个“越职言事，荐引朋党，离间君臣”之人，把战火引到范仲淹的身边，以偷换概念，好全身而退。

姜，还是老的辣。

史料记载，吕夷简反击后，当宋仁宗看见这十二个字，特别是“荐引朋党”这四个字后，吓了一跳。

综观二十四史，哪个帝王不对“朋党”二字过敏呀！宋仁宗就算是再宽仁、再厚道，也不允许下面的人组建自己的小团体。何况，范仲淹这些年来，只要跟自己作对，都是“率领”一帮人来，这“前仆后继”的，要说范仲淹没有结党营私，估计只有他自己才相信（这倒是事实）。

看完了吕夷简反击的说辞，宋仁宗略加思索后，就做出选择了。

一边，是无足轻重，还动不动就“荐引朋党”，来找自己打架的范仲淹；另一边，是无党无派，虽然作风有点儿问题，但一直忠于自己的老臣吕夷简。但凡一个“明白事理”的皇帝，都知道该如何选择。

毕竟，“荐引朋党”的“威力”太大了。宋仁宗无论如何也不能容忍这种事情发生。

宋仁宗毫不犹豫地选择了吕夷简。最终，他颁布了一道圣旨，以“朋党榜朝堂，戒百官越职言事”的罪名，把开封府尹、天章阁侍制范仲淹轰出朝廷，贬到饶州去了。

就这样，在这次交战中，范仲淹再一次完败，第三次被轰出了朝廷，完成了一个“三黜人”的壮举。

这一年，范仲淹48岁。他这一被贬，就被贬了整整5年。

5年后，当范仲淹重新回到朝廷时，他完成了一次永载史册的蜕变，从一个百无一用的书生，变成一个纵横沙场的名将。

第十四章 六一居士的那些事

第三次下岗

景祐三年（1036 年），范仲淹上书《百官图》，状告吕夷简胡乱任命、祸害朝纲，结果打狗不成反被咬，他被吕夷简状告“越职言事，荐引朋党，离间君臣”，被轰出了朝廷。

其实，想都不用想，宋仁宗不会有一丝一毫的犹豫，就会选择吕夷简而放弃范仲淹。

毕竟，吕夷简是“贴心”的宰相，对自己极其忠诚，并能替自己干很多的事情。要知道，就在前不久，若没有吕夷简的全力支持，宋仁宗也不可能那么顺利地废除郭皇后，出了心中的那口恶气。

没有办法，帝王都是喜欢小人的，像范仲淹这种君子，也只能自认倒霉了。

虽然君子没有得到应得的好报，但在另一个方面，范仲淹却得到了另一种胜利，成为群臣心中的“偶像”。

史料记载，范仲淹被贬时，因为罪名是私结朋党，所以很多大臣投鼠忌器，不敢给范仲淹送行。但是，还是有很多不怕死的官员，来给范仲淹送行。

同为天章阁侍制的王质，就是其中的佼佼者。

当时，除了冒天下之大不韪、在这个风口浪尖上给范仲淹送行外，王质还提着几壶酒，亲自到范仲淹的府中，两人同桌而饮、同床而寝，痛痛快快地聊了好几天。

因为这种“过激”的表现，有人劝说王质：“你不要命了！这个时候跟范仲淹来往，小心有人告你结党营私，治你的罪。”

王质掷地有声道：“希文贤者，得为朋党幸也！”意思是：“怕他们干甚！范公乃天下贤士，若成为他的朋党，是我的无上荣幸！”

后来，吕夷简听到了王质的这番狂言后，就要治他的罪。可宋仁宗却认为，王质只是去给朋友践行，这是人之常情，何罪之有，就免予追究了。

虽然王质涉险过关、安全上岸，但下面的人，却没有那么幸运。

几天后，集贤殿担任校理的余靖上疏朝廷，替范仲淹打抱不平：“数年前，范仲淹曾因弹劾刘太后、郭皇后一事，两度被贬黜朝廷。虽然那些弹劾不符合皇帝的心意，但皇帝还是欣赏范仲淹的为人，对他多有褒奖。可是这次，范仲淹不过是弹劾一个大臣，却要被重重贬斥，是不是太过分了。如果皇帝认为范仲淹的话是对的，就应该听从；如果皇帝认为范仲淹的话是错的，不听便是，也不用惩罚他呀。

“昔日，汉朝时期，汲黯在朝廷上公开弹劾宰相公孙弘，说他狡诈虚伪；三国时期，吴国大夫张昭公开诋毁大都督鲁肃，说他为官粗疏，可是汉武帝和孙权却没有处罚他们。由此可见，现在范仲淹之所以被贬，原因只有一个，朝廷不能容人！还望陛下收回成命，把范仲淹重新召回朝廷。”

余靖这么说，还有一个潜台词在里面——皇帝是一个不能容人的昏君！

可想而知，收到这封奏章后，宋仁宗大怒，他立刻颁布圣旨，以余靖与范仲淹结党营私的罪名，把余靖贬到筠州，负责催讨酒税去了。

毕竟，皇帝要是不严惩他的话，一旦让步，从宽处理了余靖，他就真成为一个“不能容人”的昏君了。

那么，余靖被贬后，朝廷的那些正直的官员，是不是被吓退，不敢再劝谏了呢？还是说，皇帝的这种举动，将大大地刺激这些正直之士，让他们挺身而出，继续奋战呢？

答案不言自明。

这不，一个余靖倒下后，第二个“余靖”立刻站了出来。

太子中允、馆阁校勘尹洙上疏朝廷，状告吕夷简等人假公济私、祸害朝纲、清除异己。尹洙告诉宋仁宗道：“臣常与范仲淹直谅不回、义兼师友，我就是他的一个死党！如今，余靖与范仲淹关系平平，却以朋党之罪被罢官，那么，自己这个真正的朋党，又怎么能够苟且偷生？臣自请谢罪，恳请皇帝以‘结党营私’的罪名，罢黜自己，以示公平。”

看完这封奏折，宋仁宗气疯了，尹洙这是跟自己对着干了！好，满足你的要求，让你得偿所愿。宋仁宗颁布一道圣旨，把尹洙轰出朝廷，贬到郢州去了。

十天之内，一个范仲淹、一个余靖、一个尹洙，纷纷被贬出了朝廷。官员们见此情景后，都应该消停了吧。

消停？要是他们能够消停的话，这些人就不是大宋的官员了！

史料记载，见此情景后，宋朝那些正直的官员们彻底暴走了，大家接连上疏，替这三人鸣不平，要求皇帝收回成命。

对于这些官员，宋仁宗也没有丝毫客气，他是来一个，贬一个；来两个，贬一双；只要敢求情的，统统贬离京城。

要知道，这是一场完全不公平的较量，皇帝只要颁布一道圣旨，就能让一个官员数十年的努力瞬间化为泡影，甚至下半辈子只能在贫穷中度过余生。但是，为了心中那恪守的公理与正义，官员们依旧拼死前进，在这个烈焰中获得永生。

最终，这场轰轰烈烈的君臣之争，在一个人的一封信中，终于达到了临界点，再也无法收拾了。

这封信，叫作《与高司谏书》；写这封信的人，就是宋朝大名鼎鼎的宋六家之首、六一居士——欧阳修。

宋六家之首——欧阳修

宋朝的随州，是一个偏僻的小城，贫穷而闭塞。然而，谁又能想到，在这个“瘅贫薄陋自古而然”之地，有一个孩子茁壮成长，成为北宋政坛、文坛的领袖人物，开创出一个属于自己的时代！

这个孩子，就是宋朝的一代文豪——欧阳修。

欧阳修（1007—1072年），字永叔，号醉翁、六一居士，汉族，吉州永丰（今江西省吉安市永丰县）人，北宋政治家、文学家，在政治上负有盛名。

咱们都知道，在中国历史上，名人出生时，会伴有几个神奇的故事（范仲淹也有好几个）。

欧阳修的出生，跟其他名人一样，也有神异的故事。当时，欧阳修母亲生他前，病魔刚刚夺走了她不满周岁的长子。痛失爱子，欧阳修的母亲悲痛欲绝，日夜哭泣，不能成眠。

某一天晚上，欧阳修的母亲在恍惚之间，突然看见一个驾着五色彩云的仙人来到了自己床边，把一个“全身都是白色毫毛”的男婴送到了自己的怀里后，这个仙人就消失了。

欧阳修的母亲醒了没多久，就怀孕了；再没过多久，她就生下了一个“全身长着毫毛”的男孩。这个男孩，就是欧阳修。

当然了，这个故事到底“是真是假”，我就不知道了。我唯一知道的是，这个孩子出生后，他的父母非常高兴，他们给孩子取名“修”，寓意这个孩子将“福寿绵长”。

这，就是欧阳修名字的由来。

虽然欧阳修的出生，给这个家庭带来了无限的希望，但没过多久，一场灾难降临在了这个家庭中，让这个家庭再次愁云密布、苦不堪言。

史料记载，宋真宗大中祥符三年（1010年），欧阳修刚满三岁时，他的父亲欧阳观病逝了，享年59岁。

这个欧阳观，也是一个传奇人物，他比欧阳修母亲年长30岁，可谓“老牛吃嫩草”。欧阳观以前的家庭生活，堪称是一场闹剧。他本来有一个妻子，不知道因为什么原因，欧阳观一纸休书，把妻子轰走了，还把妻子生的儿子也轰走了。

多年后，前妻的儿子回来认祖归宗。刚开始的时候，欧阳观死活不认，在家里人的多次规劝下，才勉强接受，认了这个儿子。但是，终其一生，欧阳观都没有正眼看过这个儿子，一直把儿子当下人使唤。临死前，也没对儿子说过一句好话。

虽然在家庭生活中，欧阳观有一颗不近人情甚至铁石般的心，但是，在工作中却大不一样。这个人不仅是一个清正廉洁、乐善好施的好官，更有一颗大慈大悲、爱民如子的心。

史料记载，欧阳观学问一般，直到49岁时才考中进士。由于高龄入仕，欧阳观一生也没有获得什么像样的官职。他最高的官职，不过是一个州府的判官、推官，主管刑狱工作。

历朝历代，刑狱工作都是一个极其烦琐、复杂的活儿，毕竟人命关天，稍有不慎，就有可能酿成一起冤案。

由于长期读书，欧阳观患有严重的眼疾，看不见远处的东西，因此读案卷时，他必须贴在纸张上，才能看见。虽然工作极其辛苦，但欧阳观却并不觉得累。他认真负责、小心谨慎，每一篇案卷，都要阅读数遍，确定无误后，才算完。

对重大案件更是要亲自查办，一丝不苟，严肃对待。为此，他经常加班加点，废寝忘食至深夜。

在处理案卷时，欧阳观不仅极度谨慎，还会绞尽脑汁，为这些冤枉的罪犯“平反”。

史料记载，有一天晚上，欧阳观在烛光下办理案件，看完一卷文件后，他把这个文件放在桌上，唉声叹气。随后，他又看了一遍这个文件，再将其放在桌上，继续唉声叹气。

如此再三后，欧阳修的母亲就很奇怪，她问道:“夫君为何如此烦恼？”

欧阳观长叹一声道:“这是一桩已判死刑的案子，我想替死刑犯寻找一条活路，可怎么也找不到，因此痛苦不已。”

欧阳修的母亲好奇道:“既然是一个死刑的案子，为什么还要替罪犯找活路呢？”

欧阳观叹了一口气，道:“若真的找不到一条活路，死刑犯和我，都是无憾的。但是，若有一条活路，我却没有找到，死刑犯就会含冤而死了。毕竟，人命关天。”

欧阳修的母亲听完后，不再言语，内心对其的崇拜之情，不言自明。

珍惜生命、尊重人权、谨慎刑狱，是欧阳观一生的行为准则。这种行为准则，也毫不保留地被欧阳修继承。

欧阳观死后，由于生活失去了依靠，欧阳修母子只能千里迢迢来到随州，投奔在这里的叔父——欧阳晔。

在随州这块土地上，欧阳修茁壮成长，并光芒四射，向世人展现了自己无可匹敌的才华和造诣。

当时，在家族人的眼中，欧阳修简直就是一个神童！他天资聪颖又刻苦勤奋，往往书不待抄完，就已能成诵；欧阳修少年时期写的诗赋文章，就文笔老练，犹如成人。

见侄子才华如此了得，欧阳晔不止一次对嫂子道："嫂子不必担忧家贫子幼，你的孩子有奇才！假以时日，他不仅可以光大我欧阳氏门庭，还将名重当世，永载史册！"

是的，欧阳晔的预测，完全正确。欧阳修不仅完成了他的预言，而且达到一个前所未有的高度，一个欧阳晔在梦中也无法见到的高度。

现在，就让我们跟随欧阳修的脚步，看看他是如何步步前进、勇攀高峰的吧。

少年成名

斗转星移，春去秋来，那个懵懂的孩子，很快就长成了一个16岁的少年。在这个朝气蓬勃、充满雄心的年龄，欧阳修终于可以参加科举考试，去开创一个属于自己的时代了。

然而，为了让这个孩子懂得什么叫作天高地厚，老天爷挫其锐气，狠狠地给欧阳修泼了"两盆水"。

史料记载，天圣元年（1023年），16岁的欧阳修参加科举考试，落榜；天圣四年（1026年），19岁的欧阳修参加科举考试，再次落榜。

两次落榜，犹如当头棒喝一样，让年轻气盛的欧阳修尝到了失败的滋味。然而，这种小小的失利，又怎么能够打败欧阳修呢？在认真总结了失败的经验教训后，欧阳修打算重整旗鼓，再次"开战"。

其实，欧阳修之所以落榜，原因很简单，他写的文章不押韵，不会写那些华而不实，只重视韵律和谐，一堆废话的骈文。以欧阳修的才华，只要他明白了押韵技巧，必将所向披靡。

天圣八年（1030 年），在深造了四年后，欧阳修第三次参加科举考试，开始展现自己“修行”后的成果。

这次考试中，欧阳修一口气获得了监元、解元两个头魁，在省试中，更是大放光彩，得到了省元的头衔，并获得了主考官的青睐。

这个主考官，就是宋朝运气最好的官员——晏殊。

晏殊在当主考官时，颁布了这么一道考试题目《司空掌舆地图赋》。对于这个考试题目，欧阳修从小饱读诗书，自然难不倒。只不过，他还是对这个问题，提出了异议。

因为，司空，是古代的官职，专门掌管地图，这个没有问题。但是，汉朝和周朝均设有司空一职。汉朝的司空，只管理地图；周朝的司空，除了管理地图外，还管理其他事情。那么，考试题目里面的司空，到底是汉朝还是周朝的呢？

这个问题，让欧阳修困惑不已。按照当时的考试规则，考生如有疑问，可至主考官帘子前，进行“上请”。为了解决疑问，欧阳修来到了晏殊的面前，要当面请教。

听完欧阳修的质疑后，晏殊高兴道：“在你之前，已经有几个人来上请了。但是他们的问题，或是不得要领，或是浅薄得不值一提。今天考场中，只有你一个人真正看懂了这个题目。老夫出这道题，就是希望应试者能够察觉到这细微之处。只有这种人，才是国家的栋梁之材。”

说完，晏殊眯着小眼，又多看了欧阳修几眼，对眼前的这位年轻人赞不绝口、宠爱有加。

可想而知，会答这道题，还有监考老师的印象分，欧阳修不想夺魁都新鲜。发榜后，不出意外，欧阳修一举夺魁，成为省试的第一名。

至此，短短一年之内，欧阳修连夺监元、解元、省元三个头魁三登榜首，真可谓风光无限、无人匹敌。

带着这些荣誉头衔，欧阳修意气风发，对于殿试状元头衔，也是志在必得。

天圣八年三月十一日，宋仁宗亲自来到崇政殿，主持策问。对于皇帝的题目，欧阳修信手拈来，一挥而就，毫不费力地就完成了。

考试结束后，鉴于自己的完美表现，欧阳修自以为胜券在握。回到宾馆后，欧阳修特意置办了一套新衣服，准备殿试唱名时穿。晚上，欧阳修还置办了一桌酒席，宴请自己的好朋友，算是为自己提前祝贺。

欧阳修这些好朋友中，就有那位当时的亲友，未来的死敌——王拱辰。

王拱辰和欧阳修未来的恩怨，咱们未来再说，但在当时，他们之间还是很亲密的。酒宴中，王拱辰是朋友中最小的（当时只有 18 岁）。他生性调皮，好开玩笑，借着酒劲，抢来欧阳修的新衣穿在自己身上，大大咧咧道："为状元者当衣此！"

王拱辰身材瘦小（河南人），穿上这么一件大衣服，手都伸不出了，显得非常滑稽。见此情景，大家一阵哄笑。然而，在这满堂的笑声中，没有一个人能够想到，王拱辰的这句话，竟然一语成谶。

第二天，殿试唱名，大家惊讶地发现，王拱辰竟然真的成了状元！而理应得到状元的欧阳修，却获得了第十四名。

这是一个什么情况？

若干年后，欧阳修才知道了这场考试的内幕，也找到了坑害自己的罪魁祸首。

这个罪魁祸首，就是省试的主考官，对自己青睐有加的——晏殊。

原来，当看见欧阳修的那一刻起，晏殊就决定了，要玩命打击欧阳修，要让他经历失败的挫折，彻底打击他的嚣张气焰。

虽然晏殊的这种行为，有一点小人的成分在里面，但可喜的是，若干年后，当欧阳修得知了晏殊当年的所作所为后，没有丝毫埋怨，反而与晏殊成为好朋友，最终拜在他的门下，成为他的门生。

当然了，跟范仲淹一样，当看清了老师晏殊的"真面目"后，欧阳修也选择了与他彻底绝交，他们在那场"庆历新政"中，也上演了一场生死绞杀。

知人知面不知心……此言不虚。

风流才子

虽然没有成为状元，欧阳修多少有一些遗憾。但不管怎么，自己毕竟也金榜题名了。从此以后，欧阳修终于可以拿着朝廷的俸禄，来赡养母亲，以尽孝道；也终于可以进入宦海，去建功立业了！

天圣八年（1030年）五月，欧阳修获得了自己人生中的第一个官职——朝廷授予了他将仕郎、试秘书省校书郎、充西京留守推官的官职。

按照现在的定义，这是一个西京洛阳最高长官的幕僚，主要负责审讯罪犯等事务。

前面说过，当时西京的最高长官、欧阳修的顶头上司，就是那个被刘娥轰出朝廷，担任西京留守的钱惟演。

史料记载，钱惟演和欧阳修的关系，是非常融洽的。虽然钱惟演是老前辈，但对于欧阳修这个小字辈，还是给予了充分的肯定，甚至是尊敬。

毕竟，在钱惟演的眼中，欧阳修才华横溢，在文学造诣上无人匹敌，用百年难得一遇的天才来形容，也绝不为过。

咱们都知道，在文学造诣上，欧阳修达到了宋朝的顶峰，他不仅是唐宋八大家之一，更是宋朝六大家之首，其余五家皆出自其门下。

单凭此点，欧阳修就能得到钱惟演的尊敬，甚至是崇拜了。

然而，虽然在文学上无懈可击，但欧阳修在道德操守上，却有一个超级大毛病，最终还死在了这个毛病上。

这个超级大毛病就是——嫖娼成瘾，夜不归宿，耽误工作！

这就要命了。

咱们都知道，在中国，官员的“生活问题”，一直都是一个大问题。出格行为的后果不堪设想，莫说影响仕途了，闹不好就直接丢官下岗！

然而，明知道这样做不对，欧阳修却明知山有虎，偏向虎山行。不让他嫖娼，就等于要了他的命。而且，不让全天下人都知道自己在嫖娼，他就“不爽”！

哎，毕竟当时的欧阳修，年轻、年少轻狂、不懂事……

史料记载，对于欧阳修的这个臭毛病，钱惟演气得咬牙切齿，他无数次痛骂欧阳修，但都无济于事。而且欧阳修这种人，是越骂，越嘚瑟的人。你越骂他，他就越来劲，更加肆无忌惮地上班迟到、下班嫖娼了。

最终，欧阳修干了一件极其出格的事情，让钱惟演忍无可忍。

根据《词苑丛谈》记载，有一次，钱惟演举行了一个聚会，大家在一起聚聚餐、吃吃饭，增进一下友谊。结果，到了约定的时间，大家都来了，唯独不见欧阳修的身影。

在这种局面下，有不知情者，就问道：“欧阳大人哪里去了？莫非是公务繁忙，抽不开身？”

一听这话，大家都笑了，一知情者回复道：“欧阳修哪里有什么事情。怕是昨晚狎妓，一夜风流，现在体力不支，正睡觉呢。”

另一知情者道：“你们有所不知，欧阳修已经不去妓院了。他现在包养了一个年轻貌美的妓女，恐怕现在这个时候，他们还在床上缠缠绵绵呢！”

官员们的这番话，把钱惟演气得够呛，为了等这个欧阳修，已经等了小半个时辰了，继续再等下去，谁受得了。于是，钱惟演下令，不等了，开宴。不管欧阳修了，他爱来不来！

后来，等这个宴会都快吃完时，欧阳修才姗姗而来。而且，他竟然不是一个人来的，他把那名妓女也一起带来了。

见此情景，钱惟演气得不要不要了。虽愤怒无比，但公众场合，钱惟演也不好意思对欧阳修发飙，他只能强忍怒火，责问那名妓女道：“末至，何也？”

没想到，那妓女在钱惟演的逼问下，竟然一点儿也不发怵，坦率地回答道：“中暑，往凉堂睡着，觉而失金钗，犹未见。”这个意思是说：“天气太热，我们在凉堂上睡觉，后来，金钗不知道哪里去了，我们一直找金钗来着，到现在也没有找到。”这个潜台词是说：“要不是因为你今天聚餐，我们都不来，还在家里找金钗呢！”

这番解释，真能把人活活气死……

听完妓女的解释后，钱惟演彻底气得不行了，但也无计可施，只能自我圆场，对欧阳修道：“为美女找金钗而迟到，也算是怜香惜玉，算是个迟到的理由。但是，你迟到了，得罚你。各位，如果欧阳修能够现在作词一首，我就既往不咎，还愿意送给美女一个金钗。”

一听这话，众人哈哈一乐，马上拍手叫好，准备看这个天下闻名的大才子作词了。

这种小事，怎能难得住欧阳修？他命人拿来笔墨纸砚，沉吟一会儿后，立刻写下了一个脍炙人口的词——《临江仙》。

柳外轻雷池上雨，雨声滴碎荷声。小楼西角断虹明。阑干倚处，待得月华生。

燕子飞来窥画栋，玉钩垂下帘旌。凉波不动簟纹平。水精双枕，傍有堕钗横。

现在学者认为，欧阳修的这首《临江仙》，是一首经典的闺怨词。

词中的这位女主人公，生活是华贵的，心灵却并不欢快。这位女子在妆楼倚栏依望。她听到雷声、雨声、雨打荷叶声，却听不到丈夫归来的声音。她看到雨后彩虹、夜空新月，却看不到丈夫的身影。她在无望的期待中度过一个炎夏的永昼，只得怅怅地、恹恹地，独自回到闺房，垂下珠帘。因为，她不愿那成双成对的燕儿窥见她的落寞，嘲笑她的孤单。在睡梦中，守着水精双枕，金钗坠落一旁，这个女子仍在期待，期待着梦想成真……

虽然现在的学子们对这首词评价颇高，但是在宋朝，很多人却不认为这是一首好词，甚至认为这就是一首艳词！比如《钱氏私志》的作者钱愐。

历史上的这个钱愐，是宋仁宗的外孙，主要生活在宋徽宗、宋高宗时期，所以他比现代人更了解欧阳修的为人。而且，钱愐的叔祖，就是批评欧阳修的钱惟演，所以凭这层关系，钱愐书写的历史，更倾向于现实，能还原真正的历史。

在《钱氏私志》中，钱愐把这首词定义为艳词。他的理由是，如果结合当时的环境以及先前妓女的言语，那么在读这首词时，就能还原一个不一样的"境界"了。

一个下雨的时节，女子在床上休息。燕子飞来偷窥，女子拉下窗帘，不让它们看。后来，在水精双枕上，一番"凉波不动簟纹平"中，女子的金钗掉了下来，不知所踪……不聊了，不聊了。再聊下去，就该触及扫黄办了。

总之，这到底是一首经典的闺怨词，还是一首涉及扫黄办的艳词，还请您自己定夺。

言归正传，不管这首诗词"性质"如何，欧阳修都完美交工了。在众人的鼓掌中，欧阳修接过来胜利的奖品金钗，他迟到的事情，也就这样过去了。

当然了，迟到这么久，一顿批评，还是跑不了。

宴会结束后，钱惟演单独留下欧阳修，好好地教训了欧阳修一顿，并明明白白地告诉他:“再这样胡闹下去，必严惩不贷，请你好自为之!”

那么，对于钱惟演的这顿批评，欧阳修记住了吗?

他才没记住呢!不仅没记住，被批评了一顿后，他反而记恨起了钱惟演。后来，欧阳修用自己的独特的方式，对钱惟演进行了复仇。

史料记载，钱愐曾为祖先鸣不平，他认为，欧阳修在编写《五代史》时，特意给钱家抹黑。他对钱家的评价，也都是诽谤、批评的话。欧阳修就是通过这种方式，打击吴越王钱俶的儿子钱惟演，以报当年被骂之仇。

鸣完不平后，钱愐最后感叹道:以后呀，别轻易劝人，即使那人干了坏事，也别管。因为，那些贤良淑德的人，听完你的劝慰后，会感谢你一辈子;那些刚愎自用的小人，听完你的劝慰后，不但不会感激你，还会恨你一辈子!

可见，在钱愐的眼中，欧阳修简直就是一个卑鄙无耻、睚眦必报的小人。

那么，欧阳修到底是不是一个小人呢?

大家先别着急定义，也别忙着反驳，等看完了欧阳修接下来的所作所为，特别是庆历新政时的所作所为后，咱们再定夺。

其实，真正的历史，往往不是您想象的那么回事。

欧阳修的为官之道

史料记载，因为记恨钱惟演，所以欧阳修一直打击报复钱家，最终也被钱家报复，被轰出朝廷了。当然了，这些都是后话，咱们后面再说。

至少在当时，欧阳修和钱惟演的关系，还是不错的。欧阳修很尊敬这位老领导，写了很多赞美钱惟演的诗句。钱惟演被罢黜西京留守，被轰到穷乡下邦时，欧阳修还书写了一首短赋，让歌伎演唱，为其送行。

原来，明道二年(1033年)，刘娥病逝后，因为是刘娥的亲家加亲信，钱惟演遭到了百官的弹劾。最终，他被罢免了西京留守的职务，被贬到随州去了。

随着钱惟演的离开，欧阳修终于结束了这段孽缘，他擦干眼泪，准备迎接第二任领导了。

欧阳修的第二任领导，就是寇准的女婿——王曙。

史料记载，王曙上任后，在很快的时间内，就发现了这个刺头欧阳修，也明白了前任钱惟演的苦衷。

当时，王曙上任后，为了整顿文人的懒散作风，他下令严格考勤，所有官员必须按时上班，谁也不许迟到早退。然而，不管王曙如何的三令五申，这个欧阳修就跟没事人似的，依旧天天迟到，想几点来，就几点到。

鉴于此，王曙没少骂欧阳修。但不管怎么骂，欧阳修都死不悔改，一直迟到。他还摆出一副死猪不怕开水烫的架势——爷就是迟到了，咋的？有种开了我！

王曙被气得忍无可忍，在一次集体会议中，王曙再三重申了纪律的重要性，对各级官员严词训诫。

在结尾时，王曙望着欧阳修，语重心长道："各位，大家都知道我岳父的事情吧。昔日，寇莱公奢华纵乐，饮酒过度，以致招祸贬死！以史为鉴，望各位铭记在心，不要重蹈寇莱公晚年的覆辙。"

听完这番话后，众僚属皆低头无语，不敢回答。孰料，就在这个时候，年少轻狂的欧阳修站起身，大声反驳道："以修闻之，莱公正坐老而不知止尔！"意思是"以晚辈看来，莱公之祸，不在杯酒。而是在于，一把年纪的老人了，还不知进退，不赶紧退休"！

欧阳修说完后，大家更不知道该怎么回答了。

原来，欧阳修的这番言论，除了混淆视听外，还有一个潜台词——当时，王曙也年过七十了，这个年龄段的官员，理应主动辞职，但因为很多原因（主要是钱），王曙还没有辞职。所以，欧阳修这么说，明显是借题发挥，暗讽王曙年老不退，占着茅坑不拉屎。

听完这番话，王曙一时默然，被噎得无话可说，这场会议就此不欢而散。

这个梁子，算是结上了。

当然了，虽然王曙恨欧阳修，但却没有怪罪于他，也没有罢免了欧阳修的官职。因为，在王曙的眼中，这个年轻人虽然桀骜不驯，但办事能力却是超一流的。若好好引导，假以时日，欧阳修必成大器。

随便举一个案例，就足以说明。

明道二年（1033 年），有一名士兵从服役地逃回洛阳，被缉捕归案。事情上奏后，王曙想都没想，就判这名士兵死刑。

王曙这么判案，无可厚非——从服役地逃回来的士兵，就是逃兵，不杀他，军队就没法带了。因此，必须杀了，以正军令。

然而，对于这个案件，欧阳修却提出了不同的处理意见，他希望派人去士兵的服役地取证，若这个人真是逃兵，再杀不迟。

欧阳修这样断案，除了小心谨慎外，更有一种“信仰”在里面。毕竟，在母亲的言传身教下，老爹当年判案的言辞，一直余音袅袅、不绝于耳，欧阳修要学习老爹的办案精神，小心谨慎地办案，才不会枉杀人命。

王曙见欧阳修如此小心谨慎，久久不能结案，便责问道：“那个士兵的案子，为何还不结案？”

欧阳修道：“还在复审。”

王曙道：“为何还需复审？”

欧阳修道：“此案无士兵服役的记录，因此必须复审。”

王曙道：“多此一举。老夫一生断案无数，像这样的案子，何需复审？你初入仕途，或许经验不足，但也不必如此畏首畏尾！”

欧阳修道：“自古以来，人命关天。若此案还有疑点，就不能结案，还望王公见谅。”

王曙大怒道：“若老夫现在让你结案，杀了那个士兵，你执不执行？”

欧阳修昂首答道：“若此案是王公负责，您尽可将其斩杀。但此案由下官负责，王公的建议，下官恕难从命，还望海涵。”

王曙大怒道：“如此办事，真是拖拖拉拉，不知所云！”说罢，一脸怒气，拂袖而去。

结果，几天后，王曙突然收到了士兵服役地的文函。上面俨然写着：这个士兵虽然逃跑，但情有可原，罪不至死，还望西京留守轻判，等等。

王曙看完这封文函后，大吃一惊，马上找来欧阳修质问。在得知那名士兵尚在狱中，安然无恙后，王曙这才松了一口气。他一边擦汗，一边连连称赞欧阳修道：“若非你办案谨慎，几至误事！几至误事！”

单凭此事，欧阳修的办事能力，可见一斑；王曙对其的认可，也可想而知。

不久，王曙奉命进京，去京城当枢密使了。临走时，王曙拉着欧阳修的手，郑重道：“朝廷今有新令，大臣可以举荐德才兼备的官员，去学士院上班。待老夫回京后，定当上奏朝廷，奉举贤俊（宋朝对晚辈的客气称呼，叫贤俊）！”

虽然欧阳修与王曙公事的时间并不长，也就仅仅两个月，他们之间也爆发了很多矛盾，但是，欧阳修的敢于直言的做法、超凡的才识，还是打动了王曙，并给他留下了一个深刻的印象。因此，王曙才会推荐欧阳修去学士院上班，给了他一个璀璨的未来！

要知道，在宋朝的编制内，昭文馆、史馆、集贤院、秘阁是合在一起的，这四个部门有一个统称，叫作馆阁！

换句话说，王曙送给了欧阳修一条范仲淹当年走过的路，一条璀璨、前途不可限量的路。

来吧，欧阳修同学，建功立业、永载史册的大门，正在向你敞开。

然而，对于这个锦绣的前程，欧阳修不仅不在意，他还亲手把这个锦绣前程给毁了！

这到底是怎么回事呢？

第十五章 被罢黜的岁月

《与高司谏书》

史料记载，景祐三年（1036 年），范仲淹第三次被贬后，为了让皇帝收回成命、重新召回范仲淹，朝廷的正义之士们纷纷站出来呼吁公道，又纷纷被轰出了朝廷。

在这个风雨如晦的时刻，欧阳修终于爆发了，他站出来，为范仲淹说话。

让欧阳修爆发的原因，除了为范仲淹鸣不平外，还得“感谢”另外一个人。

这个人，就是他的顶头上司，朝廷的左司谏——高若讷。

史料记载，自从《百官图》事件发生后，欧阳修真心佩服范仲淹，认为这种伸张正义、打抱不平的人，才是士林翘楚、国之脊梁，也是自己必须效法的对象。同时，任何诋毁自己偶像的人，欧阳修也绝不给好脸，他严重鄙视这样的人。

余靖被贬后，一些同僚到余靖家做客，为他践行。席间，大家都讨论范仲淹被贬之事，纷纷为其鸣不平。可唯独高若讷大放厥词，痛骂范仲淹竟敢诽谤当朝“英明无比”的宰相，活该被贬，等等。

听到高若讷侮辱自己的偶像，欧阳修愤怒无比，他当时就想走上前去，跟这个昏官拼命。只不过，当时人多嘴杂，欧阳修还要给“东道主”面子，所以他隐忍了下来。

回到家后，愤愤不平的欧阳修摊开纸张，拿起毛笔，第一时间写了一封痛骂高若讷的书信。这就是历史上大名鼎鼎、天下第一骂文——《与高司谏书》。

不读欧阳修的这篇文章，根本不会知道，原来，骂人也能骂得这么精彩！不读欧阳修的这篇文章，根本不会知道，原来，骂人也能写成如此精美的诗词，让人回味无穷！

这篇《与高司谏书》很长，我将这篇文章细分一下，以阐述这篇文章的精妙之处。

书写这篇文章时，欧阳修开门见山，表达了自己三个疑惑：

第一，老高这个人，到底是不是一个杰出人物？

第二，老高这个人，到底是不是一个贤能之士？

第三，老高这个人，到底是一个真君子，还是一个真小人？

抛砖引玉好了，吊足读者胃口了，开始论证：

欧阳修说，自己十七岁那年，朝廷举行了一场科举考试。当时中举的人，都是闻名遐迩的天下名士，可唯独这个老高，虽然也名列其中，却一直默默无闻。可见，高若讷这个人，并不是什么杰出人物。

欧阳修还说，我对老高这个人，不是很了解，但我的朋友尹洙，对老高非常熟悉。不止一次，尹洙评价老高“正直有学问，君子人也”。可是，我就纳闷了，一个正直的人，是一定能够明辨是非的；一个能够明辨是非的人，是一定不会屈从妥协的。可是老高这个人，虽然能够明辨是非，也是一个言事之官，但他在这个位置上一直碌碌无为，跟一般人没啥区别。因此，我认为老高这个人，不是一个贤能之士，而是一个庸人。

欧阳修最后说，虽然尹洙给了老高很高的评价，说他一脸正气，谈古论今，褒善贬恶，是一个真君子，但是，我却不这样认为。远的不说，前几日，我在余靖家见过老高，他身为谏官，却极力诋毁、耻笑范仲淹，我觉得这个人确实有问题。

为什么呢？因为天下人都知道，范仲淹是一个刚正不阿的人、一个舍身为国的人、一个敢于与邪恶势力斗争的人。范仲淹因为得罪了宰相而被贬，老高身为言官，不去为他辩解也就算了，竟然还在背后诋毁他，这真是一件咄咄怪事。

因此，综上所述，我个人认为，老高这个人，不是一个杰出人物，不是一个贤能之士，也不是一个真君子，他就是一个真小人！只有这样，我对老高所作所为，才能得到一个合理的解释。

看见没有，欧阳修开门见山，说老高啥也不是，就是一个小人，这就等于把他彻底钉在耻辱柱上了。

所谓的先声夺人，就是如此。

随后，欧阳修继续书写精彩的内容——“论这个小人，是怎么炼成的”。

欧阳修道，人的性格，刚正果敢也罢，怯懦软弱也罢，都是天生的，很难改变。即使是圣人，也会有很多瑕疵，何况是一般人呢？就拿老高这个人来说吧，老高他上有八十岁的老母，自身又爱惜官位，害怕忍饥受冻，还贪图富贵钱财，所以他害怕得罪权贵，对宰相的意见也是百依百顺，连个屁都不敢放，这是人之常情，无可厚非，我们也要理解他。说到底，老高就是一个平庸的不称职的谏官罢了。但是……现在的问题是什么呢？虽然我们降低了对老高的要求，这个人却蹬鼻子上脸、把自己当回事了，他还要当君子了！

因此，我在这里奉劝老高：您这个人，胆小怕死、资质平庸、不敢给范仲淹辩护，也就算了，您保持自己独特的尿人个性，我们也认了。但是，您还要摆出一副器宇轩昂、扬扬得意的样子，通过诋毁范仲淹来提高自己的威望和能力。那么，这样的结果，会怎样呢？

欧阳修说，我很负责地告诉您：“夫力所不敢为，乃愚者之不逮；以智文其过，此君子之贼也。”意思是：“有能力而不敢去做，那就是一个愚笨之人；用小聪明来掩盖自己的过错，那就是一个君子的敌人，一个君子之贼了！”

这番言论，真是把高若讷骂了一个狗血喷头，堪称过瘾。

有些人就会说了：“欧阳修这么骂高若讷，是不是太刻薄了点儿？世间之大，一人一种想法，范仲淹也不是一个十全十美的人，你能保证他干的事情，都是对的吗？高若讷反对范仲淹，也许有他自己的道理吧？”

殊不知，对于这类人的问题，欧阳修早就想好了对策。

天下第一骂人男

欧阳修继续道，从范仲淹近三四年的表现看，他不仅是一个君子，而且是一个非常贤明的君子。范仲淹不仅得到了皇帝的信任和重用，而且还深得大臣们的拥护。对于这么一个人，老高不管是批评他，还是不批评他，都是不对的。

如果范仲淹是一个好人，是一个贤明的人，是一个君子，那么，他现在遭人陷害，老高作为谏官，为什么不站出来，替范仲淹说话呢？这个时候不替君子说话，你老高就是失职，有不可推卸的责任！

反之，如果范仲淹是一个坏人，是一个昏庸的人，是一个小人，那么，范仲淹入朝为官时，你老高为什么不去阻止他？范仲淹担任天章阁侍制这种关键职务时，你老高为什么选择沉默不语？现在，范仲淹被轰出朝廷了，你却大放厥词，说范仲淹的种种不是，你早干吗去了？可见，老高就是一个只会说风凉话、打马后炮的小人。身为言官，如此失察，老高难辞其咎！

看见没有，这就是文字的力量！正说反说，怎么说，都是欧阳修有理。这种强大而缜密的逻辑语言，足以把高若讷彻底搞臭，让他苦不堪言，无言以对。

即使把高若讷骂成这样，欧阳修也没打算停笔，他继续骂道：我认为，当今皇帝即位以来，进用谏官，虚心采纳意见，如曹修古、刘越这类谏官，虽然已经去世，但精神永存，依旧被人称颂。如今，范仲淹是天下贤人，能够跟他生活在一个时代里，就是咱们的幸运了，你老高怎么还能去诋毁他呢？我给你三条建议，希望你以范仲淹为榜样，好好学习一番。

第一，既然你不能胜任谏官的职务，你就应该主动辞职，赶紧滚蛋。

第二，你明明不是一个合格的谏官，可是在余靖家中，还觍着一个大脸胡说八道，诋毁范仲淹。这足以说明——你根本不知道在这个世界上，还有羞耻二字！当然了，你不知道羞耻二字无所谓，但我悲哀的是，一个堂堂大宋谏官，竟然不知道羞耻二字，这就太让人难堪了。毕竟，今天你的所作所为，是要写入历史书中的，未来蒙受羞辱的，不是你这个君子之贼，而是我们整个大宋王朝！

第三，既然你不知道自己是一个羞耻的君子之贼，我还是要拜托你一件事情，希望你尽一下谏官的职责，告我一状吧。

告我什么呢？既然你认为范仲淹被贬，是因为他结党营私。那么，就请把这封信交给皇帝，状告我与范仲淹结党，让天子杀了我吧，也让全天下人知道范仲淹被贬的真正原因。你这样干，也算是一个好的谏官了。

前几天，我在安道（余靖的字）家中，见你在议论范仲淹，我不敢苟同你的思想，本打算当场辩论。只不过，当时还有其他客人在场，我不能畅所欲言。因此，我写了这封信，恭敬地让你看看。不多言了，欧阳修再拜。

大家看看，谁说书生百无一用，他们有笔如刀、文辞犀利、字字诛心，足以将一个人彻底击垮、遗臭万年。

此文一出，高若讷算是彻底完了。从此之后，君子之贼这个称号像一把宝剑，死死把他钉在历史的耻辱柱上，让他永世不得翻身！

可想而知，看完这封书信，高若讷气疯了，他第一时间拿着这封书信，来找皇帝评理。

高若讷的这种表现，更加印证了自己就是一个君子之贼。假如高若讷是一个高风亮节的君子，他完全可以回信给欧阳修，对自己的所作所为进行解释，或者是直接登门拜访欧阳修，进行一场“高山与高山”的对话，互相倾诉、求同存异、达成共识，最终一笑泯恩仇。

然而，高若讷却跟其他“犬儒”一样，在外面挨了“打”，马上来找主子，求安慰、求保护、求赏赐了。

在高若讷的哭诉下，宋仁宗为了安慰这条小狗，颁布了一道圣旨——欧阳修目无尊上、发配夷陵（今湖北宜昌），以儆效尤。

至此，欧阳修也被贬出了朝廷，成为下一个殉道者。

那么，伴随着欧阳修的被贬，这场轰轰烈烈的君臣之争，终于可以告一段落了吧？

非也，还远远没有结束。

欧阳修被贬的事情，在当时引起了很大的社会反响。馆阁校勘蔡襄读完欧阳修的《与高司谏书》后，大为感慨，他书写了一首诗歌，名《四贤一不肖》。蔡襄称赞范仲淹、欧阳修、尹洙、余靖为“四贤”，而高若讷就是那个“一不肖”。

这里多说一句，蔡襄虽不是“宋朝六大家”之一，但他也是一个大才子。

北宋有四大书法家，分别是“苏、黄、米、蔡”，其中的这个“蔡”，就是蔡襄（也有人说应该是蔡京，但蔡京的名气太臭，最终被删除了）。

这么“牛”的文人写的诗句，结果可想而知。

史料记载，此诗出炉后，立刻轰动全国，史称“布在都下，人争传写，鬻书者市之，颇获厚利”。即，大家竞相购买，抄书的人写到手软，“印刷业”都赚发了。

这首诗还流传到了国外，多年之后，宋朝使者出使辽国，在幽州城的一个驿站里，发现了贴在墙上的《四贤一不肖》的诗稿。原来，这是当时契丹使者买回来的。

可见，这首诗句在当时，带来了多么大的影响。而书写这首诗句的蔡襄，又将得到一个什么样的结局呢？

出乎意料的是，虽然很多官员要求严惩蔡襄，但宋仁宗最终释放了他。不仅如此，宋仁宗还特别下令：范仲淹的朋党一案已结，以后谁也不许再拿它说事了。

原来，宋仁宗之所以惩罚尹洙、余靖、欧阳修等人，其本质，就是要拆散范仲淹的朋党。然而，在贬官过程中，宋仁宗惊讶地发现，范仲淹的“朋党”之多，完全超出了自己的想象，真可谓野火烧不尽，春风吹又生，无穷无尽也。

宋仁宗好好地反思了一下，最终，这位皇帝认为，范仲淹应该没有朋党，他也没有组织过什么朋党，之所以官员们围绕在他的身边、始终追随他，是因为范仲淹有一种“先天下之忧而忧，后天下之乐而乐”的君子之风，他代表着千年以来的道统礼法，因此大家都愿意追随他。

那么，既然范仲淹没有党羽，皇帝对他以及他的“党羽”的惩罚，也就到此为止了。

事实证明，在处理朋党问题上，这是宋仁宗最聪明、最理智的一次，也是唯一的一次。后来，当庆历新政时，宋仁宗在处理那个朋党问题时，就显得稀里糊涂、一团糨糊了。

未来的事情，还是未来再说。书归正传，在赦免了蔡襄后，这场围绕范仲淹的“朋党”一案，终于告一段落了。

那么，范仲淹就能回到朝廷了吗？他在地方上，又经历了哪些事情呢？

“三黜人”的囧途

从天圣七年（1029 年）痛骂刘娥开始，到景祐三年（1036 年）被吕夷简挤出朝廷为止，七年三遭贬，对于范仲淹而言，真是倒霉到了极点。

回过头看看范仲淹的履历——自当官以来，范仲淹“南征北战”，到处奔波，比他养父还勤快。亳州、泰州、应天府、河中府、陈州、睦州、苏州……都留下了他的足迹。现在，范仲淹还要去饶州赴任。

这样一算，范仲淹在京城的时间，也就不过一年半而已。

自古以来，一个忧国忧民的大臣，只有待在中央，才能完成自己治国、平天下的伟业。一旦调离了中央，只能被慢慢地边缘化，最终完蛋。

范仲淹深知被贬黜京城的下场，但对于这样的结果，他却并不在意。对于范仲淹这种不以物喜、不以己悲的人而言——人生，没有过不去的坎，只要自己还活着，就一定能够卷土重来，东山再起！

当然了，虽然范仲淹不愤怒，但也有苦闷的时候。他苦闷的，就是别人对自己所作所为的不理解、不支持、不合作。

“明扬士类，宰相之任也。公之盛德，独少此耳！”意思是：“公开选拔表扬士子，是宰相的责任。您有如此广盛的荣耀和恩德，却没有这样做！”

这段话，是范仲淹对一个人的怒火。这个被骂的人，就是当时的副宰相——王曾。

当时，王曾是唯一能压制吕夷简的人（还没被轰出朝廷，不过也快了）。以王曾当年对抗丁谓、制约刘娥的威望，以他那个七年宰相的简历，无论从哪一点看，王曾都能压制吕夷简，只要他开口说一句好话，范仲淹就不会败得这么惨，也不会被轰出朝廷。然而，在范仲淹进献《百官图》、跟吕夷简“吵架”的整个过程，王曾却躲在了一边，就这样看着范仲淹惨败，看着他被轰出了朝廷。

鉴于此，范仲淹失败后，亲自去了一趟王曾府。范仲淹要当面问清楚——老子在前线浴血奋战，你不出力也就算了，为什么连“摇旗呐喊”都不干？

史料记载，面对范仲淹的质疑，王曾叹了一口气，慢慢地说了十二个字——夫执政者，恩欲门己，怨使谁归？

从字面上解释，王曾的这段话，应该这样解释——掌握国家政权的人，如果想获得全天下人的恩欲，那么全天下人的仇恨，又将给谁呢？

深一层解释——掌握国家政权的人，如果想让全天下人都说他的好，却不说他的坏，这可能吗？

更深一层解释——掌握国家政权的人，如果想让人说他的好话，那么，就必须找出一个人，来承担自己所有的骂名。

在皇帝眼中，这个承担自己骂名的人，就是吕夷简。

一语惊醒梦中人，范仲淹也是一个饱读诗书的主，在略加思考后，他立刻明白了王曾的意思，也明白了自己被贬的真正原因。

其实，王曾的这番话，还有更深的一层解释，人生在世，没有完美的人，也没有圣人。皇帝需要范仲淹这样的忠臣，替他“治国”；皇帝也需要吕夷简这样的小人，替他“保家”，这两种人相辅相成，缺一不可，没有必要非争一个是非黑白。

假设，范仲淹扳倒了吕夷简，那皇帝就不需要吕夷简这样的人了吗？等下一个“吕夷简”出现时，范仲淹要怎么办呢？继续搞、继续办，搞一个头破血流、至死方休？让整个国家在一片打击、攻击、谩骂中过日子？

所以，在王曾的眼中，这个世界有阳，就必须要有阴，只不过让阳面多一些、阴面少一些罢了。如今，吕夷简虽然大权独揽、打击异己，但还没到天怒人怨、祸国殃民的地步。如果自己认同了范仲淹，一起反对吕夷简，就等于是大宋王朝的宰相与次相全面开战了！到了那个时候，前朝的那些党祸之争，也将在这个王朝上演了。这个结果是王曾无论如何也不愿看见的，所以他无法出手，只能看着范仲淹降级罢免、自认倒霉。

其实，王曾这样说，也是告诫范仲淹：不要拘泥那些细节，非要分一个黑白是非。一旦把人分得太细，就一定会出现党争。到时候，群臣只能分成两派，彻底开战了。国家的未来，也只能在这种一锅粥的局面下，彻底灰飞烟灭。这样的结果，是你范仲淹希望看到的吗？

肯定不是，但或许，也是……

虽然在史料中，范仲淹对王曾的这番见解，完全同意。但是，没过多久，范仲淹就彻底忘记了。最终，就是拜那套犬儒、君子儒的思想所赐，范仲淹一手开创了“党争时代”，这场党争整整持续了五个王朝，直到宋徽宗时期，才彻底消失。

还是那句话，能改的，叫作缺点；不能改的，叫作弱点。

寇准这辈子，就死在自己的弱点上；下一个殉道者，则是这个范仲淹。

这，就是他们的命。

《灵乌赋》VS《灵乌赋》

景祐四年（1037年），对于宋朝而言，真是一个多事之年。

这一年，王曾被吕夷简暗算，黯然离京；这一年，包拯结束了长达10年的丁忧，终于出山；这一年，在今天的四川省眉山市，一个永载史册、创作出无数脍炙人口诗句的天才，呱呱坠地了。

当然了，有人降生，就一定会有人过逝。这一年，范仲淹的夫人李氏，因为常年奔波、水土不服，黯然病逝了。

“圣贤”的夫人病逝了，志同道合的那些君子儒们，自然要来悼念一番。范仲淹的好友梅尧臣得知此事后，立刻写了一封信，送给范仲淹，以为悼念。同时，梅尧臣还给范仲淹送去了一篇《灵乌赋》，希望范仲淹改变一下自己的臭脾气，重新做人。

史学家认为，梅尧臣的初衷是好的，也没有诋毁范仲淹的意思，但是这个哥们儿，太不会说话了。

因为，在这篇《灵乌赋》中，梅尧臣是这样劝慰的：“你看看那些兽中麟、虫中龙、鸟中凤，它们平常不说话，该出声的时候，才出声；不出声的时候，绝不出声，这才是生存之道呀。反之，看看不识时务的乌鸦吧，天天叽叽喳喳的，只能招人恨，只能‘招唾骂於邑闾’！所以，你要管好你的嘴，不该说的事情，别说；不该管的事情，别管。明哲保身，沉默是金，难得糊涂，这样才能活着不累呀！”

通过这篇文章，我们就能知道，这个梅尧臣就是一个明哲保身的“犬儒”。但是，奇怪的是，为什么在历史上，司马光、王安石等人对他赞不绝口，欧阳修更是称其为自己的挚友呢？按理说，他们不是一个世界的人，应该道不同、不相为谋呀？

其实，不要一竿子把人打死，咱们看看梅尧臣的履历，就能知道他书写这篇文章的原因了。

梅尧臣（1002—1060年），字圣俞，世称宛陵先生，安徽宛陵（今安徽省宣城市）人，北宋著名现实主义诗人。梅尧臣才华横溢，与苏舜钦齐名，时号“苏梅”；又与欧阳修为挚友，并称“欧梅”。梅尧臣写的诗句，以写实为主，反对西昆体，所作力求平淡、含蓄，被誉为宋诗的开山祖师。

史料记载，梅尧臣出生在一个很普通的家庭，他从小就特别喜欢读书。欧阳修就曾经说过：梅尧臣“幼习于诗，自为童子，出语已惊其长老”。

据说，梅尧臣小时候，不，那个时候他叫梅圣俞。梅圣俞幼年时，经常在村头的一块青石板上读书写字，时间长了，竟将青石板磨得光溜溜的。当地居民就称这块石板为“读书石”。

后来，有一个官员路过此地，一看这块青石板不错，就想拉走做成墓碑。乡亲们不让拿，官员就要抢，大家僵持不下时，突然有人大喊道：“这块青石板是‘圣俞读书石’，谁也不许动！”

圣俞？圣谕！

官员一听“圣谕”二字，立马逃跑了，再也不敢打这块石板的主意了。

虽然这块青石板保住了，但梅尧臣一琢磨，说自己“圣俞”的名字太敏感了，早晚得出事，于是，就改名叫“尧臣”了，他立志成为一个尧王爷那样的辅佐君主的贤臣。

改名后，虽然“敏感”的事情解决了，但另一个问题却接踵而来，并成为他心中的梦魇了。这个问题就是，不管梅尧臣如何努力，都无法金榜题名、光宗耀祖。

史料记载，梅尧臣多次参加科举，但屡战屡败，就是考不中。最终，梅家人急眼了，大家聚集了一笔巨款，买通了相关人员，让梅尧臣走“门荫”一途，入朝为官。

古代的“门荫”制度，是指上辈有功，给予下辈入仕的待遇，类似于现在的“走后门”。

在宋朝，这种制度也叫作“恩荫”。“恩”是皇帝的恩典，“荫”指的是父祖的庇护。正所谓“大树底下有先人，后人都能好纳凉”。“恩荫”是宋朝官员一项重要的特权，官员的品级越高，恩萌的指标也就越多。指标越多，官员的子孙、兄弟、侄子，甚至门客、家丁，当官的概率也就越高。

毫不夸张地说，一个高级官员，只要给他二十年的时间，他可以让家族内的二十名成员当官，还可以把他们都提拔为中级干部（没实权）！

这个恩荫制度，就是这样赤裸裸的不公平；这个制度，也是宋朝“冗官”的一个重要组成部分。

当然了，朝廷也不傻，为了“平息民愤”，也为恩荫制度设置了很多门槛，限制了恩荫官员很多实权。

史料记载，按照宋朝的官员制度，恩荫出身的官员，不得担任御史（监察纪委），不能当翰林学士（皇帝秘书），不许当经筵官（皇帝老师），不得担任外交使节，不得主持科举考试，不得担任国子监（国家教育机构）官员，等等。

说白了，朝廷让你通过恩荫制度当官，就是给你一个“饭碗”，拿它吃饭，这行；但若想拿它大口吃肉、大口喝酒，当大官、有实权，那没门儿。

那么，怎么当大官，怎么获得实权呢？

简单，参加科举考试，一层层考上来，这才叫“正途”出身！

在宋朝，但凡是一个有理想、有目标的官员，都不想通过恩荫制度当官，都想有一个“正途”的出身。这个梅尧臣，也不例外。但问题是，梅尧臣老考不上。你连科举考试都通不过，就别嫌弃官大官小了，也别嫌弃什么前门、后门了。

就这样，通过恩荫制度，梅尧臣终于入仕，成为一名朝廷官员。当然了，既然不是正式途径上来的，也就别想获得什么实权了。

梅尧臣入仕后，他的第一份工作是太庙斋郎。何为太庙斋郎？就是皇帝在太庙举行祭祀时，充当的执事，类似于今天的“大堂经理”。这是一个比芝麻粒还小的官儿，甚至根本就不叫官。这样的结果，让梅尧臣伤心不已。

太庙斋郎的官职极小，想在这个位置上出人头地，基本上就是做梦了。所以，没过多久，梅尧臣又想到了另外一个升级的好办法——联姻。

由于梅尧臣才华横溢，人也长得比较帅，所以在 26 岁那年，他与一个谢氏女子情投意合，完婚了。

这个谢氏，是太子宾客（官名，太子东宫属官，正三品）谢涛的闺女。他傍上了这么一棵大树后，却发现——原来大树底下，也不好乘凉！

简单来说，虽然太子宾客官职很大，但基本上就是一个闲职，也没啥实权。一个没有实权的岳父，也不可能给他找到什么像样的官职。

这不，在岳父的帮助下，梅尧臣得到了一个桐城主簿的官职（就是政府部门的一个抄写员）。没过多久，平级调任，梅尧臣又得到了一个河南县主簿的官职；又没过多久，继续平级调任，梅尧臣又得到了一个河阳县主簿的官职。

连得三个主簿的官职，梅尧臣心中这叫一个憋屈。他决定重新参加科举考试，走正规路线晋级。结果这一次，依旧没有出现奇迹，梅尧臣还是没中举。而且，因为他以“圈内人”的身份去参加考试，不符合规矩，自己的官职还差点儿没了。在家里人的破费下，梅尧臣才保住了自己的饭碗。

在这种状态下，梅尧臣非常珍惜自己的饭碗，为官也以小心谨慎为主。所以，梅尧臣也希望范仲淹能够小心谨慎，不要胡说八道，不要轻易丢失自己的饭碗。

综上所述，梅尧臣的本质并不坏，所以在历史上，欧阳修等人还是愿意跟这个犬儒交往的。

劝归劝，听归听，如果范仲淹能够听从梅尧臣的劝说的话，他就不是那个范仲淹了。

史料记载，看完了好友的《灵乌赋》后，范仲淹呵呵一笑，马上也写了一封《灵乌赋》，回击这位好友。

范仲淹在自己的《灵乌赋》中，对好友这样道：“你呀你呀，怎么能写这种诗句呢？为官之道，不就是‘奉君忘身、殉国忘家、临难死节’吗？你怎么全都忘了呢。麒麟的角再硬，凤凰再能转世重生，它们若卑微地苟且活着，又有什么意义呢？当然了，你也可以学那太仓的硕鼠，养尊处优，不干好事，吃得白白胖胖的，一生无忧；也可以学那荒城的狐狸，躲在一个小天地里，作威作福，称王称霸。可是，一旦天怒人怨，雷火降临，仓鼠和狐狸又将往哪里跑呢？我们还是要坚信孔孟之道，以天下为己任，这才是正道！”

此外，范仲淹还告诉梅尧臣：“就算全天下把我当成一只令人讨厌的乌鸦，那又怎样！我自始至终的原则就一个——宁鸣而死，不默而生！”

宁鸣而死，不默而生！

这八个字，就是范仲淹一生的行为准则，也是中华民族的精神所在。

当然了，即使范仲淹有强大的精神作后盾，他也要接受一个残酷的事实。由于接二连三地上疏朝廷、跟皇帝对着干，宋仁宗已经极其讨厌这个人了。在皇帝眼中，不到万不得已，是坚决不再重用范仲淹了。

那么，万不得已的时候呢？

史料记载，在地方修炼了五年后，当“那个地方”狼烟四起，当“那个人”登基称帝后，宋仁宗就是再讨厌范仲淹，也只能把他召回朝廷，对其委以重任了。

那个地方，就是宋朝的折腾之地——西夏；那个人，就是西夏的开国皇帝——李元昊。

第十六章 继续说西夏

北宋“战神”曹玮

三次被朝廷罢黜，还彻底上了皇帝的黑名单，范仲淹曾经绝望地认为，自己这辈子是再也无法回到朝廷了。

然而，让范仲淹万万没有想到的是，自己在有生之年，竟然遇到了一场国难，最终，就是拜这场国难所赐，宋仁宗重新提拔了范仲淹，并把他召回朝廷。

这场国难，就是西夏的李元昊另立中央，登基称帝。西夏再也不遵从宋朝领导，自己开始了单干！

那么，这个李元昊是谁呢？他又是怎么建国的呢？在刘娥统治时期，西夏不是一直臣服吗？怎么到了宋仁宗时期，却自立为国了呢？

关于这段历史，先从一个宋朝名将开始讲起。

这位名将，就是北宋时代里最强的将领、最勇猛的武将、最多谋的智将、最骁勇的统帅——曹玮。

这个人，是北宋的战神。

史料记载，咸平二年（999 年），宋朝的一代良将曹彬病重将逝。宋真宗前往看望，亲手给他喂药，又赐他白金万两。宋真宗含泪问道：“爱卿，还有何后事未了？有何遗言给朕？”

曹彬想了一下，告诫道：“太宗皇帝攻无不克、战无不胜，也只能与契丹罢战言和，望陛下继承先人之志，不可轻易对辽用兵。”

曹彬是对的，宋太宗时期的两次对辽用兵，战死无数士兵，陨落数位战将，教训不可谓不深。再轻易对辽开战，国家就危在旦夕了。

但是，曹彬的顾虑完全没有必要。咱们前面已经讲过了，宋真宗已经用实际行动证明——所谓的伐辽，就是扯淡，他这一辈子都不会开战。即使胜局在握，他也不会出兵，而是留给后人。宋真宗这辈子，就是一个“怕死鬼”！

对于曹彬的建议，宋真宗完全同意，他接着问道：“他日，国家有战事时，谁能为将？谁能担当守卫边防的重任？”

曹彬道：“曹璨和曹玮，皆可胜任。”随后，又补充了一句，“曹璨不如曹玮，他日有战事，首推曹玮。”

一听这话，宋真宗道：“曹璨和曹玮，不是你儿子吗？”

曹彬喘着气回答：“陛下问的是谁可为将，又没问谁是我儿子。”说完，曹彬咳嗽不断，只能闭口不语。

宋真宗见状，安慰几句就起身告辞了。当晚，曹彬去世，享年 69 岁。赵恒痛惜不已，追赠其中书令，追封济阳郡王，赠谥号“武惠”。

曹彬病逝后，宋真宗接受了曹彬的提议，把他的两个儿子提拔为将领。而历史也证明，知子莫若父——曹玮的成就，不但超过同时代的所有将领，甚至超过父亲，站在宋朝武将的最顶峰！

综观曹玮一生的履历，从 19 岁步入军旅后，他先后担任过渭州知州、镇戎军知军、欢庆路兵马都钤辖、真定路兵马都钤辖、华州观察使、彰化军节度使、昭武军节度使、彰武军节度使，等等。

从这份履历中，我们可以看出，曹玮的一生遍及了宋朝所有“患处”所在。早期，李继迁活跃时，曹玮到西线，防御西夏；李德明服软后，曹玮到北地，抵御契丹；宋辽和好后，曹玮又到西线，对付日渐兴起的吐蕃新一代首领唃厮啰。

这位仁兄，真是一个名副其实的“救火队员”。

史料记载，曹玮精算计、善谋略，用兵神出鬼没，打得西南诸部，无不畏惧，无不臣服。

有一次，西夏军来犯，曹玮率军迎击。见到宋军后，西夏军马上丢下许多牛羊辎重，第一时间逃跑了。

很明显，这是西夏人的计谋。很多官员下令，禁止士兵抢劫敌人留下的物资。然而，曹玮没有这种顾忌，他告诉大家，随便拿，全都给我带回家。

回去途中，由于牛羊到处乱窜，导致宋军毫无阵型可言，部下有些担忧，就劝曹玮丢掉牛羊，重整旗鼓，以防敌军杀一个回马枪。

对于这个建议，曹玮还是不听。

又走了一段，后方的探马来报，说西夏已经杀了回来，现在两军不过十里。一听这话，唯曹玮临危不惧，他命令士兵继续驱赶牛羊回营，自己则率领亲军在后方御敌。

过了一会，西夏人来到，见曹玮在后方亲自御敌，这有点儿超出他们的预料，所以就没有第一时间发动攻击。

在西夏人犹豫之际，曹玮派使者告诉他们："你们一路奔波至此，现在比较疲惫，我不想乘人之危，让你们说我胜之不武。现在，你们休息一下，等你们休息够了，咱们再决一死战。"

西夏军队确实疲惫不堪，他们巴不得休息一下，所以对于曹玮的建议，西夏军没有一丝一毫的怀疑，就坐下来休息了。

休息了半个时辰后，曹玮再次派使者告诉他们："你们休息够了吧，我们可以决一死战了。"

于是，双方排好阵型，开始决战。结果，这根本不是决战，而是一场单方面的虐杀。在这场战斗中，西夏人毫无战斗力可言，明明休息够了，却各个疲惫不堪。不费吹灰之力，宋军就把西夏军打得丢盔卸甲、狼狈而逃。

对于这样的结果，诸将都觉得赢得莫名其妙，他们便请教曹玮。曹玮解释道："虽然敌军急行了上百里，早已人困马乏，但是，敌军锐气还在，当他们刚刚攻过来时，如果我们主动出击，我军即便能够获胜，也会付出不小的代价。这就好比一个走远路的人，不管他走多远，都不觉得累。但是，若让他休息一下，反会疲惫不堪、手脚麻痹了。当时，我故意让敌军休息，不是我多么宽容大度，而是在等他们士气松懈、疲劳发作。这样一来，敌军焉能是我军对手？”

听完曹玮的解释后，诸将皆竖起大拇指，无不赞叹道：“高，实在是高。”

曹玮这种出人意料的用兵故事，还有很多。

大中祥符九年（1016 年），唃厮啰的宰相李立遵想自立为王，他要求朝廷立他为“赞普”。被宋朝拒绝后，李立遵恼羞成怒，调集了三万吐蕃大军，攻打宋朝的秦州城。

在攻打期间，李立遵还放出狠话，“要跟曹玮在秦州城决一死战，当日攻城，就可在城内吃饭”等。

史料记载，对于李立遵的这些狠话，曹玮都懒得理。你想在秦州城下决战，凭啥？我的地盘，我说了算！

九月，曹玮率领秦州驻泊钤辖高继忠、驻泊都监王怀信等人，带领六千精锐部队，渡过渭水，在三都谷一带摆下阵势，抵御敌军。

九月二十四日，探马来报，敌军即将来到三都谷。听到这个消息时，曹玮正在吃饭，闻报后继续悠闲用餐。直到探马报告，吐蕃人距离自己只有几里之遥时，曹玮才放下餐具，披上铠甲，出城迎战。

战争开始时，曹玮看着对方黑压压的敌军，不为所动，他对左右问道：“我军谁的箭术最好？”

左右说：“李超箭术，最为了得。”

曹玮随唤李超前来，指着对面一个将领道：“你需要带多少骑兵出阵，可以射杀那位番将？”

李超观察了一下，拍着胸脯道：“十五骑足矣。”

曹玮大喜道：“好，我给你一百骑兵，务必射杀此将，否则提头来见！”

李超回应道：“凭太保的神威，只要五十名骑兵护送我到敌人近前，即可得手。”说完，李超领命而去。

当时，数万吐蕃军正准备攻城，突然看见城中冲出一百骑兵，风卷残云似的冲向自己，吐蕃人还在奇怪，说宋军派出这么点儿人马，这是要干啥？

孰料，突然那一百骑兵向左右分开，中间冲出一射箭高手，此人上箭拉弦，弓如满月，一箭射出，正中对方指挥官的咽喉。

指挥官中箭身亡，吐蕃军队大乱。就在此时，曹玮一声令下，身先士卒，率兵从敌军侧后方猛攻。在宋军精骑的攻击下，吐蕃军阵势大乱，被曹玮杀得狼狈而逃。

三都谷之战，曹玮以六千骑兵，大败吐蕃三万大军，创造了人类战争史上又一个“以少胜多”的奇迹。

从任何数据看，这一战都是宋朝“完美”的一战。这一战，也打出了曹玮的威名。曹玮在世时，吐蕃就没有动过一次入侵宋朝的念头。

除了指挥大兵团作战，在一些细节和谋略上，曹玮也能处理得“干干净净”。

史料记载，为了瓦解宋军，党项的李德明给出了极高的佣金，用来招抚宋朝将士。他还许诺，只要宋军肯投降，必定升官发财。为此，很多宋军被金银所吸引，选择了叛逃。

有一次，曹玮正和客人下棋，突然手下人禀报道：“有五个将士叛逃，恳请下令追击。”孰料，曹玮根本不予理睬，继续下棋。

过了一会儿，下属又禀告道：“叛军已经出城十里，恳请下令追击。”听完后，曹玮还是不理，继续下棋。

又过了一会儿，下属着急禀告道：“叛军已经出城三十里，再不追击就晚啦！”这一下子，曹玮抓起一个棋子，扔到下属的脸上，痛骂道：“那几个士兵是我派出去的，你不要再说了！”说完后，曹玮留下那个一脸不得其解的下属，继续跟客人下棋去了。

几天后，这些叛军见到李德明，李德明二话不说，就把这几个人杀死了。消息传回宋营后，宋军纷纷痛骂李德明心狠手辣、不守信用，从此以后，再也没有宋军叛逃了。

其实，那几个士兵，根本不是曹玮派出去的，他们是真的叛变了。曹玮之所以不派兵去追杀他们，是料定了宋军中必有西夏的奸细。曹玮故意那样说，就是要借李德明之手，替自己杀掉叛徒，结果李德明完全中计，还自毁了招降宋军的诡计。这等计谋，不服不行。

当然，能打仗，善用计，这些确实让人敬佩，但曹玮最让宋人佩服的，还是他的那三个预言。

曹玮的三个预言是：

一、在吐蕃与宋朝关系恩爱无边时，他一口咬定，吐蕃首领唃厮啰必会叛乱。

二、在李继迁去世时，曹玮建议出兵西夏，击败李德明。

三、在李德明对宋朝称臣纳贡时，曹玮就料定，其子李元昊必反。

事实证明，曹玮确实就像那高卧隆中的诸葛孔明一样，在事情仅仅露出端倪时，就已经料定了天下大势。

那么，在曹玮的预言中，那个必反的李元昊，又是一个什么样的人呢？

三个预言

史料记载，曹玮一生有三个预言，其中最后一个，也是最重要的一个，就是李德明的儿子李元昊必反！为什么这么说呢！

因为，曹玮从李元昊的很多小事上，就能看出这个人的野心和雄心了。

李元昊，拓跋氏，后改称嵬名曩霄，小字嵬理，李德明长子，西夏开国皇帝。

跟很多开国皇帝一样，李元昊也是一个“奇葩”。史料记载，李元昊喜欢看书，且看的书又多又杂。他看汉人、番人的书籍，看佛教经书，看法律著作，还看各种兵书，尤其喜欢当时流行的《野战歌》《太乙金鉴诀》两本兵书。李元昊走到哪儿，看到哪儿，真是手不释卷。

汉学、番文、佛经、法律、兵书……真不知道李元昊这个小小的脑袋，是怎么把这些杂七杂八的东西装进去的。

李元昊学习这些东西，原因很简单，他要以汉学、番文去了解对手，用法律建立国家秩序，用兵法去开疆扩土，再用佛教去安抚人心。李元昊要建立一个只属于自己的王国！

从读书这点就能看出来，拥有此等志向的人，不想成功都难。

这不，李元昊从很小的时候，就见识不凡、霸气外露了。

史料记载，宋夏盟好时，西夏卖给宋朝马匹，宋朝卖给西夏丝绸、瓷器等物，双方买卖公平，童叟无欺。

有一次，宋夏双方又做了一笔买卖，西夏卖给宋朝一批马，用卖马的钱购买了一批宋朝的物资。但是这一次，西夏的使者买错东西了，这些钱都打水漂了。

见买错东西后，李德明大怒，他要杀了买东西的使者，以泄心头之恨。

虽然大家觉得使者很冤，毕竟千里奔波，没有功劳也有苦劳，即便买错了东西，打一顿就行了，何必杀头呢？话虽如此，但大家都不敢劝。

就在这时，李元昊站了出来，替使者求情了。

李元昊第一句话，就把老爹彻底雷倒了：“父王，您忘了我们是什么人了吗？”

李德明大吃一惊，问起缘故。

李元昊道：“父王，我们党项是马上民族，马是我们最基本的生活物资。咱们用马跟宋朝做生意，已经是资敌行为、让子民寒心了。如今，因为换回来的东西不值钱，您就要斩杀使者，以泄私愤，这是要人心尽失的节奏呀。如此一来，谁还肯为咱们卖命呢？”

一语惊醒梦中人，听完李元昊的话后，李德明立刻醒悟过来，把使者释放了。

史料记载，替这个使者求情的时候，李元昊仅仅 13 岁。

李元昊在嘴上无毛的时代，就明白自己的身份和职责了，他也清楚地知道“一个种族最重要的东西，是人；一个国家最宝贵东西，是民心”这些通俗易懂的道理了。

这个孩子，前途不可估量。

还有一件事情，更能充分说明李元昊的“野心”。

史料记载，还是在李元昊少年时代，他跟父亲有过这么一段精彩的对话。

有一天，李元昊随同父亲来到国库，看着这些堆积如山的物品，李元昊直言不讳道：“父亲，把这些丝绸、铠甲、钱财都拿出来，分给子民吧！”

李德明疑惑道：“分给子民，干吗用？”

李元昊大声道：“整顿军旅，跟宋朝开战！”

李德明大惊失色道：“对宋朝开战，你疯了不成？”

李元昊傲世轻物道：“父王，我们的国家很穷，长此下去，必将支离破碎、人心尽失。不如咱们散尽家财，组建一支十万人的部队，去开疆扩土，征战四方，自立一国。只有这样，才能让我们的国家富强起来，才能让我们的子民不受外族欺辱。到时候，我们强大了，也不用对宋朝俯首称臣了。”

听完儿子慷慨激昂的话后，李德明叹了一口气，指着仓库内那些绫罗绸缎，道：“孩子，你太年轻了，懂什么呀？你看看这些物资，知道这是我们打了多少年的仗，才得到的吗？若没有大宋王朝的庇护，咱们这个部落早就灭亡了。如今，我们党项人三十余年穿的绫罗绸缎、锦绣衣裳，都是宋朝的恩赐，做人不能忘本，更不能负心！”

看着这个窝囊老爹，李元昊不屑道：“衣皮毛，事牧畜，这才是党项人该干的事情。整天琢磨着那些绫罗绸缎，有什么用？大丈夫在世，就应该称王称霸，建不世之功！”

这个孩子，真是后生可畏，野心可以……

当时，李德明见儿子已经“着魔”了，不再跟他争执，只是“嗯嗯”两声，就把这些话都抛到“九霄云外”去了。未来的岁月里，李德明还是涛声依旧，该进贡进贡，该称臣称臣，没有一点儿忤逆的意思。

李元昊的这番肺腑之言，李德明听不进去，但是，另外一个人听后，却大吃一惊，再也坐不住了。

这个人，就是宋朝的大将——曹玮。

史料记载，听完李元昊的这番言论后，曹玮大吃一惊。在他的眼中，这个年仅十余岁的孩子，就拥有如此的见识和野心，太可怕了。从这些事情就能看出来，李元昊绝不是一个满足金银财宝、偏安一隅的尿人。这个孩子长大后，是一定要称王称霸、与大宋并肩、与宋辽争雄的！此人一旦掌权，必将成为宋朝心腹之患，西夏也必然崛起！

于是，为了消灭这个潜在的威胁，曹玮用了很多的计谋，想把李元昊诱到宋境，杀之以绝后患。可惜的是，李元昊根本不中计，曹玮的计谋一直没得逞。

后来，曹玮的手下报告，说李元昊这个人长得很独特，他“圆面高准，身长五尺余”，即身材高大，鼻子也很大（注意这里）；此人的打扮也很另类，“好衣长袖绯衣，冠黑冠”，也就是说他经常穿一身长袖红衣服，戴一个黑帽子，别人都不这样穿。

要是有人长成这样、穿成这样，甭问，肯定就是李元昊。

这个手下还告诉曹玮：“如今，我们得到了一个确切的消息，说李元昊经常穿成这样去宋夏边境的集市（榷市）上转悠，很多人都认识他。要不将军您纡尊降贵一次，咱化个装，去集市上等他，说不定哪天就能撞见呢。”

为了见一个小孩，让一个统治一方的大将，化装去集市上蹲点，可见这个主意有多馊。然而，为了见到李元昊，曹玮竟然依计而行了。他真的穿上了便装，去集市上等李元昊了。

去了几次后，曹玮都没有见到李元昊，但曹玮决心不变，他不惜用各种办法，也要见一下这位传说中的契丹少年。曹玮派密探潜入西夏，偷偷画了一幅李元昊的画像，这才得偿所愿。

史料记载，曹玮看完李元昊的画像后，大吃一惊，说出了一句千古名言："真英物也，若德明死，此子必为中国患！"

事实证明，曹玮的预测完全正确。

有一天，三司盐铁副使王鬷出差办公，路过曹玮的防区，特意去拜访了他。双方聊了一阵后，曹玮觉得王鬷人不错，就希望他多留一天，说有要事商量。

曹玮都这样说了，王鬷焉能不从。第二天，双方吃完饭后，曹玮屏退左右，对其小声道："曹某不才，会一些相面之术。你先前说，有人看过你的面相，说你能当宰相，我看不可能。但是，我看你的面相，倒是能当枢密使。"

一听这话，王鬷极其兴奋，虽然当不上宰相有点儿可惜，但能当上枢密使、掌管一个国家的军务，也够本儿了。

王鬷兴奋地问道："谢大帅吉言，我一定为了这个目标而努力，只不过，王某乃一文人，不懂军务，还望大帅赐教。"

曹玮道："打仗之道，无非就是兵来将挡，水来土掩，只要肯用心，都能学会。只不过，未雨绸缪，防患于未然，才是必须要注意的事情。"

王鬷听出了曹玮话里的意思，问道："国家有何需要防范之事，还望赐教。"

曹玮一脸严肃道："西夏李德明有一个长子，名李元昊，年仅十余岁，已见识不凡、霸气外露。二十年之后，当他叛乱时，正是公当枢密使之时，希望你提前做好准备！"

那么，王鬷做好准备了吗？

没有，压根儿就没有！当时的王鬷，只认为曹玮夸大其词，压根儿就没往心里去。

在王鬷的眼中，一个十余岁的娃娃，毛还没长齐呢，能干什么事情？曹玮这么害怕一个乳臭未干的小娃，是不是也太危言耸听了。

王曮没听劝告的下场是——二十年后，李元昊率军伐宋，王曮恰好担任枢密使，他因疏于防范，被迫下岗，最终自食恶果。

早知如此，何必当初，悔之晚矣……

李元昊即位

天圣八年（1030 年）二月二十一日，北宋最后一位配享太庙的武将逝世。曹玮病逝时，享年 58 岁。宋仁宗为他辍朝两日，追赠侍中，谥号“武穆”。

纵观曹玮的一生，基本上打遍天下无敌手。曹玮镇守边疆期间，李德明被他彻底收服，唯曹玮马首是瞻；契丹人广知曹玮的威名，契丹使者经过他的防区时，一律慢行，不敢策马狂奔，唯恐得罪了这位爷；吐蕃人更是被曹玮治得服服帖帖，曹玮在世时，吐蕃首领唃厮啰没动过一次入侵宋朝的念头，每次听到曹玮的名字，唃厮啰都会不由自主地向东面行礼……

毫不夸张地说，宋仁宗在位初年，天下为何如此太平，周围蛮夷为什么对宋朝如此客气和恭敬，那都是曹玮打出来的，是他一刀一枪拼出来的结果！

曹玮，不愧为大宋王朝的战神。

大宋的战神却病逝了。对于李元昊而言，他真的要好好地感谢上天一番。因为，在他即将雄起的时候，上天替他解决了一个心腹之患。他的运气，真不是一般的强。

实际上，李元昊的运气，还不止如此。

一年后，天圣九年（1031 年）十月，李德明去世，时年 51 岁。根据李德明生前的遗嘱，长子李元昊登基称帝，成为新的掌门人。

至此，伴随着曹玮、李德明的病逝，李元昊终于摆脱所有的束缚，干自己喜欢的事情，去完成自己的野心了。

至此，一个崭新的时代，终于到来！

这个新时代的起点，就从宋朝册封李元昊官职开始。

当时，党项是宋朝的附属国，根据惯例，西夏的每一代国君，都需要接受宋朝的册封，否则不能上任。

李元昊继位后，宋朝派来使者，对其册封。按理来说，上邦大国来了特使，李元昊应该准备好所有礼仪，请宋使上坐，他在下面毕恭毕敬地跪着接旨才对。结果呢？宋朝特使来到时，李元昊正在打猎，他只回了一句话，就把宋朝特使给噎了个半死："你们真会挑时候，没看见老子正忙着吗？等老子打完了猎再说！"

宋使们瞠目结舌，愤怒不已：你一个小小的外藩之臣，竟然让天朝的上邦使者等着，真是冒天下之大不韪，荒唐可笑。

然而，愤怒归愤怒，这里毕竟是人家的地盘，为了自身安全，宋使们只能选择忍耐。后来，在等待了数个时辰后，李元昊才姗姗来迟，接受宋朝的册封。

没册封前，就出了这么多的事情，李元昊要是能乖乖接受宋朝册封，那才叫见了鬼。

史料记载，宋使宣读册封诏书时，李元昊本应该跪在地上，聆听圣训，结果，李元昊根本不跪，他就站在一旁，双手掐腰，一点儿没有尊重宋朝的意思。

看见李元昊如此行事后，宋使大怒，当即表示："你李元昊不跪，我们就不念圣旨，也不册封你官职！"

李元昊反驳道："我就是不跪，你们爱念不念！"

一方要跪，一方不跪，双方就这样争执了起来，而争执的结果是——李元昊输了，他最终跪下了。

李元昊跪下后，宋使非常高兴，这才宣读圣旨，册封了李元昊官职，并完成了这个册封仪式。

孰料，册封仪式刚刚结束，李元昊就再生事端。

原来，宋使宣读完圣旨后，李元昊本应叩拜接旨，结果李元昊根本就没磕头，他腾地一下站了起来，对着左右大喊了一句极其忤逆的话："如此国家，尚屈膝于人，此先王之大错也。这种事情，我以后再也不干了！"

说完，李元昊根本不接圣旨，就拂袖而去了，留下了不知所措的宋使。

这种事情，你不干了？那你要干啥，难道要造反不成……

当晚，李元昊准备了一桌酒席，为宋使们接风洗尘。毕竟，人家大老远来一趟，得请人家吃顿饭。哪怕这是一顿鸿门宴，也得请。

其实，这顿饭，虽然不是鸿门宴，但也有过之而无不及了

因为西夏是宋朝的附属国，所以根据惯例，双方要东西而坐，以视平等。结果，李元昊根本不管那一套，他自己坐到了北面，让宋使坐到南面了。

这样的座位顺序，让宋使们彻底“炸”了！

咱们都知道，中国自古有一个习俗，为了躲避寒冷的北风，房屋永远都是南面开门，久而久之，我们就把北面视为“至尊”的地位了。所以，在中国的文化里，北面就成为胜利者的标志。帝王的座位要坐北朝南，这叫“北面称尊”；打了败仗、臣服他人，叫“败北”或“南面称臣”。

得知自己的座位在南面后，宋使大怒，他们告诉李元昊，上国之臣当下国之君，我们宋朝的使者跟你东西对坐，已经给足你面子了。如今，你敢坐在北面，让我们“南面称臣”，真是大大的可恶，还不速速滚下来！

见宋使们对自己的安排坚决抵制、拒不落座，李元昊大怒，他对宋使道：“这是老子的地盘。我的地盘，我做主！你们爱坐不坐，不坐滚蛋。要是把老子惹急了，当心我宝剑无眼！别说什么‘两国相交，不斩来使’的规矩，今天为了你们，老子愿意破这个例！”

痛骂时，李元昊还不怀好意地指着身后，嚣张地对宋使道：“你们好好听听，我身后的帘子背后，在发出什么声音？”

宋使们聚精会神听了一会儿后，全都傻了眼。因为他们清楚地听见铸造兵器发出的声音。

这是赤裸裸的挑衅，李元昊为什么这样干，真是不言自明。

一场好端端的庆祝酒宴，让李元昊搞成这样，宋使们都傻了眼——看来，李元昊是司马昭之心，路人皆知了，再反抗下去，只能……

想明白这些后，宋使们规规矩矩地落座——再争辩下去，没有任何好处，赶紧吃完饭，平安地回到宋朝，再告那李元昊不迟。

宋使选择了息事宁人，但架不住李元昊继续挑衅。

这不，在送行会上，李元昊又再生事端。

史料记载，宋使回国时，李元昊来给他们送行。临走前，李元昊突然发难道：“回去告诉你们宋朝的皇帝，我不喜欢现在的宋朝年号，让他改一个！”

宋使大惊，问其缘故。

李元昊质问道：“你们宋朝现在的年号，叫什么？”

宋使："明道呀。"

李元昊："这不结了，你们知道我老爹的名字吗？"

宋使："李德明呀。"

李元昊："知道就好！我老爹叫李德明，你们的年号叫明道，难道不知道避讳吗？"

宋使："你说啥？！"

真是匪夷所思！让一个至高无上的汉人天子，为一个小小的蛮夷首领避讳！到底是你李元昊疯了，还是我们疯了？

宋使再也忍无可忍了，他们痛骂李元昊不知尊卑之礼、不懂人臣有别，已经彻底疯掉了，没得救了。

见宋使骂自己，李元昊大怒，他大声反驳道："呸！你们才是一群不知尊卑之礼、不懂人臣有别的人。你们汉人不知道避讳，我得避讳，要不然，我就不是孝子了。你们宋朝的年号，我不用了。你们爱改不改，反正我是不用了。来人，送客！"

在李元昊的怒吼声中，双方不欢而散。宋使回国后，立刻上书朝廷，将李元昊干的事情一一上报。这些宋使们还得出一个结论：李元昊已经明确表示不再使用宋朝年号，不对宋朝称臣，这哥们已经狼子野心昭然若揭了！李元昊快要造反了！

其实，这些宋使们根本不知道，李元昊不是快要造反了，而是已经在造反了！且他干的那些造反的事情，要比宋使们想象的，还要严重得多……

那么，李元昊干了哪些造反的事情呢？

"改造"进行时

史料记载，从登基的那一刻起，李元昊就打算摆脱宋朝，正式单飞，另立门户了。为此，他采取一系列过火、激烈的措施，为自己登基称帝、建立国家做准备。

那么，李元昊采取了哪些措施呢？

咱们都知道，一个国家政权，主要由经济、文化、政治、军事四个方面组成。现在，就让我们通过这四个方面，看看李元昊到底建立了一个什么样的国家。

第一，经济。

李元昊下令，不再用战马跟宋朝做生意了，以后西夏的经济办法，就一个字——抢！为此，他还打开了国库，全面强化军队。这些细节，下面再说。

第二，文化。

咱们都知道，给文化二字下一个准确或精确的定义，是一件极其困难的事情。但不可否认的是，一个国家必须要有属于自己的文化，要有自己的文化体系。否则，一个只信奉别国文化，自己没有一点儿内涵的国度，还能称之为国家？

为了打造只属于自己的国家文化，李元昊可谓煞费苦心、用尽了办法。当时，他一共干了五件事情，才创作出了一个属于自己、属于党项一族、属于西夏王朝的文化体系。

第一件事情，改名。

史料记载，送走了宋使后，李元昊就昭告天下：我要改名了！以前，我们家叫拓跋；在唐朝，我们家姓李；现在，我们家姓赵。这些都不是我们家最早的名字，我们家最早的名字叫嵬名。从此以后，我就姓嵬名了！

由于史料匮乏，李元昊为什么叫嵬名，不得而知。现在最权威的解释，是欧阳修给出的。

欧阳修认为，嵬名一词，出自北魏皇族的“元”姓，这个词的党项语音译，就叫“嵬名”。

这么一改名，李元昊就成为北魏皇族的后裔，这给他未来登基称帝，增加了一个重重的砝码。

姓氏有了，名字也得跟进。李元昊昭告天下，自己改名为嵬名曩霄，不叫李元昊了。后来，为了方便记忆，他又给自己起了一个名字，叫作嵬名兀卒。

兀卒这个词，在党项语中是“青天子”的意思，由此可见李元昊称霸天下的野心。

第二件事情，颁布秃发令，改变党项民族的发型。

在中国古代，衣冠发型是一个民族存在的象征，也是一个国家的标志。为了表现自己民族的特点，与中原王朝一刀了断，李元昊毅然决然地颁布了秃发令，让党项人改变发型，走只属于自己民族特点的路线。

李元昊提倡的发型，仅限于男性，这是一种脑袋中间秃，周围的头发编成小辫，自然下垂的发型，有点儿像现在的“地中海”，但多了小辫。这种发型，李元昊称其为“秃发”。

除了秃发外，李元昊还规定，每一个党项男性的耳朵上，都要戴一个大耳环，越大越好，越重越好，这叫“重环垂耳”。当然了，带着这么一个玩意，耳朵到底累不累、疼不疼，咱们再两说。

第三件事情，改服饰。

史料记载，颁布了秃发令后，李元昊再次下令：我们不再穿戴宋朝的服饰，只穿戴属于党项一族的衣服，也就是李元昊经常穿的那身衣服了。

李元昊穿的什么衣服呢？很飘逸的白窄长衫，头戴一顶红里毡冠，冠上还垂着一条红色结绶。整套衣服的模样，有点儿像明末李自成的装扮，非常华贵漂亮。

除了命令臣民穿这种衣服外，李元昊还下令：从此以后，文臣武将都要穿各自的衣服，以示区别。文臣穿朝服，戴幞头，穿靴，手拿笏板；武将穿铠甲，戴金镂冠，佩剑等。

统一服装后，李元昊还对全国的衣服颜色，进行了等级规定。李元昊下令，官员可以穿红色、紫色的衣服，老百姓只能穿青色、绿色、黑色的衣服，谁乱穿就杀谁头，以区别上下等级尊卑。

这样的效果非常好——从此之后，只要李元昊登高一望，立刻就能看出这个国家谁是谁，只要不是色盲，就绝对不会误事！

李元昊还规定，白色是国家的帝色、国色。整个西夏帝国中，只有国君才能穿白色的衣服，其他人都不许穿，出殡的人也不行！

至此，李元昊建立的这个国家，就叫作大白高国。他自己，也成为中国历史上第一个穿白色袍子登基的帝王。

第四件事情，改革礼乐制度。

史料记载，党项民族是没有礼乐制度的。归附了唐朝后，党项人才学习了唐朝的规矩，建立了一套礼乐制度。

宋朝时，党项人的礼乐制度跟中原王朝的一样，比如见了首领后，臣民要三跪九叩，奏起五乐。李元昊登基后，下令不再学习那些汉人的礼乐制度，因为这些是“桑间濮上之音，亡国之音也”。

李元昊下令，废除汉人那些烦琐的礼乐制度，以后大臣见了我，磕一个头、奏一个乐就行了，那么费事干吗？有那闲工夫，还不如在一起唠唠嗑，干一些正事呢！

根据《宋史·卷四八五》记载，李元昊废除了这些礼乐制度后，党项首领们外出打猎有收获时“则下马环坐饮，割鲜而食，各问所见，则取其长”。也就是说，大家下马围成一圈，没有上下君臣、等级尊卑的规矩，大家一起喝酒、一起吃肉，各抒己见，李元昊觉得哪条意见不错，就采用哪条。

李元昊办公颇有点儿现在“民主”的意思。在轻松、愉快的氛围中，大臣们发自肺腑地阐述自己的观点，为这个国家尽力了。而宋朝那些常见的推诿扯皮、拖拉积压、议而不决的弊端，在李元昊这里也全都不见踪迹了。

当然了，虽然李元昊为了这个国家的文化建设，干了上述四件事。但是，对比下面的这件事情，上述事情就全是小打小闹了。

李元昊下面干的这件事情，对这个国家，甚至对党项一族，具有极其深远的意义和影响。这件事情，就是创建了党项的文字。

咱们都知道，一个民族之所以能在历史的长河中留下名字，不是因为这个国家有多么地强大，而是因为有属于自己的文字。

君若不信，看看匈奴和汉、突厥和唐的区别，就能一目了然。

在中国的历史上，匈奴和突厥都是强极一时的王朝，最强盛时，甚至比中原的汉唐还要强大。但是，对比汉朝和唐朝，为什么这两个草原民族没有留下自己的历史；为什么这两个民族只留下了一丁点儿的历史碎片，就永远消失在了历史的长河里？

究其原因，只有一个，这两个国家没有属于自己的文字。

李元昊饱读诗书，清楚地知道文字的重要性。因此，在建国后，他就抛弃汉文，创建了一套崭新的文字。

史料记载，李元昊刚刚继位，就找来党项第一大学者野利任荣，告诉他：“先生是我党项一族最有学问的人，才高八斗，学富五车。我今天想委托您一件重任。就是请您创建一套属于自己本国的文字，您看，可能创建出来？”

一听这话，野利任荣大喜过望。要知道，当官的，最大的目标是当皇帝；当学者的，最大的目标就是编纂一本“新华字典”呀。

野利任荣立刻接过来这项任务，他闭关苦读，根据汉字与藏字的特点，废寝忘食地苦心钻研，终于在三年后，创作出了西夏文字。

如今，咱们一说到西夏文字，就会想到某年春节晚会上的一句灯谜："ABCD，甲乙丙丁，打一种文字"。这是什么呢？这就是西夏文。

虽然这个灯谜，有一点儿恶搞的成分，但不可否认的是，西夏文字，确实是一种四不像的文字，堪称"天书"。

原来，由于建国时间短，任务急，野利任荣在创立西夏文字时，采用了典型的"拿来主义"，东拼西凑完的工。现在，我们看见的西夏文，大多是以汉字为基础，加上一些偏旁部首（一些撇和捺），再配合甲骨文和象形文字构成的。

除了字形独特外，西夏文字还有一个神奇之处是，我们不知道西夏文的读音。

咱们都知道，现在的文字，都要配上读音方式，告诉你怎么读。但是，西夏文字只记载了文字形式，却没有记载它的读音方式，所以时至今日，西夏文字也没有一个标准读音。这种文字怎么读，俨然成为一个千古之谜。

好吧，不管西夏文字怎么读，我们知道的是，在经过了改名、剃发、换服、创建文字、改革礼乐制度等一系列的措施后，李元昊终于创建了一套只属于党项人的文化体系。从此以后，一个脱离了其他民族，自成一派的"党项一族"，终于在这个世界上崛起了。

那么，在完成了经济、文化两方面的改造后，在政治、军事方面，李元昊又如何改造，建造一个属于自己的国家呢？

继续改造

一个国家最重要的事情，莫过于建立一套合格的政治体系。在这个方面，李元昊干了下面三件事情。

第一件事情，改元。

对于李元昊而言，若想自己独自"开店"，必须跟宋朝这个"总部"彻底决裂，否则绝不可行。

决裂的最基本标志，就是另立年号，不再使用宋朝的"招牌"（宋朝年号）了。

史料记载，李元昊送走宋使后，就单方面撕毁了合约，不再使用宋朝的年号，开始自己单干。

那么，李元昊要起一个什么年号呢？

咱们前面讲过，对于皇帝而言，登基就好比是“开店”，取一个好听的年号作为自己的店铺名称，才能“吉祥如意”下去。所以选择年号时，一定要谨慎、谨慎、再谨慎。

当时，李元昊以避讳为由，将宋朝的年号“明道”改为“显道”，标志着自己要另立门户。

“显道”年号没用多久，就被李元昊无情抛弃了。因为，在李元昊的眼中，“显道”的谐音，就是“险道”呀。自己这么好的一个店铺，怎么能用这么恶心的名称呢？必须撤换。

为了给自己的店铺找一个好名称，李元昊在苦思冥想数天后，终于想到了一个好听的年号名称——开运。

“开运”这个店铺名称，是不是够高端、够大气、够上档次了。但是，别急，仅仅过了一月，李元昊又换年号了。这个“开运”的年号，也被他无情抛弃了。

因为，李元昊犯了当年赵普的错误，没有“多读书”。

在中国历史上，“开运”这个年号，是后晋亡国之君石重贵败亡的年号。它不仅被别人使用过，还是一个亡国的年号！用这么一个倒霉的年号当成自己店铺的名称，你让李元昊情何以堪？

呸，太衰了……千选万选，选了这么一个倒霉的年号，真是衰得可以。于是，李元昊下令，再次更改年号。

事不过三，在群臣的再三检查下，李元昊终于确认了自己国家的年号——广运。

至此，伴随着这个年号的注册，一个强大的国家横空出世，这个国家将与北宋、辽国三分天下，并以自己独特的方式存活一百八十九年，而且存活得比北宋、辽国还要长。

第二件事情，营造都城，设立官制体系。

史料记载，创建了国家名称后，李元昊立刻下令，定都兴州。随后，李元昊又将兴州改名为兴州府，以示尊贵。

这个兴州府，就是今天的宁夏回族自治区首府——银川。

定都兴州府后，李元昊大兴土木、营造都城。整个兴州府的布局，完全仿造唐朝的长安城和宋朝的开封城，连城门的名字，也全都仿造。

新都城的营建，皆仿造中原王朝的首都，这也标志着，李元昊俨然把自己当成一国之君，准备称王称霸了。

在营建都城时，李元昊没有忘记建立自己的政治班底。

李元昊下令，仿宋朝官制，设立中书省、枢密院、三司使、御史台、六部等。官制完全跟宋朝一模一样，官员的升迁标准、晋级尺度，也跟宋朝一样。

除了仿造宋朝官制外，李元昊还虚心向辽国学习，也建立了一套“一国两制”的制度——一个国家两种行政班底，用汉人治理汉人，用党项人治理党项人，完全学习了辽国人的那一套。

李元昊这样大张旗鼓地建造自己的国家，肯定会引起很多人的恐慌。这些人害怕李元昊这样公开地造反，会招来宋朝的军事报复，会给这个民族带来灭顶之灾，让他们阖族灭绝。

这些反对派们天天在李元昊面前游行示威，让这位“皇帝”苦不堪言。

那么，李元昊怎么平息这场公关危机呢？

其实，解决这场公关危机的办法很简单，挨个单聊呗。一个一个聊，挨个劝说，对于那些听劝的同胞，李元昊赠予他们香甜的“美酒”；对于那些不听劝的同胞，李元昊送给他们的……也只能是“猎枪”了。

第三件事情，清除异己，大权独揽。

史料记载，李元昊从继位开始，整整用了六年时间，创建自己的政治班底，消除各种隐患。

在他消除的这些隐患中，最大牌的，就是他的亲舅舅山遇惟亮和母亲卫慕氏。

山遇惟亮，名惟亮，姓名不详。李元昊下令改名嵬名后，山遇惟亮就改名叫嵬名惟亮了。所以“山遇”这个词，到底是姓氏，还是官职，抑或是封地名，史无记载，不得而知。

不管这个人叫什么，有一点毋庸置疑，山遇惟亮是李元昊的亲舅舅。

在史书中，山遇惟亮是李德明时期重要的大臣，他跟随李德明鞍前马后多年，堪称李德明的左膀右臂，也算是李元昊的托孤重臣。

咱们都知道，在中国历史上，只要新君信奉“一朝天子一朝臣”这个光荣传统，托孤重臣就只有一个结果——不得好死。

当时，李元昊想开店单干，跟宋朝开战，但他的舅舅山遇惟亮却不这样想。只要李元昊准备称帝，这个“守成之人”就会劝自己的外甥，说不要跟宋朝开战，宋朝富，咱们穷，一旦开战，宋朝一关城门，咱们的骑兵就没用了；一封锁经济，咱们就抓瞎了。这样一两年之内，咱们就都完了。所以说，咱们要安分守己，遵从宋朝的领导，享受宋朝的赏赐，这才是正道！

《西夏书事》对他的话如此记载：“中国地大兵多，关中富饶，环庆，鄜延据诸边险要，若此数路城池尽修攻守之备，我弓马之技无所施，牛羊之货无所售，一二年间必且坐困，不如安守藩臣，岁享赐遗之厚，国之福也。”

可想而知，有这么一个天天“拽后腿”的舅舅，李元昊气得咬牙切齿，他誓把这个舅舅千刀万剐，以泄自己心头之恨。

那么，怎么杀死这个舅舅呢？

一般的方法肯定不行，李元昊也不能告诉群臣：“我这个舅舅劝我不要造反，劝我不要与宋朝开战，所以该杀。你们给我找一个办法，杀了他！”李元昊不能这么说呀，他要保持自己明君的形象。

想了半天，李元昊想到一个歹毒的办法，说我不是还有一个舅舅吗？这个人叫山遇惟序，是山遇惟亮的从弟。我让山遇惟序做假证，状告山遇惟亮造反，不就结了。

说干就干，李元昊第一时间找来山遇惟序，告诉他：“我要弄死你哥，你赶紧做个假证，状告他造反。听我的话，吾以山遇官爵与汝；不听我的话，呵呵……俱族灭矣！”

让李元昊万万没有想到的是，这哥俩的感情特别好。山遇惟序听完李元昊的话后，立刻找到了哥哥山遇惟亮，告之：“哥，你摊上大事了！主公要杀你，他要我状告你谋反，咱们赶紧逃跑吧！”

山遇惟亮听完大吃一惊，他赶紧带着弟弟山遇惟序、自己的妻子野利罗罗、子阿遇及亲属二十二人，一路狂奔，逃到了宋朝的延州（今陕西延安），请求避难。

按照山遇惟亮的想法，我是西夏国领兵的大将，我还带着李元昊要造反的绝密消息，怎么你们也得接受我，让我政治避难呀。

结果呢？完全不是那么回事！

当时，宋朝的延州知州郭劝一看，我的天呀！来了这么一个大官，我可不敢接受。多一事不如少一事，我把你接受了，到时候李元昊率军来要人，我咋办？

最终，郭劝不仅没有同意山遇惟亮的避难请求，还把山遇惟亮一家打了一个“大礼包”，如数送还给李元昊了。

接收到山遇惟亮这个“大礼包”后，李元昊心想，你们宋朝太昏庸了。你们要是接受了山遇惟亮，他就成我心中一患。这下好了，啥隐患都没了，赶紧杀死山遇惟亮一家，永绝后患吧。

李元昊下令，以叛国投敌之罪，把山遇惟亮一家绑在树上，乱箭射死了。可怜的山遇惟亮一家，就这样惨死了。

射死了山遇惟亮一家后，李元昊一琢磨，说我这个亲妈卫幕氏，跟山遇惟亮是亲兄妹，她天天听这个舅舅的话，不跟我一条心，我是不是应该也把她弄死呢？

想了一段时间后，李元昊觉得，这个想法太对了！留着这个母亲，就是一个心腹之患，还是把她弄死吧。于是，李元昊给亲生母亲送去了一杯毒酒，把亲妈卫幕氏毒死了。

毒死了亲妈后，李元昊又一琢磨，说我有个妃子，也叫卫幕氏，是我的一个小表姐；在后宫，也有很多卫幕氏的女眷；在前朝，也有很多卫幕氏的族人；我把卫幕氏的母亲毒死了，这些人会不会报仇呢？我是不是应该也把他们都弄死呢？

想了一段时间后，李元昊觉得，反正已经弄死一个了，再多弄死几个也无所谓了。于是，李元昊颁布了一道命令，把卫幕氏满门抄斩、斩草除根，一个不留！

李元昊的手下得令后，立刻开始诛杀卫幕氏一族。结果诛杀期间，有一个卫幕氏不敢杀，还得李元昊圣裁。

原来，后宫的卫幕氏已经怀了身孕。这是皇帝的孩子呀，手下们哪敢动手，只能上报给了李元昊。

得知这个消息后，李元昊一琢磨，说我虽要弄死卫幕氏，但这个孩子是我的骨肉呀。这么着吧，先把卫幕氏软禁起来，等她生下了孩子，再弄死她！

要说这个卫幕氏，心可真是够大的。都这种情况了，她愣是把孩子顺利生了下来，还生了一个男孩。

当然了，生下男孩，也没用，这对母子还得去死。

原来，得知卫幕氏生下一个男孩后，李元昊就动了恻隐之心，想赦免了卫幕氏，还让她继续做妃子。然而，李元昊的宠妃也就是未来的皇后野利氏却不这样想。

野利氏害怕卫幕氏的孩子威胁自己，就对李元昊进谗言道："大王喜得贵子，恭喜大王，贺喜大王。只是，臣妾有一点不明白，为什么这个孩子长得不像大王，倒像是某个大臣的子嗣？"

李元昊一听大怒，还有这事！这世上什么都能忍，就是环保颜色的帽子不能忍！敢背着我出轨，反了你！

于是，盛怒之下的李元昊不管不顾，就毅然决然地下令：把卫幕氏母子扔进黄河，将他们活活淹死。

至此，通过一系列弑舅、杀母、诛亲、灭妻、淹子的行动，李元昊用这些亲人的血，巩固了自己的皇位。从那以后，再也没有人能够忤逆这位帝王，反对这位帝王的决定了。

为了自己的"宝座"，诛杀一切反对自己的人，综观二十四史，这样的例子数不胜数，所以李元昊的所作所为，无可厚非，也能理解。但是，人在做，天在看，不管干了什么缺德事，注定要偿还……

后来，当李元昊被儿子削掉鼻子惨死时，他一定会想到那个千古不变的词语——报应。

出来混，迟早是要还的。

一个新时代

我们已经讲述了李元昊在经济、文化、政治的造诣。那么，在军事上，李元昊又干了什么事情呢？

史料记载，在李元昊推行的一系列新政中，他对军队的改革最为彻底，也最为奇特。李元昊不仅整合了自己的部队，还建立了很多“特殊部队”，用来开疆扩土、攻城略地。

李元昊建立的特殊部队，如下：

李元昊深知部队在精不在多的道理，下令组建了一支三千人的精锐部队，叫铁林军，也叫铁鹞子军。

史料记载，李元昊给这支部队配备了最好的武器、铠甲和战马。这些铁林军身披精铁铸成的厚重铠甲，连面部都覆盖起来，只露出双眼，胯下战马也披上同样的厚重战甲。整体来看，每一个铁林军士兵，都是那个时代的一辆坦克装甲车。

战斗中，铁林军在厚重铠甲的保护下，顽强冲锋，有进无退——他们也没法退——铁林军稍有后退，就会被后面的本方士兵刺死，所以他们皆不惧死亡、舍生忘死地冲锋陷阵。这自然会勇往直前，所向披靡……

除了组建铁林军外，李元昊还组建了一支部队，叫作生擒军。

生擒军，顾名思义，就是上场抓俘虏的军队。这支部队有十万人之众，是西夏军中人数最多的武装力量。上了战场后，这些人就奉命抓俘虏，按照俘虏个数挣钱，抓得越多，挣得越多。

除了抓人外，生擒军还有洗劫村庄、打家劫舍的任务。总之一句话，这些人就是一群合法的强盗，他们以抢劫为生，也是李元昊部队经济收入的重要来源。

李元昊还组建了一支部队，叫卫戎军，也叫六班直。

这是一只由西夏贵族子弟组成的部队，有五六千人。这支部队战斗力低下，一般不上战场，任务就是守城门，相当于是李元昊的御林军，也算是废物利用了。

李元昊还组建了一支专门攻城的部队，这支部队的名字就特别喜庆，叫泼喜军。

这是一支配备了各种攻城器械的部队，他们主要的任务，就是在攻城时，操纵各种投石车，向对方城内扔石头。在扔石头时，石头像雨点一样砸向对方，有种过泼水节的意思，所以这支部队就叫泼喜军了。

除了上述四支部队，李元昊还独创了一支神奇的部队。这支部队不仅有李元昊特有的标签，也充分证明了，这个男人是多么卑鄙无耻！

这支部队，叫作撞令军。

史料记载，所谓的撞令军，是一群由汉人俘虏组成的部队，整整有十万之众。每次打仗，这些人就会被迫冲在队伍的最前面，以减少西夏军的损失。

更可气的是，让俘虏打头阵，也就算了，李元昊竟然不给他们发任何的武器，就让他们赤膊上阵，跟自己的同胞们决一死战。

李元昊干的事情，已经不是虐待俘虏了。要是放在现在，已经能够上国际法庭，判他一个“反人类”罪了！

至此，干完了上述事情后，李元昊终于可以昂首阔步、发送“贺表”给宋朝，传达自己的意思了！

一个天下大乱的时刻，终于到来……

根据《西夏书事·卷十三》记载，李元昊向宋朝递交的“贺表”，是这样写的；在宋仁宗的眼中，则是这样认为的：

李元昊：“臣祖宗本出帝胄，当东晋之末运，创后魏之初基。远祖思恭，于唐季率兵拯难、受封赐姓……”

宋仁宗：“咦？李元昊在强调自己是北魏皇帝的后裔，这是要干啥？”

李元昊：“臣偶以狂斐，制小蕃文字，改大汉衣冠，革乐之五音，裁礼之九拜。衣冠既就，文字既行，礼乐既张，器用既备，吐蕃、塔坦莫不称臣，张掖、交河咸甘稽首。”

宋仁宗：“嗯？李元昊搞礼仪、换服饰、铸文字，还让西域诸部臣服他，他很有本事呀。”

李元昊：“称王则不喜，朝帝则是从，辐辏是期，山呼齐举。伏愿一垓之土地，建为万乘之邦家。再让靡遑，群集又举，事不获已，显而行之。”

宋仁宗：“称王则不喜，朝帝则是从！这是要干啥？李元昊莫非要造反不成！”

李元昊：“遂以十月十一日郊坛备礼，为世祖始文本武兴法建礼仁孝皇帝，国称大夏，建元天授。”

宋仁宗：“我去！你小子造反了！”

李元昊：“伏望皇帝陛下，睿哲成人，宽慈及物，许以西郊之地，册为南面之君。敢竭庸愚，常敦欢好。鱼来雁往，任传邻国之音；地久天长，永镇边方之患。至诚沥恳，仰俟帝俞。谨遣驽涉俄疾，你斯闷、卧普令济、嵬伽崖奶，奉表诣阙以闻。”

“啪”的一声，宋仁宗已经不看了，他将这封书信“怒摔于地”，快被气疯了。

因为，这段文字的意思很明确，李元昊开始挑衅宋仁宗的忍耐底线了。

李元昊那段文字的意思是说：我“伏望皇帝陛下”，希望你把西郊之地赐给我，封我当坐北朝南之君。这样的话，咱们两国“鱼来雁往，任传邻国之音；地久天长，永镇边方之患”。当然了，不册封我也行，只是边境出了什么祸端，跟我无关。为了你家的安全，还请册封我吧。

在收尾时，李元昊还说了一句“极其恶心”的话——我言辞恳切地给你上表，希望你能同意我的请求。

李元昊飞扬跋扈、目中无人的表情，跃然纸上。

宋仁宗瞋目切齿、愤怒无比的表情，也不说自明。

史料记载，看完李元昊的这封来信后，宋仁宗彻底炸了。这位皇帝根本没有想到，李元昊竟然敢自己单干了！如今这个小子，竟然要当大夏国的皇帝了！

这样的结果，是宋仁宗万万不能接受的。虽然西夏和大辽同为少数民族，但他们的性质完全不一样。

辽国什么时候有的皇帝？那比宋朝还早了四十多年！论资排辈的话，人家是哥哥，咱们是弟弟。在澶渊之盟时，他们还尊宋朝为“兄”，自称为“弟”。

这么一对比，你李元昊算什么东西！就在前不久，你还是我大宋的家臣呢！你的父、祖，不过是一个小小的酋长，我大宋授你家官职，赠你家赏赐，对你算是仁至义尽。结果，你李元昊不知好歹，欺天灭祖悖逆人伦、背宋变节自立为王、恶言构陷意狠心毒，寡廉鲜耻令人发指……真是教人忍无可忍！

盛怒之下，宋仁宗立刻颁布了五道命令，誓要严惩李元昊这个小人。

第一，剥夺李元昊在宋朝的一切官职，收回赐予李元昊的所有赏赐。当然了，那个“赵”姓，还得留着。以后的史书中，也要用赵元昊这个名字记录。宋朝要让后世子孙永远知道——这个大夏国的皇帝，什么都不是，此人永远都是宋朝的家臣！

第二，关闭陕西、河东一代所有与西夏做生意的贸易市场，再也不和西夏做生意了。

第三，缉捕在京城的所有党项人，全部驱逐出境。抓捕那些党项的探子，抓住一个，赏赐一万贯。

第四，命延州知州范雍整顿兵马，全军进入战争状态，准备随时与李元昊开战。

第五，派人追上西夏的使者，把这封书信，还有李元昊上供的礼物，全部退回。

宋仁宗的上述举措，只能出气，却不能解决问题。为了解决这个跳梁的称帝小丑，宋仁宗下令，全体开会，商量如何解决李元昊。

那么，群臣商量出一个什么样的计谋呢？

第十七章 宋夏之战

宋朝的对策

史料记载，听说李元昊单飞称帝后，宋朝所有官员都炸了。武将们个个义愤填膺，主动请愿，表示不用别人，就让自己出兵，绝对能将李元昊杀得落荒而逃、鸡犬不宁！

在群臣一片喊打喊杀之声中，一场与西夏之间的战争，看来是势在必行，无法避免了。

然而，在这个节骨眼上，朝廷还是有明白人的。这个明白人就是——夏竦。

夏竦（985—1051 年），字子乔，江州德安人，北宋大臣，古文字学家。虽然在《宋史》的资料中，夏竦的父亲是大宋将领夏承皓，夏竦是一个不折不扣的官二代，但是，在真正的历史上，夏竦到死，也不知道他的爹是谁。

因为，夏竦是一名弃婴，他是夏承皓在上班时，从路上捡来的。

虽然不是自己亲生的，但是夏承皓还是付出了所有的爱，把夏竦培养成了一个能文能武的儒将，并给他灌输了极其深刻的忠君爱国思想。

原来，根据当时的惯例，朝廷若想重用一个大臣，是一定要让他出使辽国的。这种出使的考验，也成为宋朝的一种“定式”。

很多永载史册的宋朝大臣，比如欧阳修、包拯、苏轼、苏辙、沈括等，都经历过这种“磨难”，回国后，才被委以重任。

当时，夏承皓为国捐躯后，作为功臣之后，朝廷就有意栽培夏竦，让他出使辽国，回来后委以重任。但是，对于这种走走形式的工作，夏竦是坚决不去，还痛哭了一场。

夏竦一边哭，一边给出了自己不去的理由：“义不戴天，难下穹庐之拜；礼当枕块，忍闻夷乐之声。”意思是：“我恨那些契丹人，那是世仇之国。我不会对辽国君主下跪，跟辽国臣子说话，就连听契丹人的音乐，我也受不了。所以，不管说什么，我都不去。”

听完这番“慷慨激昂”的话后，宋朝官员一看，这个小伙可以呀，这个骨气很好呀。这样吧，你也别出使了，留下当一个将领吧。

至此，夏竦开始走武将路线，并一路晋级。当李元昊造反时，夏竦已经成为枢密副使、参知政事。

因为是国家的枢密副使，夏竦清楚地知道本国的实力和李元昊的实力，所以在大家一片喊打喊杀声中，夏竦保持着一颗清醒的头脑，他建议不能对西夏开战，并给出了一个自己的理由——李元昊很强，咱们很弱，现在开战，必败无疑。

为了让宋仁宗冷静下来，夏竦苦口婆心道：“启奏陛下，李元昊已经称帝了，现在让他取消帝号，已经不可能了。如果想让他取消帝号，只能派兵讨伐。但是，我们做好了讨伐李元昊的准备了吗？我们真的打得过李元昊吗？陛下猜想，太宗、真宗时期，我们是不是率军讨伐过党项一族。结果呢？以开国之初的百战之兵，以‘澶渊之盟’时不惧辽国的精锐部队，都不能收拾党项一族。凭什么现在出兵，就一定马到成功、击溃李元昊、诛杀党项一族呢？”

夏竦的这番话，引起了另一位反对出兵大臣的共鸣。这位大臣，叫作吴育。

吴育接着夏竦的话道：“启奏陛下，夏大人的话，句句在理，还望陛下三思。如今，我军准备不足，贸然开战，胜负难料。不如，现在先纵容一下李元昊，他爱叫啥叫啥，咱们不理他，慢慢地积蓄实力，等积攒到了一定程度后，再灭他不迟。”

此外，吴育还给出了一个自认为优秀的解决办法——“以外臣之礼，羁縻勿绝”。即，李元昊来攻，我们就守，不跟李元昊对攻，跟他打消耗战、持久战、经济战。打到最后，李元昊没钱了，就会臣服我们。

史料记载，夏竦、吴育说完后，满堂哄笑。大家皆痛骂这哥俩疯了，无药可救了。在他们眼中，堂堂一个大宋王朝，竟然害怕一个小小的蛮夷首领，真是荒唐可笑。

大家认为，李元昊已经把宋仁宗调侃了一顿，这要是还能忍的话，宋仁宗的颜面何存？为了自己的面子，宋仁宗也必须出兵。

当时，为了帮助皇帝坚定出兵的信心，步军副都指挥使刘平直言不讳道：“元昊侵逆，恣行杀害，众叛亲离……若以鄜延、环庆、泾原、秦陇四路兵马分为两道，益以蕃汉弓箭手、步骑，得精兵二十万，比元昊之众三倍居多，乘人心离散，嘉勒斯赉立敌之时，缘边州军转徙粮草二百余里，不出一月，可坐致山界洪、宥等州……元昊不过窜身河外穷寇耳！”

总之一句话，李元昊不过是一个鼠窜穷寇，怕他干甚？弄死他，犹如拍死一只蝼蚁。

事实证明，刘平的话，全是胡说八道；夏竦和吴育的话，才正确无比。

重新审视一下这个大白高国吧。这么多年来，李元昊南征北战，已经攻陷了无数的部落，掠夺了无数的臣民。吐蕃已经不是他的对手，回鹘也已经臣服了，河西走廊的瓜州（今甘肃安西）、沙州（今甘肃敦煌）、肃州（今甘肃酒泉）等地，也已经被他成功“落户”。

如今，李元昊建立的这个大夏王朝，是一个单凭领土面积，都绝不输给宋朝的强国；李元昊麾下的部队，也已经扩编到了整整五十万！

摆在宋朝面前的，是一个要城池有城池、要军队有军队、要制度有制度，有完完整整政权的强国了！这样的一个国家，已经能跟宋朝平起平坐、不容小觑。

灭掉这样一个国家，谈何容易？

刘平等主战派，认为夏竦等人太㞞；夏竦等反对派，认为刘平等人太疯，双方难以求同存异，只能继续争持下去。在未来很长的一段时间里，主战派和反对派争辩得不亦乐乎，始终没有讨论出一个结果。一个人的突然行动，让这个争论被迫停止。

这个人，就是刚刚出炉的西夏国王——李元昊。

原来，就在宋朝官员们争持不断时，李元昊已经准备好了兵马，开始攻打宋朝了。

就这样，在李元昊的突然来袭下，宋夏之间的百年恩怨，就此拉开了序幕。

李元昊出征

新店开张，隔壁左右都要送点儿花篮之类的东西当作贺礼。但是，对于李元昊的这个“新店”，宋朝没有任何的喜爱之情，也没打算送这些东西。

当然了，宋朝不送，没关系，你不送，我就去抢！

在这种背景下，宋康定元年、西夏天授礼法延祚三年（1040年）正月，李元昊亲率十万大军东进，拉开了宋夏百年恩怨的大幕。

李元昊的此次目标，就是要攻陷宋朝的延州城，将这座雄伟的城池彻底“过户”。

延州，就是今天的陕西延安！李元昊要一口气攻陷这座历史悠远、战略位置极其重要的“西都”，随后再夺取陇右地区，以此地为跳板，袭击中原！

李元昊下的这盘棋，真不是一般的大……

当时，镇守延州城的人，是延州知州范雍。此人在历史上评价颇高，为官廉洁、为人清正、为政精明，等等。但是，范雍什么都好，就是有一点不行，他不会打仗。

除了将领不会领军打仗外，更雪上加霜的是，当时的延州城仅有数千部队，且久疏战阵，士气低落。而且，由于和平的时间太长了，延州城也是年久失修，城墙上到处都是破砖烂瓦，守城工具也都残破不全。

无用的文官守城、数量少得可怜的宋军、年久失修的城墙……不管从哪个角度看，延州城都已是危如累卵、危在旦夕。

然而，面对汹涌而来的李元昊大军，范雍却毫不害怕，因为他清楚地知道，若想攻陷延州城，必须要攻陷延州城的一个据点，否则绝不可行。而在那个据点，有一个骁勇善战的猛将，这个人一定能抵挡李元昊的进攻，并给他留下一个刻骨铭心的记忆。

这个据点，叫作金明寨（也叫金明砦）；镇守这里的人，叫作李士彬。

李士彬，党项人。虽然跟李元昊同族，但李士彬却跟李元昊的部落有世仇。虽不知道是唐朝结的仇，还是宋朝结的仇，总之这两家有世仇，且不可能被调解。

宋真宗咸平时期，为了收拾掉李继迁，李士彬的父亲李继周主动请缨，他“复为先锋，入贼境，焚积聚，杀人畜，获器甲凡六十余万”。

单凭此举，就能知道这两家的仇恨，是多么深了。

李继周病逝后，李士彬子承父业，继续镇守边疆，抵御西夏军。对比自己的父亲，李士彬虽然不会进攻，但他特别会防守。

史料记载，李士彬镇守的城池，固若金汤，无懈可击，大家就送给他一个雅号——“铁壁相公”。

在宋朝，只有顶级的官员才能被称为“相公”。可见，在大家的心目中，李士彬的防守是多么厉害了；这个人，也将给李元昊留下一个什么样的“记忆”了。

对于李元昊而言，这个“铁壁相公”的防守太强了。在李士彬的防守下，金明寨就像树立了一面看不见的墙，一面“叹息之墙”。西夏军用血肉之躯去撞这面墙，结果可不是什么可歌可泣的感人故事，而是嫌自己活得太长……

攻打了一段时间后，李元昊算是看明白了，若想攻陷这座无懈可击的堡垒，只能智取，不能强攻。于是，李元昊开动脑筋，从看的那些《野战歌》《太乙金鉴诀》中，开始寻找对策。

李元昊用的第一个计谋，就是三国时周瑜使用的反间计。

当时，为了除掉李士彬，李元昊派密探进入延州城，到处散播谣言，说李士彬暗通款曲，被西夏收买了，马上就要献城投降了，等等。为了增加李士彬“造反”的真实性，李元昊还命令密探把“赐予”李士彬的官服和书写扔在地上，故意让宋朝官员捡走。

当然了，李元昊这样做，只能聪明反被聪明误了。

史料记载，看完这些东西后，鄜延副都部署夏随哈哈大笑道：“此夏人行间耳，士彬与羌世仇。若有私约，通赠遗，岂使众知耶？”是呀，你李元昊使用的诡计，也太拙劣了点儿。李士彬跟你有世仇，不可能投降。就算他要投降，也应该在暗地里进行呀，怎么能这样大张旗鼓地进行呢？还把造反的证据扔在大街上，唯恐天下人都不知道吗？

就这样，在宋朝官员的哈哈大笑中，李元昊的这个反间计，彻底失败。

一计不成，再生一计。李元昊第二个使用的计谋，就是诱降计。他要直接招降李士彬。

史料记载，为了劝降李士彬，李元昊给他写了一封劝降信，告诉他：“你是党项人，我也是党项人，咱们百年前都是亲戚呀，为什么要兵戎相见、打一个你死我活呢？你应该回归党项的怀抱，跟我一起去打汉人，这才是正道！”

当然了，这也只能是李元昊自取其辱了。史料记载，这次劝降的结果是——“撕书写，斩来使”。

招降失败后，李元昊再次开动脑筋，思考灭敌之计，想了半天后，李元昊突然一拍大腿道：“有了，这招可以！这个计谋一定能置李士彬于死地！”

李元昊用的这个计谋，叫作骄兵计。

当时，李元昊命士兵攻打金明寨，玩命挑衅李士彬出战。但是，只要李士彬出战，李元昊就命令士兵们装作不堪一击的样子，一打就跑。一边跑，士兵还一边大喊：“铁壁相公来了，我们吓得胆都掉地下了！”（吾士卒闻铁壁相公名，莫不胆坠于地，狼狈奔走，不可禁止也——《涑水记闻·卷十二》）

不费吹灰之力，就把敌人彻底打跑了，还让他们彻底打破了胆，李士彬当时的骄傲，不说自明。

当然了，这样骄傲的结果也可想而知。

由于被李士彬“打怕”了，李元昊的很多士兵就选择了“叛逃”，他们主动投降了李士彬，请求“弃暗投明”，跟着李士彬混饭吃。对于这些投降自己的党项士兵，李士彬非常高兴，他想都没想，就把他们统统接受了。

再后来，由于接受的党项“逃兵”太多，李士彬已经收不下了，他就上报范雍，请求指示。

要说这个范雍，也是够倒霉的，你看不出来这是一个计谋呀！突然来了这么多敌军，你心里不打鼓呀！结果，范雍一点儿不害怕，他反而告诉李士彬，不管来多少敌军，一律收留，这些都是弃暗投明的“好同志”，下回打李元昊时，都能用得上。至于安排，你不是有好几个寨子吗？金明寨不够地方了，可以放在别的寨子里。实在不够地方了，也可以往我这里送。

总之一句话，西夏的叛军全部接收，有多少要多少，正所谓多多益善。

最终，这哥俩高高兴兴“收留”了数万党项叛军。当然，他们也为自己安置了数万颗可随时引爆的雷。

就这样，在一个“月黑风高夜，杀人放火天”的夜晚，这些雷终于引爆。

史料记载，安置好了这些“第五纵队”后，李元昊立刻下令攻城！金明寨顿时大乱，西夏军从内外两路攻击宋军，让宋军两线作战、苦不堪言。

当时，西夏军攻城时，李士彬正在休息，他都不知道怎么回事，西夏大军就杀到自己眼前。为了抵御敌军，李士彬赶紧骑马出战，结果一来马厩，发现战马都被叛军偷走了。最终，李士彬找来一匹又慢又笨的劣马，才勉强出战。

骑着这么一匹马与西夏军开战，结果可想而知，仅仅与敌军交战了三四个回合，李士彬就被西夏军挑落在地，生擒活捉了。

李士彬被活捉后，金明寨十万大军群龙无首，他们被李元昊杀得尸横遍野、无力反击。最终，十万大军全军覆没，金明寨内也升起了西夏国的军旗。

关于李士彬失败的原因，用曾国藩的那句至理名言，足矣：“天下古今之庸人，皆以一惰字致败；天下古今之才人，皆以一傲字致败。”

三川口之败

得知金明寨失陷后，范雍如五雷轰顶一般，被劈得瞬间找不到北。要知道，范雍再不懂军事，再不会带兵，他也清楚地知道，金明寨被攻陷，到底意味着什么。

大祸，已经临头！

此时的延州城，仅仅有数千士兵，简直就是一座空城！若李元昊率军前来，这座城池根本守不住。于是，范雍立刻向周围几个城市告急，让他们率军来支援自己。

当时，最先收到范雍求救书写的人，是鄜延、环庆副都部署副刘平，以及鄜延副都部署石元孙。

哥俩接到救援信后，深知救兵如救火的道理，立刻带领郭遵、黄德和（注意这位哥们）等数员大将，点齐了两万大军（也说是一万），日夜兼程，来援延州。

史料记载，刘平和石元孙疾速前进，在距离延州城几十里时，突然遇到了一个来自延州的“急脚子”，也就是一个传令兵。

这个传令兵告诉刘平和石元孙：“范太守得知二位将军率军来援，非常高兴，他已经在延州城等待二位了。只不过，两位将军的人马太多了，范太守希望你们把军队分拨，一拨一拨地进城，这样便于安置，也能防止西夏人乘机混入城中。”

当时，对于范雍这个莫名其妙的命令，这哥俩虽然一肚子怀疑，但也没有质疑。这哥俩听从了范雍的命令，他们将士兵分批，每 50 人为一队，依次开拔。

等开拔了 50 队人马后，这哥俩就想把那个传令兵找来，问一些事情。结果，哪里还有什么急脚子，这个人早就消失得无影无踪了。

刘平和石元孙大吃一惊，心想坏了，我们这是中了西夏军的诡计了！于是，他们马上派人去延州城打探消息。一会儿的工夫，探马回报，说延州城城门紧闭，毫无动静，那 50 队士兵也都消失得无影无踪了。

两人一听，气得捶胸顿足，50 队士兵还能去哪儿呀！不是被西夏军秘密伏击了，就是成为西夏军的俘虏。尚未开战，就白白损失了 2500 人马！

宋军本来就不多，白白损失了这么多兵马，更是让士气低落。在这个节骨眼上，刘平毅然决然地下令——前进！不管剩下多少人马，也要解救延州城！

刘平不愧是一个勇猛的、爱国的宋朝将领，但是，勇猛，可是要付出代价的……

这不，史料记载，刘平率军没有前进多久，就在一个叫三川口的地方，遇到了等待已久的李元昊，以及十万严阵以待的西夏军。

三川口，今陕西省志丹县的南边，延川、宜川、洛川三条河流的汇合处。在这里，宋夏展开的一场大战，史称“三川口大战”。这场大战，是西夏建立以来对宋朝的第一场大战。

老规矩，开战前，看看双方的实力对比吧！

一方，是一万多士气低落、疲惫不堪的宋军；另一方，是十万士气高昂、以逸待劳的西夏军。

这场战役，尚未开打，胜负已明……然而，即使知道结果，刘平也要为军人的尊严而战。面对咄咄逼人的西夏军，刘平抽出腰间的宝剑，大喊道："全军听令！国家养士，仗节死义，正在今日，全军给我杀！"

疲惫不堪的宋军竟然率先发起了冲锋，也正式打响了这场三川口之战。

当时，宋军的前锋郭遵勇猛无比，他挥舞一把九十斤的铁锏，率先冲入敌阵，左冲右杀，如入无人之境。为了阻挡郭遵，李元昊派一猛将前来迎战，结果仅仅一个回合，西夏的勇士就被郭遵打碎了头颅，脑浆迸裂而死。

目睹了郭遵勇猛的表现后，史称"两军皆大呼"，说这哥们儿就是一个"战神"呀，太厉害了！在郭遵的鼓舞下，宋军士气倍增，他们发动了潮水般的进攻，瞬间就斩杀了数百西夏军，并将数千名敌军驱逐到河中淹死。

先锋如此勇猛，主帅焉能落后。在攻打西夏军时，刘平也是一马当先，冲在了队伍的最前面。宋军在他的鼓舞下，也士气高涨，奋勇向前。

刘平是一个文官，没有郭遵的武力，这样肆无忌惮地冲锋，代价也是很大的。史料记载，在冲锋时，刘平的脖子和耳朵都被箭射伤，他的头部、腿部也都挂了彩。

虽然宋军勇猛无比，但无奈的是，西夏军毕竟人多，打死了一个，他们能涌上来十个；打死了十个，他们能涌上来一百个。慢慢地，宋军体力不支，开始后退。

面对这种情况，刘平下令，前军后退，后军向前，前军撤到后方重整旗鼓，随后再战。

本来，在战场上，这种命令很正常。前军累了，去后方休息，后军出阵，与敌人继续交战。后军累了，再与前军交换，持续地跟敌人作战。

然而，正是这么一道正常的命令，却出现了一个不正常的结果。

当刘平下达前军后退的命令后，他惊讶地发现，本来应该前进的后军，也跟着后退甚至开始逃跑了！

原来，看见浑身是血、疲惫不堪的前军开始后退，后军统帅黄德和竟然产生了畏敌心理，不敢上战场了。贪生怕死的黄德和一不做、二不休，竟然掉头逃跑了。

读过史书的特别是读过淝水之战的读者，都知道黄德和这样做，到底意味着什么……

想象一下吧，乱军之中，士兵只能看见周围几十号人，谁能摸清楚是怎么回事。一看见领导带头逃跑，士兵们不明真相，以为前军彻底败了，于是大家都跟着跑。一时间，宋军阵脚大乱。

刘平大吃一惊，马上命儿子去追黄德和，命他服从命令，不许擅自撤退，违者军法处置。

史料记载，刘平的儿子追上黄德和后，勒住他的马头，对他苦苦哀求，让他留下来继续奋战。然而，黄德和根本不听，他一把推开刘平的儿子，纵马而逃，瞬间就没影了。

宋军将士们一看，黄德和毫无顾忌地带头逃跑了，我们还留下来干啥？于是，宋军彻底哗变，大家集体逃跑，全线溃败。

至此，宋军兵败如山倒，大势已去，无力回天。

目睹了这一切后，刘平恨不得亲手剐了黄德和。然而，对于他而言，贪生怕死的黄德和，可以跑；但他自己，是宋朝保家卫国的军人，为了军人的荣耀，他绝不能逃！

面对十万围困自己的西夏军，刘平自知大势已去，但他绝不投降。刘平聚集了 1000 名跟他视死如归的宋军，占据有利地形，跟西夏军整整打了三天三夜！最终，刘平气力耗尽，兵败被俘。与他一起被俘虏的，还有同样视死如归的副帅石元孙。

史料记载，先锋郭遵见宋军全线溃败后，自知大势已去，选择了与敌军玉石俱焚。郭遵抱着必死的决心，独自一人杀向西夏战阵，直奔李元昊而去。

当时，郭遵一手持枪，一手持锏，疯了似的冲入敌营，左冲右突，杀得西夏军人仰马翻，无人敢挡，也无人可阻。

为了阻挡郭遵，西夏军使用了绊马索，企图拦住他，但每一道绊马索，都被郭遵轻易砍断。最后，为了彻底阻挡住郭遵，西夏军调来数千弓箭手，对着郭遵就是一阵乱射。

几千个弓箭手，射一个人，结果可想而知。

悲哉、壮哉，郭遵将军战死沙场，以身殉国。

至此，这场宋夏的三川口之战，以刘平、石元孙英勇被俘，郭遵战死沙场，黄德和临阵逃跑告终。

战役虽然结束了，但是它后面的故事，还远远没有结束。

史料记载，贪生怕死的黄德和逃回朝廷后，恶人先告状，反而参了刘平一本。黄德和告诉朝廷："此番大败，全是刘平私自率军逃跑的结果！"

一听这话，朝廷大怒，说刘平一个统兵的主帅，竟然敢干出这种事情，你还是一名军人吗？于是，不明真相的朝廷立刻包围了刘平的府邸，将他的家人全部打入死牢，等候圣裁。

真相，永远都是真相；事实，不会有一丝一毫的改变。你黄德和说刘平"畏敌怯战"，难道其他人也会这么说吗？

很快，伴随着溃兵的陆续回京，朝廷终于明白真相了——原来，敢情是你小子害怕朝廷问责，才编了这么一个瞎话呀！好你个黄德和，先前临阵逃脱，现在还敢欺骗皇上，真正反了你！

得知真相后，宋仁宗当即下令，斩杀黄德和，以谢天下，以告慰刘平、石元孙等忠魂（以为他们战死了）。

虽然皇帝颁布的是斩杀，但是对于黄德和这种罪大恶极的人，宋朝官员们就不跟他客气了。大家一致决定——不能给他一个痛快。下刀的部位，要往下面一点儿，从肚脐眼开始。

这个刑法叫作腰斩！

在那个充满人性、基本上不杀官员的宋朝，黄德和能够获得这么一个刑罚，也算是三生有幸、永载史册了。

当然了，别以为被腰斩就算完了。史料记载，腰斩了黄德和后，宋仁宗意犹未尽，他继续下令，将黄德和的首级砍下，悬挂在延州城上示众。

郭遵将军为国捐躯后，宋仁宗十分惋惜，追封其为果州团练使。郭遵的几个遗孀，皇帝也亲自为她们起名，以示追忆，各种恩赐之物，更是不在话下。

由于信息堵塞，朝廷不知道刘平、石元孙没有战死。因此，朝廷为他们举行了一场大规模的葬礼，并厚待了他们的家人。后来，石元孙等人被释放后，这才向宋仁宗说明了真相。

史料记载，得知刘平没死后，宋仁宗赶紧撤掉了刘平的牌位，也没有追究刘平的责任，刘平的家人依旧得宠，并幸福地无疾而终了。

宋仁宗清楚地知道，刘平虽然没有为国捐躯，但是，人家毕竟奋战到了最后一刻，这样一个为国为民的将军，就不好再追究其责任了。他的家人，也理应得到该有的待遇。这个皇帝，不愧是中国第一个“仁宗”。

当然了，不管仁宗多么地宅心仁厚，也没法感化那位“西北枭狼”。伴随着宋朝三川口的大败，已经没有人能够阻止李元昊进攻延州城了。

现在，这个无兵、无将、无粮的宋朝西北重镇，又能否抵挡李元昊的进攻呢？

大雪退兵

史料记载，得知宋军三川口大败后，延州知州范雍瞠目结舌。他也清楚地知道自己和延州城的未来了。

延州城，就是一座无兵、无将、无粮的“三无城池”，城内一共才数千士兵，焉能守得住？如果李元昊率军攻打的话，必定攻克，范雍也只能自杀谢罪了。

当时，得知宋军的援军打败后，无计可施的范雍竟然使用了当年李煜的办法——但见他一身素装，冲到一座延州城的寺院，在那里虔诚祷告，求佛祖显灵，替他灭杀敌军，等等。

哭笑不得，真是叫人哭笑不得。

然而，虽然都是虔诚的祷告，范雍的命却比李煜好！这不，没过多久，老天爷竟然真的显灵了！延州城一带突降暴雪，气温骤降，凛冽的寒风也席卷而来。

李元昊远道而来，没有带御寒的衣物。在这种寒冷的天气中，西夏军冻得瑟瑟发抖，他们军心涣散，不想再开战了。

瞅着士气低落的手下，李元昊一琢磨，现在的这种天气，已经不宜用兵了，若继续前进，恐士兵生变。而且，延州城是宋朝北方的重镇，那里城墙坚厚，兵多将广（他不知道那里没兵），贸然攻城，必将损失惨重。

最终，在天降大雪、师劳兵疲、粮草将尽、士气低落等因素下，李元昊选择了撤兵。

伴随着李元昊的撤兵，延州城顺利解围。当然了，虽然延州城保住了，但是延州城以西的土地，全都被李元昊划走了，宋朝也甭想要了。

这场战役结束后，朝廷算是看明白了，延州城守将范雍就是一个老夫子，让他治理地方、让一方百姓安居乐业，这行；让他运筹帷幄、带兵打仗，他真不是这块料。

于是，三川口战役结束后，朝廷立刻罢免了范雍的官职，让夏竦去接替他了。

虽然对比范雍，夏竦是一个武将，也会带兵打仗，但问题是，夏竦的打仗水平太烂了。西夏军根本不惧怕他，李元昊也从来不用正眼看他。

其实，夏竦打仗之所以烂，更多还得赖他自己。

《宋史·卷二百八十三》记载，说夏竦这个人“雅意在朝廷，及任以西事，颇依违顾避，又数请解兵柄”。意思是说，夏竦想在中央做官，根本不愿意来西北这种苦寒之地。他来这里，不过是想过渡一下，增加一下履历罢了。所以夏竦打仗，出工不出力，也不上心。他还屡次请求，自解兵权，好回中央去当官。

这样的人，要是能打赢仗或者是被士兵拥戴，那才叫见了鬼。

史料记载，夏竦到了边疆后，为了打赢西夏，颁布了一道告示——凡能擒杀李元昊者，拜相封侯，并赏钱500万贯！

500万贯是什么概念？对比《水浒传》里的《智取生辰纲》一节，咱们就能知道了。书中，为了那区区十万贯的生辰纲，晁盖、吴用等人就疯了，宁愿从良民变成土匪了。

可见，500万贯这个数目，是多么可怕。这种巨大的利益、过分的赏赐，足以把一个正常人，变成一个爱财如命的战争狂徒！

然而，李元昊得知这件事情后，根本不往心里去。某一天晚上，李元昊派了一个武功高强之人，偷偷摸摸来了衙门口，在夏竦的告示上，又贴了一张告示。

第二天，大家一看这个告示，全都哄堂大笑。原来，李元昊的告示上写道:“凡能擒杀夏竦者，赏钱2贯！”

2贯，就2贯！1∶2500000！夏竦在李元昊的眼里，就值这个钱！

单凭此事，就足以说明，李元昊根本就不把夏竦放在眼里，夏竦镇守的边境，也将被李元昊好好蹂躏洗礼了。

好在，朝廷还是有明白人的。除了任命夏竦为边疆将领外，朝廷还任命了两个能人，两个完全让李元昊惧怕一生、不敢轻易对他们宣战的人。

这两个人，就是韩琦和范仲淹。

第十八章 书生秋点兵

神奇的身世

韩琦，生于北宋大中祥符元年（1008 年），比范仲淹小 19 岁，跟“宿敌”狄青同龄。字稚圭，自号赣叟，相州安阳（今河南安阳）人，北宋政治家、词人。

在中国历史上，名人出生，就得伴有几个神奇的故事，这个没得说。但像韩琦这样的名人，从出生前甚至老妈还待字闺中时，他就神奇无比，这就太稀奇了。

尚未出生，就已经“名震天下”了？这是怎么回事呢？

史料记载，韩琦的母亲姓胡，是一个四川妹子。川妹子，自然长得天生丽质，但胡小姐“丽质”到什么程度呢？韩琦的外公，也就是胡小姐的父亲，能一直看着她，且一看就是一天一夜。

被看了这么久，胡小姐就有点儿怵，她问老爹道：“爹，看个锤锤哦，你干爪子嘛，好黑人（好吓人）！”

老爹道："无它。娃娃哈，你知道爹是干啥的，老爹是给人看相的。我看你的面相呀，贵不可言，你和宰相有缘哈！"

胡小姐道："跟宰相有缘？我能嫁个宰相是不？"

老爹道："不，你不能嫁给宰相，倒是能生个宰相娃娃！"

什么玩意儿？能生出一个宰相？这话你们也信。好吧，就算能生出一个宰相，那得寻找到什么样基因的男人，才能完成这个壮举！

虽然难度极大，但这对父女竟然毫不气馁，他们凭借着专业技能（看相）开始寻找了。胡氏父女把四川转了一遍，也没有寻找到合适的人选。

胡氏父女越挫越勇，他们打点行装，目标直指京城，去寻找合适的男人了。

来到京城后，胡氏父女傻了眼。京城之大，超出了他们的想象；京城人口之多，也超出了他们的想象。在这茫茫人海中，胡氏父女挑瞎了眼，也没有找到那个合适的男人。

其实，胡氏父女这么找，是根本找不到的。要知道，身在京城，但凡是有一点身份的男人，都出门有轿、进门有屋的，根本不会"抛头露面"，胡氏父女焉能找得到。何况，胡氏父女也不能到处吆喝——"有保证能生出宰相的女孩哈，大家快来买哈，晚了就没了。"

要是敢这么做，估计还没"卖"出去，这父女俩就进精神病院了。

就这样，在京城待了数天后，胡老爹也没把女儿推销出去，盘缠反而耗尽了。他们只能失望地离开京城，返回四川老家了。

殊不知，踏破铁鞋无觅处，得来全不费功夫，在返回老家的途中，胡氏父女竟然遇到了一个合适的男人，一个拥有宰相DNA的猛男。

当时，父女俩在回家途中，正好看见一个官老爷出巡。一见此人面相，胡老爹"嗷"一嗓子就冲了上去，他跪在这个老爷面前，直言不讳道："请纳了我的闺女，给您生一个宰相孩子吧。"

这个官老爷，就是韩琦的父亲，泉州知府——韩国华。

不知道当听完这番露骨、直白、莫名其妙的话语后，韩国华是一个什么样的表情。但史料记载，韩国华竟然没有把这对父女当成疯子轰走，反而答应了下来。

就这样，韩国华把胡氏带回府邸，准备看看"效果"了。史料记载，这个效果还真的不错。没过多久，韩琦就出生了，史称他“能自立，有大志气。端重寡言，不好嬉弄。性纯一，无邪曲，学问过人”。

天圣五年（1027 年）时，19 岁的韩琦进京赶考，一战成名，成为当年的全国第二名！若不是年龄偏小，韩琦甚至能勇夺状元头衔。

对比那个仅仅是第 97 名的范仲淹，韩琦真是年轻有为、前途无量呀。

重新出山

虽然范仲淹与韩琦是隔代人，他们身处的家庭环境、教育背景也完全不同，但若细细总结的话，在这哥俩身上，还是能找到三个相同点。

第一个相同点：他们父亲的寿命都不长，在他们三岁时，父亲就都病逝了。

第二个相同点：他们母亲的家庭地位都不高，全都是小妾。

第三个相同点：他们都是那种疾恶如仇、敢于进谏的主。且在这个方面，韩琦堪称青出于蓝而胜于蓝，比范仲淹有过之而无不及。

那么，韩琦都干了哪些惊人的事情呢？

史料记载，宝元元年（1038 年），天灾不断，流民四起。对于这种情况，当朝宰相王随、陈尧佐，参知政事韩亿、石中立束手无策，毫无办法。

见此情景，韩琦大怒，上奏千古名文《丞弼之任未得其人奏》，痛骂这四人庸碌无能、不堪重用，要求把他们全部罢免，以谢天下。结果，朝廷真的同意了韩琦的请求，让这四人同日罢职了。

韩琦这“片纸落去四宰执”的壮举，让他名声远播，一时名闻京华。

除了敢直言进谏外，韩琦也跟范仲淹一样，是一个忧国忧民的好官。

史料记载，宝元二年（1039 年），四川发生了一场特大旱灾，饥民遍布，达 190 余万。这么多灾民，救灾稍有不慎，就有可能酿成一场惊天巨变。

在这种背景下，朝廷任命韩琦为益、利两路安抚使，负责赈灾。

韩琦到了四川后，跟范仲淹的招数一样，先收拾那些贪官污吏，“逐贪残不职吏，汰冗役数百”，随后开仓赈灾。

由于有一支清正廉洁的队伍帮助赈灾，没费吹灰之力，韩琦就把这项工作完成了。赈灾结束后，蜀地饥民们无不感激道："使者之来，更生我也。"

如此深得民心的官员，其飞黄腾达之日，还会远吗？

然而，韩琦还没有飞，就被朝廷送到边境，去那里打仗了。

康定元年（1040 年）正月，李元昊大举进攻宋朝，三川口一战，宋朝全军覆没。战役结束后，宋仁宗痛定思痛，罢免了无用的范雍，准备另派贤能官员，去镇守边疆。

宋仁宗一看，韩琦不是在四川赈灾吗？四川离陕西很近，且韩琦也是一个不可多得的人才。于是，他大笔一挥，任命韩琦为陕西安抚使，负责抵御李元昊了。

对于这个任命，韩琦也没说啥，毕竟年轻气盛，在他的眼中，满朝文武，谁能担此重任？

当然了，除了那一个人。

史料记载，韩琦欣然受命后，他提了一个要求，请调那个人来陕西，跟他一起御敌。若此人在，可保宋朝万年太平。

这个人，就是已经在地方闲置了五年之久的范仲淹。

由于史料匮乏，年龄相差 19 岁，根本就是两代人的韩琦与范仲淹，是怎么认识的，又是如何交情匪浅的，不得而知。

也许，是因为他们秉性相投，双方惺惺相惜；也许，是范仲淹的人格魅力打动了韩琦；也许，是两个人的行为模式相似，能够产生共鸣；也许，是范仲淹五年前的壮举，让他收了这么一个"小粉丝"。

总之，韩琦与范仲淹，虽无深交，但等同知己。否则，韩琦也不会冒险上书推荐范仲淹。

这里用到"冒险"二字，一点儿也没错。要知道，范仲淹当年是以"荐引朋党"的罪名，被轰出朝廷的。因为有"朋党"二字，虽然很多人同情范仲淹，但对他皆保持着一定的距离，生怕靠得太近，被牵连下罪。在这种背景下，韩琦还主动往上"靠"，确实需要很大的勇气。

当然了，如果韩琦害怕的话，他就不是那个"片纸落去四宰执"的韩琦了。

根据《续资治通鉴长编·卷一二六》记载，为了"得到"范仲淹，韩琦基本上算是"疯"了，他直言不讳道："陛下，我韩琦不怕别人嚼舌根，我跟范仲淹没有结交。我可以用全家老小做担保，希望您起用范仲淹。若我跟他是朋党，我自愿株连九族，全家自尽。”（“范雍节制无状，势必当易，则宜召越州范仲淹委任之。方陛下焦劳之际，臣岂敢避形迹不言？若涉朋比，误国家，当族。”）

把全家性命都拿出来，韩琦这是跟皇帝挑明“玩命”了。

既然你保举范仲淹，那就去用吧。最终，宋仁宗大笔一挥，复起范仲淹，任命他为龙图阁直学士、陕西经略安抚副使，总揽麟延路方面的军机事务，坐镇延州，抵御李元昊。

至此，康定元年（1040年）七月，52岁的范仲淹重新出山，他将继续建功立业，并完成一次永载史册的蜕变。

从此以后，范仲淹将从一个书生，变成一个纵横沙场的名将。

那么，步入了一个全新的领域后，范仲淹又将如何表现呢？一个进士出身、根本没有打过仗的文人，又能否胜任武将这个职位呢？

让我们拭目以待。

天生将才

在中国历史上，有那么一类人，虽然没有上过战场，但他们依旧是天生的军事家，即我们所谓的“战神”。

这种人不用上军校，也不用感悟战争的残酷，他们随便拿一本《孙子兵法》，就能运筹帷幄，杀敌于无形。

文人出身，后来统率千军万马的人，就包括：西周开国元勋姜太公、不死的战国传说鬼谷子、汉朝首席功臣张良、三国双子星座诸葛亮和司马懿、大唐第一军神徐茂公、明朝神算子刘伯温、清朝中兴之臣曾国藩，等等。

上述文人，都成为勇猛无比的智将，并在历史上留下了自己不朽的名字。如今，宋朝的一代传奇范仲淹，也将光荣地步入到这个“名册”里。

史料记载，范仲淹虽然是文人出身，但他对于战争的领悟，堪称“大师级”的水准。这不，在考察了战场地形、评估了双方实力后，范仲淹立刻给出了一个合格的战略布局——先守、后战。

这，是一个极其正确的战略思想。

两国打仗，弱者讲究速度，强者讲究实力。在西夏和宋朝的对抗中，宋强西夏弱，这是不争的事实。西夏一个省的赋税，比不上宋朝的一个郡；双方的人口总数，更不是一个等级。

既然宋朝比西夏有钱，宋朝比西夏人多，宋朝还能切断西夏的经济，那么，占了诸多优势的宋朝为什么要跟西夏一决雌雄、一战定乾坤呢？宋朝要跟西夏打持续战、打消耗战，以自己强大的实力耗垮西夏，这才是正道！

确定了积极防守、与西夏打消耗战的总体战略后，范仲淹开始大规模地修筑城池、调兵遣将。毕竟，即使有一个好的防守战略，也得有一条坚固的防守线才行。否则，这一切仅仅是纸上谈兵罢了。

在布置防线时，范仲淹主要干的事情，如下：

范仲淹干的第一件事情：高筑墙，广积粮，修筑各种防守要塞。

史料记载，不管是古代战争，还是现代战争，都秉持着“兵马未动粮草先行”这一永恒的真理。范仲淹深知粮草的重要性，所以，他一上任就立刻率领军民开荒种田、兴修渠堰、建造仓库、储备粮食。在他的率领下，边关开垦了数十万亩良田，收获的粮食足够“十年”之用。

除了广积粮外，范仲淹还派人详细调查了境内的所有防守城寨，考察它们的使用情况。范仲淹下令，只要是有用的城池，全部花费重金修筑；没有用的城池，全部拆除重建，这样做的结果是——范仲淹将境内所有的城寨，全部联合在一起，建立了一道坚不可摧的防线，绝对能够抵御李元昊的进攻了。

除了“慢慢地”修筑城池外，范仲淹还能“快速地”在敌人眼皮底下修筑城池，其修筑速度之快，完全能够载入史册。

这座范仲淹快速修筑的城池，就是历史上大名鼎鼎的大顺城。

史料记载，范仲淹在考察地形后，发现一个叫后桥川的地方，是李元昊出兵的必经之地。范仲淹就想，若在这里修筑一个城池，就等于是掐住了李元昊的咽喉，彻底卡住他的要道了。

话虽如此，但李元昊也不是一个傻子呀。你在他眼皮底下修筑这么一个违章建筑，他还不跟你拼命呀。因此，若想修筑这座城池，就得跟李元昊耍耍计谋、斗斗智商了。

根据《续资治通鉴长编·一三六卷》记载，范仲淹决定在这里修建城池后，他耍了一个小心眼，他秘密派遣自己的儿子范纯祐和番将赵明先出发，偷偷摸摸占据了这里，随后他率领一队兵马，漫无目的地远征，像一只没头苍蝇一样到处乱撞。

范仲淹的这种举动，不仅迷惑了西夏军，也让自己的将士们困惑不已。大家皆不知所向，不知道范仲淹到底要干什么。

等大军至柔远时，范仲淹突然下令：大家立刻跟我去后桥川修筑城池！

兵贵神速，范仲淹就这样修筑了起来。等李元昊发现、率领三万大军来拆时，一切都晚了。范仲淹早已修筑好了一座城池，等待着李元昊。

当然了，李元昊的“拆迁”速度，也不算慢了，但问题是，真架不住范仲淹的修筑速度呀！

那么，范仲淹修筑这么一座城池，用了多少时间？

史称“旬日”！也就是说，范仲淹仅仅用了十天的时间，就修建好了一座城池！《续资治通鉴长编·一三六卷》称：“庆之西北马铺寨，当后桥川口，深在贼腹中。范仲淹欲城之，度贼必争，密遣子纯祐与番将赵明先据其地，引兵随其后。诸将初不知所向，行至柔远，始号令之，版筑毕具，旬日城成。”

怎么样？仅仅用了十天的时间，就修筑好了一座城池，如此速度，肯定能够进入吉尼斯世界纪录了。

那么，这种旬日而成的城池，结实吗？会不会是一个豆腐渣工程呢？

事实证明，咱们的担忧完全是杞人忧天。范仲淹修筑的城池，绝对是良心打造，坚固无比。

让时间快速推后26年，此时是公元1066年，即宋治平三年、西夏拱化四年。当时，不管是范仲淹，还是宋仁宗，抑或是李元昊，全都作古了。

这年秋天，西夏的第二代当家李谅祚以“侮辱其使”为由（后面再说），发动十万大军攻打大顺城。结果，就在大顺城，李谅祚吃了一场惨仗，丢掉了自己的性命。由此可见大顺城的坚固程度。

经过了不断修建后，范仲淹终于构造了一道进可攻退可守的稳固防线。然而，在修筑完防线后，又有一个新的问题浮出了水面。

派谁来防守这道防线呢？或者说，范仲淹到哪里去寻找那些精兵良将呢？

对于这个问题，范仲淹自有妙计。

范仲淹干的第二件事情：选良将，练精兵，打造一支无敌的军队。

史料记载，为了打造自己的“无敌舰队”，范仲淹一到前线，就到处选择精兵强将。就此，范仲淹发现了宋朝军制的一个堪称荒唐搞笑的弊端。

原来，宋朝军制里有这么一个规定，多大的官，带多少兵。副署一级的军官，可以带一万名士兵；钤辖一级的军官，可以带五千名士兵；都监一级的军官，可以带三千名士兵。

这种体制，本无可厚非，但问题是，每次打仗，甭管敌人来多少人，一定是官小的、带人少的官员先出阵，等他们战死了，再由官大的、带人多的官员出阵。这样的结果，导致宋朝低级将领阵亡严重，很多小兵也不愿意升级了。

毕竟，小官面对大敌，只能带着士兵以卵击石、主动送死，即便侥幸活着回来，功劳也会被官大的将领抢走。

宋朝的这种军事制度，完全是一种“取败之道”。在这种情况下，要想打赢李元昊，也就是一个只能梦、不能想的“梦想”！

面对这种局面，范仲淹立刻进行了军事改革，他把原先的部队全部打散，取各部精兵，组成了六支主力部队。每支部队三千人，总共一万八千人，分给六个将领管理，让他们协同作战。

按照范仲淹改革后的制度，“量贼众寡出战”，即若敌人来得比较多，这六支部队就一起上，协同作战；若敌人来得少，这六支部队就分批上阵，攻击敌军。这样就改变了原先“官小先送死”的局面，士兵们有了一个盼头，大家争先恐后地出阵，史称“士气大振，莫不思战”。

除了选择精兵外，范仲淹还注意提拔那些猛将。在范仲淹的选拔标准中，他以“唯才是举”为原则，提拔那些真正有能力的将领。

甭管你以前是干什么的，是厨子、商人、逃兵，抑或是杀人犯，只要你有本事，就能在他麾下得到重用，建功立业。

在这种选拔体制下，范仲淹提拔了一堆优秀的将领，有种世衡、王信、范全、周美、刘拯、谢运行、葛宗古、黄士宁，等等。这些人，都成为边境上的名将，成为李元昊的死敌。

当然了，在这些名将中，最著名的还是“这个人”。

这个人，是宋朝最风光的武将，他以一介囚犯之身，步步攀登，最终深得皇宠，成为国家枢密使，可谓位极人臣，风光无限也。

这个人，也是宋朝最悲哀的将领，他最终被文官弹劾，被忠臣挤对，被迫下岗，病死他乡，成为一个比岳飞还要冤枉，还要凄惨的武将。

这个人，就是北宋最著名的将领——狄青。

二将分歧

史料记载，在范仲淹的整治下，延州城兵强马壮，宋军士气大振，打得西夏军苦不堪言，史称“贼不敢犯”。李元昊对此无可奈何，只能自嘲道：“今小范老子（范仲淹）腹中自有数万兵甲，不比大范老子（范雍）可欺也。”

见范仲淹的防守无懈可击，李元昊只能掉转马头，开始攻击韩琦的戍区，希望从那里找点儿饭吃。

实话实说，李元昊率军攻打韩琦，绝对是一个错误的决定，没有之一。

对比老成持重的范仲淹，年轻有为的韩琦不喜欢防守，他更喜欢进攻，也有实力跟李元昊“死磕到底”。

史料记载，得知李元昊来攻打自己后，韩琦二话不说，立刻命令手下第一猛将任福出征。那任福，真不愧是一员猛将，他仅仅用了七千人马，就重创了李元昊十万大军，还焚烧了西夏军所有的粮草辎重，可谓大获全胜。

宋军的这场大胜，彻底鼓舞了士气，同时，也滋长了韩琦轻敌的野心。也就是从这个时候起，在韩琦的脑海里，产生了一个傲慢与偏见的“现实”：原来，传说中西夏那威震天下、所向披靡的军事力量，也不过如此，只要给我数万人马，我就能踏平贺兰山，将党项一族赶尽杀绝……

如果您有印象的话，不会不知上一次产生这种轻敌思想的人，就是那位收复了北汉、趁势攻打辽国的宋太宗赵光义……

以史论今，韩琦这种思想的结果，可想而知。

当时，获得了这么一场大胜仗后，韩琦的内心立刻膨胀了起来，他竟然派人游说范仲淹，让他跟自己合兵一处，一起讨伐李元昊。

韩琦告诉范仲淹：“李元昊不过是一‘西戎丑儿’，你还玩命防守干吗？一起出兵，届时‘天兵一到，一鼓殄灭’，瞬间消灭李元昊，这才是正道！”

对于韩琦这种“速胜论”，范仲淹绝不同意，他反而规劝韩琦道：“轻易出兵，必败无疑。先前，好水川之败已经证明，以骑兵见长的西夏军，行动迅速，来去无踪，很难速战速决。只有实施积极的防守战略，建立纵深的立体防线，一步一步蚕食李元昊的领地，并以逸待劳，小规模地不断出兵，持续地消耗李元昊的国力，才能积小胜为大胜，最终消除西北边患。”

说了这么多，归纳起来就是一句话：速战论，不可取；持久战，才可行。

至此，因为战术不同，范仲淹与韩琦彻底决裂。

韩琦认为，范仲淹太㞞，就是一只“缩头乌龟”；范仲淹则认为，韩琦太疯，就是一个“嗔痴少年”。大家无法达成共识，只能上书朝廷，请求皇帝圣裁。

那么，对于宋仁宗而言，他是会考虑韩琦的战术，速战速决呢，还是考虑范仲淹的战术，打消耗战呢？

答案不说自明。

但凡是一个“嫌麻烦”的皇帝，都会选择速战速决！

毕竟，在皇帝的眼中，天下太平才是好事，天天打仗太烦人了。一旦开战，宋仁宗要天天看战报，要运送粮食，要选派将领，要征调士兵，要商量对策。打了败仗了，还要安抚阵亡家属，还要举行各种祭祀仪式，还要……总之，不被累死，也得被烦死！

在这种背景下，宋仁宗当然希望速战速决，一举歼灭李元昊，获得天下太平，也让自己有更多的“私人时间”。此外，在“老赵家”的思想体系里，打仗这个玩意儿，不仅费钱费事，还极容易出事。毕竟，老把军权放在将领手里，万一某一天，有一个将领功高震主、心生他变，就全完了！

没有办法，综观整个宋史，“黄袍加身”事件已经成为皇帝们的梦魇，令他们始终无法忘怀。

最终，在“安全”和“享受”的双重思想下，宋仁宗毅然决然地同意了韩琦的说法，他派人告知范仲淹——明年正月，陕西各路人马全线出击，一举踏平西夏，消灭那个西戎小丑李元昊！

史料记载，对于朝廷的这个命令，范仲淹就回复了四个字——绝不执行。范仲淹给出了两个理由，希望朝廷收回成命。

第一，李元昊并不是“癣疥之疾”，绝非一战可破之人。韩琦的计划太冒险，草率出兵，很难获胜。一旦失败，后患无穷，还望朝廷三思而行。

第二，正月出兵，天寒地冻，我军不习惯在这种天气下作战，这样对我军非常不利。即使出兵，也要选择合适的日期。

范仲淹的奏折送进朝廷后，朝廷又展开了一场激烈的辩论，商讨到底要不要出兵。结果，在这次辩论中，韩琦和范仲淹共同的那位领导夏竦，终于坐不住了，夏竦终于发言了。

正是夏竦的一番言辞，彻底坚定了宋仁宗出兵的决心，也让宋朝获得了第二场大败仗。

再起狼烟

当时，为了收拾李元昊，朝廷上下一片喊打喊杀之声。毕竟，老板（宋仁宗）已发话，手下人（韩琦）也支持，这要是还不打，就再也说不过去了。

从任何角度看，一场大战已迫在眉睫，不得不打了。

在这种情况下，如果有一个“好官”站出来，直言不讳，陈述利害，给头脑发热的宋仁宗敷条冷毛巾，让他的脑袋清醒一下，也许就能让皇帝收回成命，避免即将发生的那场惨败了。

对于这个“好官”的人选，范仲淹选定了自己的顶头上司夏竦。范仲淹希望这个人能替自己发言，让皇帝收回成命，不要这样“慷慨激昂”地跟李元昊拼命。

范仲淹之所以选择夏竦，不是他胡乱选择的意气用事，而是深思熟虑的结果。

还记得吗？咱们前面讲过，当宋朝得知李元昊称王称霸后，朝廷也是一片喊打喊杀之声。当时，只有夏竦和吴育提出了反对意见，他们希望朝廷不要意气用事，跟李元昊打对攻，要慢慢积蓄实力，打消耗战、持久战、经济战。

后来，夏竦来到边疆，虽不务正业，但他的战略思想依旧没有改变。夏竦始终是持久战的支持者，他提出的所有战略方针，也都以稳固防线、防守反击为主。

当范仲淹来到西北，刚刚提出自己的防守战略方针时，曾遭到了很多人的质疑，大家认为范仲淹保守、怯战，就是一个文弱书生，难堪大任，唯独夏竦同意范仲淹的战略思想，他还上书朝廷，为范仲淹打抱不平。

可以想象，范仲淹认为，夏竦跟自己的战略思想一样，这个人也完全认可自己的防守体系。若他挺身而出，反对速战速决的战术，一定能够让宋仁宗收回成命，回心转意。

可惜，范仲淹的想法虽是好的，但他却完全没看懂夏竦，最终在这个小人身上吃了一个大亏。

简单来说，夏竦是一个标准的“犬儒”，在他的眼中，什么战略思想、什么战术错误、什么国家利益，都是扯淡。唯有保住自己的功名利禄，才是正道！

史料记载，明知皇帝出兵是一个错误的决定，夏竦还是选择了誓死追随。为了迎合皇帝，夏竦不但抛弃了先前防守的思想，转而支持进攻，而且他比谁都要“左”！

当时，夏竦不仅坚持主张正月出兵，且义正词严地反驳范仲淹道：“贼界已知所定进兵月日，岂得退却？”他的这番言论，把范仲淹气得够呛。

夏竦，就是这么一个以功名利禄为主、左右逢源的小人。《宋史》评价他“倾侧反覆，世以为奸邪”，真是一点儿没有冤枉他。

这次，夏竦毁了范仲淹的防守战略；未来，那场轰轰烈烈的庆历新政，也是毁在了这个小人的手里。当然了，这些都是未来的事情，咱们未来再说。

书归正传，除了反驳范仲淹外，为了让范仲淹彻底“屈服”，夏竦还派出了一名合格的说客，去游说范仲淹，让他同意出兵。

这名合格的说客，就是范仲淹的好友，当年一起被轰出朝廷，同为“四贤”之一的——尹洙。

说实话，夏竦派尹洙出面游说范仲淹，堪称别有用心。在他的眼中，你范仲淹不是一向重情重义吗？我就让你的好朋友出马，让你的至亲好友来游说你，我看你怎么反驳尹洙，怎么继续维护你们那条“友谊的小船”。

然而，夏竦还是打错了如意算盘，对于范仲淹这种“吾爱吾师，吾更爱真理”的大思想家而言，国家利益一定是高于私人感情的。在这种思想下，你就是把他亲爹叫来，也没用。

根据魏泰的《东轩笔录》第七卷记载，范仲淹与尹洙的对话，大概是这样的：

范仲淹道：“我军刚刚吃了败仗，士气低落，应该稳扎稳打，这才是正道。

率军轻易深入敌境，只会败，不会胜！”

尹洙长叹一声，道：“你的见识真比不过韩琦！韩琦成天说：‘一旦开战，要将胜败置之度外’。您老倒好，天天琢磨着会打败仗，这仗还怎么打呀？”

范仲淹道：“别扯了，大军一旦出动，数万条性命掌握在自己手里，我岂能置之度外！不打胜仗，行吗？”

尹洙道：“不管是胜还是败，都是会死人的。你不能因为怕死人，就不打仗呀！”

范仲淹道：“是的，尹公的这番话没错。但是，明知道这是一个败仗，却要去打，这不是坑害我的士兵，让他们白白牺牲吗？”

尹洙道：“范公这样说，就没法谈了。”

范仲淹道：“本来就没法谈！若朝廷执意出兵，就让韩琦那一路攻，我这一路守，互相还能有一个照应。若两路全出，一旦战败，就全完了。我这一路要留下了，一旦韩琦战败，我们还能有跟李元昊谈判的资本。”

话已至此，尹洙见范仲淹如此固执，自知无法继续劝说，只能把范仲淹的言辞记录下来，上奏朝廷，请宋仁宗圣裁了。

范仲淹“誓死不出兵”的消息传到朝廷后，宋仁宗气得够呛，他立刻召集宰执们，商讨出兵事宜。

在这个会议上，一部分官员认为，李元昊不堪一击，单凭韩琦一路，就能打败李元昊，不需要范仲淹出兵；另一部分官员则认为，大军出征，最忌讳的就是将帅不和，若范仲淹无意出兵，就该罢免了范仲淹的官职，另派听命的官员前去，配合韩琦出兵。但是，对于这个听命官员的人选，宰执们也没有一个合格的方案。

临阵换帅，已是大忌。且在这个宋夏即将开战的时刻，谁也不愿意主动上前线送死！

最终，宋仁宗这个“到底怎么打，是两路出兵，还是韩琦一路单干”的会，竟然开了数天，也没有开完。在这个会议中，群臣提出了数个解决办法，却没有一个可行的。

宋朝官员们还没有讨论出一个结果，一个人的突然行动，又让这个会议被迫停止了。

这个人，还是那个西夏的景宗皇帝——李元昊。

史料记载，得知宋朝要攻打自己后，李元昊决定来一个先发制人。他在天都山点齐了十万大军，浩浩荡荡地攻入宋境，直奔韩琦戍守的渭州城而来。

得知李元昊进攻自己后，韩琦这叫一个高兴呀——本来就想打你，现在好了，看我怎么收拾你！到那个时候，我看谁还敢阻止我出兵，谁还把李元昊当回事！

主意已定，韩琦立刻命令任福为前锋，朱观、王珪、武英等为大将，统率四万八千宋军，去支援渭州，击杀李元昊。

那么，在这场大战中，宋军又是如何打仗的呢？宋军，又是如何惨败而归的呢？且听我慢慢道来。

好水川之败

史料记载，得知渭州被困的消息后，韩琦立刻命任福出征，统率一万八千人去支援渭州。与此同时，韩琦拜朱观、王珪、武英等为大将，命他们统率三万，去支援任福。

任福出发前，韩琦一再告诫，说你只有一万八千大军，敌人却超过十万，兵力如此悬殊，一定要小心谨慎。每隔四十里，就要检查一下辎重，清点一下部队，以防刘平的悲剧重演。李元昊进攻时，你要专心防守；李元昊退兵时，你也不要贸然追击，当心深入敌境，中了埋伏，等等。

任福出兵后，韩琦还再三传来书写，一再告诫任福要依令而行，若违抗军令——“苟违节制，虽有功，亦斩”！

就这样，在韩琦的恐吓声中，任福规规矩矩地出兵了。刚开始的时候，任福小心谨慎地进军，不敢轻易冒进。然而，在接连打了几个胜仗后，任福就有点儿“嘚瑟”了，他被这些小胜冲昏了头脑，竟然忘掉了韩琦的嘱托，开始丢弃辎重，率领轻骑冒进了。

对于主将的这种冒进行动，副将武英很是机警，他告诉任福道：“李元昊绝不是可以轻易欺负之人，他如此溃败，肯定有诈，还望大帅不要孤军冒进。”

然而，对于武英的建议，任福根本不听，他一直追到好水川一带（今宁夏隆德西北），才停了下来。

此时，天色已晚，宋军追击了一天，人困马乏，饥渴交加，也得不到补给。任福下令，全军安营扎寨，就地休息。朱观、王珪、武英等部，则屯兵于五里外的笼络川（今宁夏西吉东南），互为掎角之势，抵御敌军。

安排好士兵后，任福下令开会，商讨了一下作战计划，相约“明日会兵川口，必使夏人匹骑无还”。说完，大家就都睡觉去了。

殊不知，不定谁让谁“匹骑无还”呢！

原来，这是李元昊的一个巨大的圈套。他一路示弱，不断引诱宋军前进，将他们成功引诱到了好水川的“蜘蛛网”里。

一千多年前的好水川一带，植被茂密，整个山谷林木繁茂，宋军身在其中，根本不知道在哪里。当时，望着好水川郁郁葱葱的林木，李元昊的将领们困惑道：“林木如此茂盛，宋军穿行其中，根本就看不见他们的踪迹，我军如何杀敌？”

面对诸将的质疑，李元昊微微一笑道：“诸位莫慌，我自有妙计分辨敌军的位置，还请诸位明日看好戏！”

没错，这确实是一场好戏……

史料记载，第二日天亮后，任福率军出发。宋军出六盘山，接近羊牧隆城时，任福惊讶地发现，在道路中央，放着很多银色的泥封盒子，不知道里面是什么东西，好像还是活物，扑通扑通作响。

任福很是好奇，下令把这些盒子全部打开，看看里面是啥东西。

大错，就此铸成。

打开盒子后，刹那间，几百只鸽子腾空而起，响亮的鸽哨声瞬间传遍整个山谷。伴随着这些响亮的鸽声，宋军大乱，叫道：“不好，中计！”

是的，他们确实中计了。

这些鸽子，就是指引西夏军前进的“天使”，也是西夏军围歼宋军的信号。

鸽子飞起后，西夏军立刻全线出击，十万大军汹涌而至，瞬间就把任福包围了起来。

任福孤军深入、寡不敌众、深陷重围，这样的战斗结果只有一种：必败无疑，必死无疑。

当时，任福虽自知败局已定，但依旧左右冲杀。他挥舞着一把四刃铁锏，与敌军血战到底，即使身中十余箭，也浑然不知。这时，有一小将冲到跟前，劝其突围。

面对手下的谏言，任福不为所动，他大喊道："吾为大将，兵败，以死报国尔！"说罢，继续挥舞手中的四刃铁锏，奋勇杀敌去了。

这句话，成为任福最终的遗言。

之后的一切，史书上是这样记载的："挥四刃铁简，挺身决斗，枪中左颊，绝其喉而死。"（《宋史·列传第八十四》）

这个人，是一个不听命令的宋朝将领；这个人，又是一个尽忠职守的宋朝将军。

任福战死后，战斗并没有停止，西夏军的屠杀，也没有结束。

史料记载，任福被围困时，王珪率领四千宋军来救。宋军虽然视死如归、奋勇杀敌，但无奈螳臂当车、杯水车薪，无济于事。

几次冲击敌阵失败后，王珪的部下就泄气了，他们认为任福必死无疑，再去救的话，自己只能变成"肉包子"，便宜那些"西夏狗"了。见此情景，王珪大怒，当即斩杀了几个胆怯的士兵。然而，面对这兵败如山倒的局面，王珪再激励士气，也无济于事。

见大势已去，王珪默默地跳下战马，面朝东面，对着汴梁的方向大喊道："臣非负国，力不能也，独有死报耳！"

王珪说完后，在宋军的惊讶声中，跳上战马，独自冲入西夏军中，打算以身殉国。最终，独自击杀了数百名敌兵，打得铁鞭弯曲后，王珪手掌尽裂，气力衰竭，战死沙场。

任福战死后，宋军群龙无首，损失惨重。任福带领的一万八千宋军精锐部队，几乎全军覆没，只有几百人逃了回来。剩下的三万宋军，也损失惨重，尸横遍野。

至此，宋夏的这场好水川之战，以宋军的惨败、西夏军的完胜告终。

战斗结束后，西夏方面得意扬扬，李元昊看着漫山遍野的宋军尸体，得意之情溢于言表。他的汉人大臣张元也非常会拍马屁，这个汉奸立刻题诗一首，以作纪念："夏竦何曾耸，韩琦未足奇。满山龙虎辈，犹自说兵机。"

总之，这场大战后，西夏方面的心情，就一个字形容——爽！宋朝方面的心情，也是一个字形容——悲！

史料记载，宋军好水川惨败的消息传到宋廷后，朝野震惊，宋仁宗悲痛欲绝，泪流不止。

虽然此次兵败，是任福的原因，但他已经阵亡了，且在战场上宁死不屈，体现了宋朝军人的铁血豪气，所以宋朝就没有追究他的兵败之过，还是追封了他的官职，赐予了相应的谥号。任福的家人，也得到了朝廷的厚待。

有罪之身的任福，都能得到朝廷的褒奖，其余战死的诸将，自不必说。宋朝也给予他们相应的赏赐，厚待他们的家人。

仗打成这样，肯定得有背黑锅的人，要不然难消民愤。在这个问题上，作为任福的上级，韩琦主动谢罪，请求撤职查办，以谢民愤。朝廷同意了韩琦的请求，把他降为知州，以戴罪立功。

史料记载，韩琦被撤职后，当他离开前线时，数千百姓拦在路边，把他截了下来。这些百姓披麻戴孝、抛撒纸钱，哭着对韩琦大喊道："韩相公，我儿随你出征，现在你回来了，我们的儿子在哪呀！"这些百姓，都是好水川战死将士的亲眷。

见此情景，韩琦掩泣驻马不能行进，直到这个时候，才明白范仲淹的苦口婆心，也明白了范仲淹那句话的真正意思："一旦开战，岂能将胜败置之度外？"

这个教训、这个血的教训，可谓不轻……

虽然百姓很恨韩琦，但没过多久，大家对他的仇恨就烟消云散了。因为，夏竦派人打扫战场时，找到了任福的尸体。在任福的战衣内，发现了韩琦让他"不许轻敌冒进，稳扎稳打"的书信。朝廷这才知道了真相，恢复了韩琦的官职。

得知真相后，百姓也就原谅了他。

第十九章 宋辽博弈录

辽国的威胁

韩琦不愧为一代英明将帅，一旦认识到自己的错误，他立刻抛弃了那套速战速决的战略，马上采纳并认可了范仲淹那套“持久防守”的战略，也开始纵深防御，抵御李元昊了。

这一下子，在韩、范的联手下，宋朝边境防线坚不可摧，让李元昊苦不堪言，却也无计可施。

当时，据说西北边境流传着一句民谣：“军中有一韩，西贼闻之心骨寒；军中有一范，西贼闻之惊破胆。”

虽然这种说法很可能是后人杜撰的，但不管怎么说，这首民谣也体现了李元昊当时的心情。

至此，宋朝在经过了一系列错误的决定后，终于找到了正确的办法，开始与李元昊打持久战、防守战了。一时间，宋夏之间呈胶着状态，谁也灭不了谁。

就在这个关键时刻，一直在旁边欣赏“宋夏对打”的辽国，终于按捺不住了。这个国家准备出手，来分一杯羹了。

那么，当时的辽国，是谁在当家呢？这个辽国的皇帝，又是怎么打算的呢？

此时此刻的辽国已完成了“换人手续”。辽圣宗耶律隆绪已经病逝，管理这个国家的是他的长子——辽兴宗耶律宗真。

当时，宋朝在西夏接连惨败，让这位新上任的辽国皇帝心痒难耐，他也想趁乱分一杯羹。加上李元昊派出使者来到辽国，愿对辽国称臣纳贡，并以此为由，邀请辽国一起出兵，共同讨伐宋朝。最终，面对这个千载难逢的机会，辽兴宗脑袋一热，当即拍板决定——集合部队，讨伐宋朝。

辽兴宗重熙十年（1041 年）十二月，在耶律宗真的号令下，辽国各路大军开始集结幽州城。一时间，战争的恐怖阴影，迅速席卷了宋朝的整个北部边境。

为了应对辽国的进攻，宋仁宗立刻采取了相应的对策。

宋仁宗下令，宋朝对西夏采取防守政策，各路精兵进驻北方战场，西线的大将狄青、张亢等人，也全部到北方布防。短短一个月时间，宋朝就在北面布置了十余万大军，准备与辽国决一死战。

双方在边境云集数万大军，且都亮出了自己的刀刃，不管怎么看，一场大战都无法避免。然而，虽刀剑无眼，但带刀刃的人只要没有动手，这场战斗就还有商量的余地。

第一个想商量的人，就是发动战争的辽兴宗耶律宗真。

这是一个什么情况？

原来，耶律宗真虽然庙号为辽兴宗，但辽国的衰亡，却是从他这里开始的。耶律宗真执政期间，对内，无法处理尖锐的各种社会矛盾；对外，让西夏打得大败，堪称丢人现眼。

自古以来，昏君都有一个特点——爱瞎咧咧，不爱动手。耶律宗真也是这样的人，对于他而言，嚷嚷两句，这个没问题；真动手，他就犯怵了。

史料记载，耶律宗真听到前线的战报、得知宋朝竟然在北地集结了十余万大军后，这位皇帝就彻底尿了，他去找自己的“爸爸”，向他讨教去了。耶律宗真的这个“爸爸”，是辽圣宗耶律隆绪留下的托孤重臣、辽国的“尚父”——张俭。

耶律宗真直言不讳地问：“我欲南征，如何？”结果，张俭强烈反对此事。

原来，虽然张俭已经年过八十，在家闲居，不问政事，但是，张俭在 30 年前经历了“澶渊之盟”的全过程，深知宋朝绝非好欺负的软柿子。所以，在南征这个问题上，张俭全力反对。

反对归反对，张俭还是提出了一个可行方案，让辽兴宗不用丢面子，也可以从宋朝那里挣到想要的“外快”。

张俭提议道：“宋朝绝非弱国，若现在出兵，宋朝必倾国来战，胜负难料。不如这样，我们派使者前往宋廷，让宋朝割地赔款。宋朝担心两面开战，为求平安，也只能答应咱们的请求了。”

一听这话，辽兴宗大喜，张俭的主意确实高明。不用出兵，就能让辽国得利，何乐而不为呢？于是，辽兴宗接受了张俭的建议，派南院宣徽使萧特默、翰林大学士刘六符出使宋朝，跟宋仁宗谈判。

辽国派出使者后，宋朝急招吕夷简等人商量对策。大家商量，是跟辽国谈判，还是不谈判？如果要谈判的话，派何人接待辽国的使者最为合适？

要知道，当时是非常时期，必须选择一个非常之人。若是平常的和平时期，宋朝随便派一个使者，就能接待辽国的使者了。但西夏虎视眈眈，大辽兵临城下，在国家危难之际，外交人选必须是一个有“曹利用的勇、徐铉的智”的人才行。只有这种大智大勇的人，才能力挽狂澜，拯救大宋王朝。

那么，这个合格的人选，是谁呢？

宰相吕夷简给出了一个合适的人选——右正言富弼。

吕夷简说完后，朝廷震惊，很多官员都不相信自己的耳朵。为什么吕夷简会选择富弼？在这之前，这哥们一直是一个默默无闻的小官呀。更重要的是，吕夷简跟富弼不和，这也不是什么秘密了。

难道说，这是吕夷简在故技重施，借刀杀人，准备灭掉富弼这个政敌？

还是说，吕夷简眼光独到，唯才是举，认为富弼能够圆满完成任务？

无须多问，历史自有定论。

为什么推荐他

富弼（1004—1083 年），字彦国，洛阳人，北宋名相。在这次与辽国谈判前，富弼政绩平平，除了让范仲淹见到后赞美了他一句“有帝王的辅佐之才”外，在历史上并没留下啥“大手笔”。他唯一自豪的事情，就是自己是当朝宰执晏殊的女婿。

富弼为官期间，唯一留下的两件大事，还都得罪了当朝宰相吕夷简。

史料记载，富弼第一次得罪吕夷简，发生在宋朝好水川之败不久。

当时，宋军兵败后，一些延州百姓为了躲避战乱，就逃难至京城。数月之间，京城竟然涌来了数万灾民。面对这些灾民，吕夷简展现了残忍的一面。为了不给宋仁宗添堵，吕夷简下令掩盖前线战败的消息，并下令不许放边关灾民进城！

吕夷简是朝廷的独相，他发布的命令，谁敢不从？然而，时任谏官的富弼偏不信这个邪。他上疏朝廷，狠狠地骂了吕夷简一顿。

富弼上奏宋仁宗，道：“宰臣隐瞒前线战败消息，不放灾民进城，简直就是禽兽所为。现在，城外聚集了数万灾民，还望皇帝妥善解决。若不管这些灾民，灾民只有两条出路可走：一是落草为寇，聚众造反；二是远走敌国，成为辽国或西夏的子民。皇帝想让这些灾民走哪一条路，请指明一下。”

可想而知，宋仁宗看完这封奏折后，气得脸都绿了，他马上叫来吕夷简，狠狠地骂了他一顿，让他马上解决灾民问题。

被骂了一顿，吕夷简很是郁闷。殊不知，他的这种郁闷，才刚刚开始。

第二天，富弼又上奏宋仁宗，道：“灾民问题刻不容缓，臣请求让中书省牵头，组织救灾事宜。救灾工作千头万绪，有宰相领衔的中书省出面，效率会提高很多。”

看完这封奏折，宋仁宗立刻叫来吕夷简，让他带头出面组织救灾工作。

得知这个事情后，吕夷简气得都不行了。心想我这么大一个宰相，去救灾？别的事情，还干不干了？于是，吕夷简虽然答应了这件事情，但他没有出面，而是随便找了一个翰林学士，让他替自己去执行了。

殊不知，因为这个小小的任命，吕夷简又郁闷了一次。

第三天，富弼又上奏宋仁宗，道：“启奏陛下，吕夷简不重视灾民，其心可诛。灾民的安置工作还没有干，他就随便找了一个人代为处理。这是他存心偷懒的表现，也是他险恶狡诈的表现。因为，灾民工作万一办砸了，吕夷简完全可以置身事外，也可以随便找一个人来顶缸。”

得知富弼接二连三弹劾自己后，吕夷简彻底怒了——什么情况？这人是一个疯子不成！

于是，吕夷简又故技重施，他大笔一挥，剥夺了富弼直言进谏的权力——吕夷简提拔富弼为盐铁判官，让他去管理宋朝盐铁赋税。

在吕夷简眼中，盐铁赋税条目繁多、错综复杂，富弼分到那里后，估计每天只能算数，再也没有时间上奏了。从此以后，自己的耳根子，也终于能够清净了。

然而，吕夷简想得挺好，但没过多久，他的如意算盘就彻底落空了。

史料记载，虽然当上了盐铁判官，但富弼依旧不改御史本色，还是三天两头上疏朝廷，对朝廷的弊端“畅所欲言”。

在这种背景下，没过多久，富弼又盯上一个案子了，再次跟吕夷简结上了梁子。

庆历元年（1041 年），有人举报，说中书省有官员伪造度牒，牟取暴利。

所谓的“度牒”，是僧人出家的证明。咱们都知道，僧人出家后，就皈依佛门、不归国家了。僧人可以不交赋税，不服徭役，这就等于是减少了国家收入。此外，皈依佛门，还可以逃避刑事责任，躲避官府的缉拿（比如鲁智深）。

因为僧人的这些特殊性，所以历朝历代都对出家的僧人数量有严格的规定。北宋时期，一个州一年内，只允许一名或几名僧人出家。在这种背景下，伪造度牒的利润异常丰厚，让很多人铤而走险。

当时，有几个中书省的官员发现了度牒的利润，他们就伪造度牒，以牟取暴利。事发之后，开封府在追查这些造假者时，只敢追查那些下面办事的人员，却对上面的中书省官员不闻不问。

毕竟，中书省归吕夷简管，打狗还得看主人，谁敢得罪当朝宰相？

大家都不敢得罪吕夷简，但是，富弼例外。

得知中书省的人在伪造度牒后，富弼二话不说，第一时间奔向中书省，要求吕夷简把犯事的官员交出来，接受国法的制裁。

史料记载，听完富弼的话，吕夷简一点儿也没有生气，他反而站起身来，指着自己的座位道：“做官，为何要这么死板呢？以君的才华，不久之后，就能坐上这个位置了。此时此刻，何必要强出头，做一些得罪官员的事情呢？”

吕夷简把话都说到这个份上了，他相信，但凡一个有血有肉的官员，都会对这个位置垂涎三尺，也会为自己的前途，好好地重新思量一番。

然而，吕夷简还是想错了。他眼前的这个人，是一个忧国忧民的好官，富弼根本不把这个位置当回事。因为在他的心中，还有以天下为己任的信念！

听完吕夷简的话，富弼平静地回答："我来这里，不是要座位的，而是要人的，还请您赶紧把人交给我。"

到此，吕夷简算是明白了，自己浪迹江湖这么多年，竟然碰到了这么一个"奇葩"。这个人啥也听不进去，且谁都敢得罪。

吕夷简立刻下定决心，并表明了自己的态度：人，马上给，我犯不着跟这种"疯子"怄气。

就这样，在交出犯罪嫌疑人后，吕夷简不仅"臣服"了富弼，也成就了后者不畏权贵的威名。

因为这两件事情，富弼把吕夷简彻底得罪了。这次，吕夷简推荐富弼出使，很多人捏了一把汗，认为这是吕夷简要陷害富弼。

然而，对于这个问题，大家都想错了。

虽然吕夷简不是一个贤臣，但不可否认的是，他看人的眼光却很准。吕夷简清楚地知道，在国家危难之际，大智大勇的富弼绝对是一个合格的接待使，他也有能力力挽狂澜，拯救大宋。

事实证明，吕夷简的眼光，一点儿没错。这个富弼，果然出色地完成了这次外交任务，没有让宋朝失望。

临危受命

史料记载，庆历二年（1042 年）二月，富弼来到北疆的雄州，在这里接待辽国使臣。数日后，辽国使团在宣徽使萧特默的带领下，姗姗来迟。

既然是不怀好意而来，那就先给宋朝一个下马威。

当时，辽国使团进入雄州后，富弼率领众人前来迎接。按照惯例，双方见面后，宋朝宦官将宣读皇帝的欢迎圣旨，辽国使团应下跪接旨意。结果，萧特默却以自己"腿脚有病"为由，拒绝跪地接旨。这个下马威，真是下得可以……

国与国之间，最重要的就是礼节问题，因为这牵扯着双方的尊严。见萧特默不肯下跪，富弼大怒，他对萧特默道："数年前，我曾出使北朝。当时，我重病缠身，一路上只能躺在马车上，跟您现在的情况差不多，也无法下跪。但是，在觐见辽国皇帝时，我还是照旧下跪。如今，我朝皇帝的圣旨在此，您不下跪，这符合礼仪吗？"

听完了富弼的话，萧特默无言以对，他在随从的搀扶下，终于下拜。宋辽的第一次交锋，以富弼的完胜而告终。

在接待期间，富弼见辽国随行的官兵，大多数是没有经过战争洗礼的富二代、官二代，这些辽人见宋军阵型整齐、刀剑分明，竟然出现了恐惧之色。同时，富弼也敏锐地意识到，别看萧特默貌似刁钻强悍，一上来就给自己一个下马威，但是其骨子里，就是一个色厉内荏、外强中干的人，只要跟他推心置腹、阿谀几句，就能从他嘴里套出不少情报。

于是，在招待期间，富弼频繁宴请萧特默，好酒好菜好伺候，并进行了几次推心置腹的谈话。富弼告诉萧特默："萧大哥，你看。咱们的祖辈经过了浴血奋战，才换来了今天的和平，咱们要珍惜现在的局面呀！一旦两国开战，两国的百姓又将尸横遍野、血流成河，你我也将在战场上兵戎相见。我实在不想跟大哥开战呀，更不想两国百姓生离死别、遭受战乱之祸呀。"说完，富弼继续敬酒，继续"推心置腹"……

你想呀，萧特默本是一粗人，嘴边就没有把门的。何况，这个人也不赞同开战，他是辽国为数不多的主和派。当然了，他要不是主和派的话，辽兴宗也不会派他出使。萧特默见富弼态度非常诚恳，又跟自己如此推心置腹，就索性全盘托出，把辽国谈判的秘密告诉了富弼。

萧特默小声告诉富弼道："老弟，哥把你当自家兄弟，就不跟你隐瞒了。此次前来，辽国有两个目的。第一，让宋朝割让关南十县土地。第二，要跟宋朝联姻，让宋帝把女儿嫁给辽兴宗之子耶律洪基（未来的辽道宗）。若这两个条件都能满足，最好；若不能满足……"

富弼小声道："若不能满足的话，两国就要开战了？"

萧特默摆了摆手，道："那倒未必。不瞒老弟，对于是否开战这个问题，我主也在考虑，若宋朝派一使者入辽，晓以利害，授予金银，或许，就能改变我主的心意，避免一场战争了。"

一听这话，富弼大喜，这可是一条非常重要的情报。若萧特默所言非虚，宋朝完全可以按照他的说法，派一使者出使辽国，说服辽兴宗罢兵休战，这样的结果，于宋、于辽，都是最好的事情。

富弼连夜写好一份奏折，将这些情况详细汇报给了朝廷。不久，等富弼送走了辽国使者后，朝廷立刻将他召回京城，商量应对之策。

在这个会议中，宰相吕夷简定下一个基本准则——凡事都能商量，但割地之事，绝不可行。其余事情，都可从长计议。比如，和亲之事，吕夷简就认为可行。

毕竟，汉唐时期，都有和亲的先例。只是，现在宋仁宗的长公主太小了，才四岁，无法完成和亲任务。所以，吕夷简建议，安僖王赵允宁的长女已经成人，可代为和亲，嫁入辽国。

对于吕夷简的和亲建议，富弼却强烈反对。他告诉众人："自古以来，盖上世帝王之御夷狄也，服则怀之以德，叛则震之以威， 未闻与为婚姻也！和亲之举，有辱国威，绝不可行！"

双方难以求同存异，最终各退一步，群臣达成一个共识，若增加一二十万岁币，替代和亲，也能接受。

在一番激烈的讨论后，宋仁宗最终拍板，准备派遣使者前往辽国，与辽帝谈判，并定下了三大谈判底线。

第一，割地，没门儿。

第二，给钱，可以，但不能太多。

第三，和亲，根据辽国的态度，再做决断。

底线确定了，问题又接踵而来了。派谁去辽营，去跟辽兴宗谈判呢？

看来，也只能是他了。

在上次接待辽国使者的过程中，富弼不卑不亢，不辱国威，在完成任务的同时，还套出了辽国和谈的秘密。所以，宋朝君臣一致认为，此次出使辽国，仍非富弼莫属。

就这样，富弼成为出使辽国的使者，这个默默无闻数十年的小官僚，终于在历史上留下浓郁的一笔。

史料记载，根据朝廷惯例，每个出使辽国的官员，在出发前，都要提拔官职。这既是一种奖励机制，也是一种面子工程，免得宋朝使者因为官卑人微，在辽国被轻视。于是，朝廷提拔富弼为礼部员外郎、枢密直学士，享受正三品官员待遇。然而，与其他出使人员欢天喜地不同的是，富弼单独找到宋仁宗，希望皇帝收回成命，不要加封自己官职。

刚开始时，宋仁宗以为富弼在作秀，假装推辞，在“例行公事”罢了。毕竟，哪个官员不爱升职加薪？然而，宋仁宗却发现自己错了，富弼不是在作秀，他真是在推掉这个官职。富弼的那番推辞的话，更是让宋仁宗感动不已：“国家有急，义不惮劳，奈何逆以官爵赂之？”（《宋史·列传第七十二》）

意思是：“国家正处于危急时刻，为国效命，不辞辛劳，本就是为人臣者的使命，朝廷又何必用官爵笼络人心？”

在目送富弼出殿后，宋仁宗对左右侍从道：“富弼，真乃社稷之臣也！”

通过王钦若的例子，我们就能知道，能让皇帝说出这番话的人，他的未来必将拥有一条璀璨的阳光大道。

那么，在这次出使中，发生了什么事情呢？这次谈判，又有哪些故事呢？

艰难的谈判

庆历二年（1042年）六月，富弼一行人来到辽国。辽国派来接待他的人，就是上次出使宋朝的副使——刘六符。

上次出使宋朝时，因为萧特默向宋朝泄了底，所以辽兴宗不再重用他了。反之，副使刘六符却非常给力，他私底下好好地调查了一下宋朝，拿回来了不少有用的情报。所以在这次谈判中，辽兴宗提拔了刘六符的官职，命他全权处理谈判事宜。

史料记载，刘六符在辽国边境接到富弼后，他在自己的大帐内设宴摆酒，热情款待这些远道而来的客人。宴会的气氛也非常融洽。

当然了，在这场宴会中，不管是东道主刘六符，还是远道而来的富弼，大家都醉翁之意不在酒。酒宴上看似觥筹交错、主宾尽欢，实际上暗流涌动、剑拔弩张……

这不，酒过三巡后，刘六符放下酒杯，突然发难道：“我主北朝皇帝坚持要割地，不知南朝如何回复？”

这里解释一下，宋辽为“兄弟之国”，所以在史书中，辽国称北朝，宋朝称南朝。

富弼道：“若北朝坚持要割地，那就是假借索取为由，破坏两国协议，发动战争了。到那时，我南朝必定横戈相待，拼死一战！”

刘六符面露窘色道：“南朝如此固执，谈判如何进行？”

富弼不卑不亢道：“北朝无故索要土地，南朝理应发兵攻之。然而，我朝没有主动发兵捍卫主权，而是派遣使者商议两国的外交，这怎么能说是南朝固执呢？”

听完富弼的话，刘六符知无法继续谈判，只能将富弼说的话记录了下来，请辽兴宗圣裁。

史料记载，看完刘六符的奏折后，辽兴宗气得青筋暴起，他万万没有想到：西线战场上一败再败的宋朝，竟然态度如此强硬。这个叫富弼的使者，到底是一个什么来头？

于是，辽兴宗在大殿上召见富弼，劈头盖脸问了一堆刁钻的问题。

辽兴宗对富弼道：“两国早有盟约，在边境不得擅自增加军队，修建防御堡垒。可现在，南朝却违反盟约，关闭雁门关、扩挖运河、增修工事、征召士兵，这是什么意思？不知贵国使者如何解释！”

不等富弼解释，辽兴宗继续道：“如今，大臣见南朝背叛盟约，都义愤填膺，大家都劝朕出兵，去跟南朝讨一个说法。可朕却认为，两国和好多年，情谊尚在，不如派一个使者入宋，去讨要那关南十县，收回辽国故地。若南朝不给，到时候再发兵讨伐，也不迟！”

辽兴宗说完后，辽国的武将们立刻来了精神，大家你一句、我一句，就在朝廷上大声嚷嚷了起来。

有人说：“南朝扩挖河道，有什么用？我国用一根芦苇，就可以渡过去。”

有人说：“根本不用芦苇渡河，那多费事。我国十万大军南下，一人扔一个土袋，就能把这个运河填平！”

更有人说：“跟这个南朝使臣聊天，简直浪费时间。请大王下令，我等立刻出兵，直接打到开封城下，去跟宋朝皇帝要钱！”

一时间，辽国群臣激昂，朝廷一片喊打喊杀之声。在这声音之中，辽兴宗也不劝阻，也不叫停，就这样微微笑着，看富弼如何应对。

富弼却异常平静，他站前一步，对辽帝躬身一拜，随后转过身来，对着辽国群臣大喊道："辽帝说我宋朝背信弃义，此言不妥！关闭雁门关，是为了防范李元昊入侵。扩挖运河，是因为霖雨积水，泛滥成灾，为了防止水患，有何不妥？城墙年久失修、损坏严重，我朝进行适当的修复，怎么就成违背盟约、擅自增加防御工事了？至于征召士兵，更是无稽之谈。士兵有军籍年限，岁数一到，自然就需要退役。我朝征召士兵，不过是进行兵源补充，去旧更新罢了。这种事情，辽国不是也在做吗？贵国不是也在定期撤换戍守的兵士吗？"

富弼的这番话，将辽兴宗群臣反驳得哑口无言。

见辽兴宗不说话了，富弼继续慷慨激昂道："北朝动不动就说，那关南十县是辽国的故地，但事实真是如此吗？自古以来，关南十县就是中原王朝的土地。后晋时期，关南十县虽归辽国所有，但周世宗时期，中原又复取了关南之地。这些前朝的恩恩怨怨，如何算得清？如果两国都要索取各自昔日的土地，难道对北朝有利吗（'若各求地，岂北朝之利哉'）？"

富弼说完后，辽兴宗再次沉默不语。

是呀，这些前朝的烂账，若全都计算的话，辽国不仅没赚，还得赔死。因为，辽国若说关南十县是辽国故地的话，那么宋朝也完全可以说，你的幽州城还是我的呢，什么时候还我！

富弼见自己的话已经戳中了辽兴宗的软肋，他看准时机，继续"攻击"道："这些前朝的烂事，咱们就不要算了，还是说说现在的事情吧。北朝难道忘了我朝章圣皇帝（宋真宗）的恩情吗？昔日澶渊之战时，若我朝陛下听从诸将的建议，早就把你们辽军一锅烩了，你们谁也跑不了。"

说完这句话，富弼看了看脸色难看的辽国诸臣，转过身来，对辽兴宗道："如今这些喊打喊杀的大臣，在我的眼中，全是祸国殃民的奸臣，请皇帝宰了他们，以谢天下。因为，两国一旦和好，是君主得利，臣子无利；两国一旦开战，则臣子得利，君主得祸。如今这些渴望战争的辽国臣子，全都想着自己的利益，要去损害国家的利益，所以他们全是奸臣，还望陛下将他们治罪。"

一听这话，辽国朝野震惊，辽兴宗也差点儿从龙椅上跳起来，他对富弼道："贵使，此言何意？两国和好，朕得利，大臣无利；两国交战，大臣得利，朕却得祸？"

富弼慢慢解释道："我举一个贵国的例子。昔日，晋朝末帝（石重贵）昏庸无道，神人共弃。辽主借此良机，率军入主中原，但交战数年后，辽军损失惨重，被迫撤兵回国。这次南下后，辽国得到的俘虏、财帛，都被诸将瓜分，但国家损失的战马、将士却由君主承担。这不是打仗对臣下有利，对君主有害吗？以我之见，北朝那些主战派的官员，都是为了自身的利益，绝非为了辽国的江山。”

一听这话，史称“契丹主大悟，首肯者久之”。

看见辽兴宗恍然大悟、不住地点头表示同意后，富弼并没有停止，他继续施压道：“如今，我南朝疆域万里，精兵数以万计。北朝此时用兵，能保证必胜吗？”

此话一出，辽兴宗沉默了半天，最终叹了一口气，说出了两个泄气的字——不能。

是的，确实不能。

因为，根据时间推断，富弼在与辽国谈判时，同年五月，宋朝与西夏大干了一场，结果宋军大获全胜，他们以三千人马，斩杀了西夏六万大军。

这，又是一个“三千打六万”的传说故事。

这个以弱胜强的战役过程，是怎样的呢？

又一次“三千打六万”

当时，在宋辽谈判期间，西夏大军继续进攻宋朝领地，围困住了麟州城。宋军名将张亢奉命押送粮草至麟州。由于西夏主力在此，所以押送粮草的部队宜精不宜多。张亢挑选了三千名精锐部队，偷偷向麟州进发，秘密前进。

张亢刚到麟州周围，就被西夏大军盯上了。李元昊派出了数万大军前后包抄，把张亢拦截在了麟州附近的柏子寨里。

被敌军围困后，张亢对左右道：“如今我等被围，已经身陷死地。前斗则生，不然，为贼所屠无余也！”

张亢用“置之死地而后生”的激励方式，说得诸将激动不已，大家皆愿意跟随张亢，与西夏军决战到底。

就在这时，上天也不失时机地帮助了张亢一把。

史料记载，没有任何征兆，突然这里刮起了大风，飞沙走石，吹得人睁不开眼睛。这种情景，就跟《西游记》里记录的一样："本是晴空万里之天，突然天地变色，飞沙走石，妖风四起……"

当时，是否出现妖怪，不得而知。我们唯一知道的是，张亢见西夏军被大风吹得阵型松散、混乱不堪，立刻抓住时机，命令宋军拿出强弩，对西夏军进行射击。

在强风的帮助下，弩箭的威力倍增，三千劲弩犹如狂风海啸一般射向西夏军，射得他们无处躲避。在飞沙走石中，西夏军也不知道宋军有多少人，他们无心恋战，只能全线撤退了。

西夏军撤退后，张亢立刻率军追击，他"斩首六百余级，（敌）相蹂践赴崖谷死者不可胜计，夺马千余匹"。

至此，这场大战，以张亢的完胜，西夏军的完败而告终。

这里多说一句，关于张亢在此战中斩首数目的统计，《宋史》记载，是斩首六百余级，但是，等到了《续资治通鉴》，却被记录成了斩首六万余级。

同样都是正史，一个是六百，一个是六万，两者相差悬殊，到底哪个更为可信？

我个人认为，六百的数字更可信。毕竟，张亢只有三千人，你就是累死他，也砍不死六万人。别说六万人了，就是六万只鸡，也能把张亢等人累死。

之所以记成这样，要么是史学家的笔误，要么就是对张亢进行神化描述。

此战报传回辽国后，跟自己的祖先一样，辽兴宗也被宋军的表现吓着了。在他的眼中，"宋军还是那个宋军，他们依旧骁勇善战，能三千打六万"。看来，需要重新审视一下这个"软弱可欺"的国家，重新计算一下双方的军事实力了……

正是因为有这么一场大胜垫底，富弼才有底气跟辽兴宗叫板。而面对富弼的叫板，辽兴宗只能无奈地说出了那两个字——"不能"。

虽然已经认㞞，但辽兴宗绝不肯乖乖低头，他又提出了一个问题："西夏是我藩臣，李元昊是我女婿，南朝未经我同意，就擅自攻打西夏，是对我辽国不敬。不知贵国如何解释？"

富弼微微一笑，回答道："高丽还是宋朝的属国呢。昔日，北朝讨伐高丽时，难道曾报告我南朝吗？况且，我此次出使辽国，对于这个问题，我朝陛下特意做了一段声明，让我转告。”

辽兴宗道：“什么声明？快快说来。”

富弼道：“吾皇特意让我转告陛下：‘先前，不知李元昊与老弟（宋辽兄弟相称）是亲家，只因李元昊辜负大宋，扰乱边境，兄不得已派兵伐之，却惹得老弟你不高兴了。但是，老弟你想想，我派兵攻打西夏，是伤了兄弟的情谊；但我不派兵攻打西夏，却要伤我千千万万的边境百姓。不知老弟处于我的位置，会如何处理？’”

辽兴宗听完后，把刘六符叫到身边，两人用契丹语说了半天，最后告诉富弼：“李元昊祸乱边境，南朝确实可以反击……”说完后，辽兴宗黔驴技穷，再也无话可说了。

至此，宋辽的一次和谈，以富弼完胜、辽兴宗完败的结局，暂时告一段落。当然了，等明天太阳升起，又是他们重新开战之日。

第二十章 天下太平

再起波澜

史料记载，第一次交锋后，辽兴宗没有得到任何好处，他非常不甘心。于是，在第二天和谈开始前，辽兴宗派刘六符去富弼那里，准备试探一下这位宋使的口风。

刘六符对富弼道：“我主耻于接受金帛，坚持要关南十县，如何？”

对于这个问题，富弼不卑不亢地回答道：“我朝皇帝曾说过：‘朕为人子孙，岂敢将祖宗之地给予他人。昔日澶渊之盟时，两国在城下兵戎相向，章圣皇帝（宋真宗赵恒）都不肯给关南之地，难道今天朕就可以割地吗？而且，北朝想得到关南十县，不过是徒增一些赋税罢了。现在，朕愿意用金帛来代替，足以满足北朝的欲望。若北朝还坚持要土地，那就是决心背盟了，朕也只能出兵反击。昔日有天地神灵作证，大家一起签署的盟约。如今，北朝率先发兵，错不在朕。天地鬼神皆可作证，难道还能欺骗他们吗？’”

刘六符听完后，沉默许久，最终长叹一声，道：“南朝皇帝如此用心，实为两国之幸事。”之后，刘六符再也不提割让土地的事情了，他还表示，愿意劝说辽兴宗放弃战争，两国继续和平发展。

当然了，虽然刘六符极力劝说皇帝，但辽兴宗还是想要那关南十县。

第二天，辽兴宗召富弼一同打猎。富弼的马靠近辽兴宗后，富弼坦言道：“南朝真心想与北朝交好。”

听完这话，辽兴宗不屑道：“得地则欢好可久。”

唉，费了半天劲儿，事情又回到了原点，只能继续劝说或继续洗脑了。

富弼道：“南朝皇帝派臣告诉陛下：‘北朝想要得到祖宗故地，可南朝又岂能失去祖宗故地？北朝以得到土地为荣誉，南朝却以失去土地为耻辱。宋辽本是兄弟之国，岂可使一荣一辱哉？望老弟三思而后行。’”

听完富弼的言语后，辽兴宗再次沉默不语。

打完猎，辽兴宗才感慨地对刘六符道：“刚才，富弼关于荣辱的说法，让朕感受颇深。朕决定不要土地了，但和亲一事，宋朝必须答应。”

刘六符找到富弼，向他转达了辽兴宗可不要土地，但必须和亲的意思。

咱们前面讲过，宋朝对于和亲一事，最终没有定论，宋仁宗让富弼见机行事。但是，富弼是一个坚定的“不和亲”者，即使身处敌营，他也不会改变自己的意思。

富弼委婉地告诉刘六符：“我仁宗皇帝的长女，如今才四岁，怎能出嫁？即使要出嫁，那也是十几年后的事情，如今确定盟约一事迫在眉睫，怎能等待那么久？”

刘六符道：“没事，可以先订婚。”

富弼道：“好吧，就算两国可以和亲，但问题是，夫妻的感情阴晴不定，谁能保证他们一生和好，万一中途夫妻感情出现了矛盾，两国将如何对待？是兵戎相见，还是好言相劝？”

富弼的这种说法，绝非危言耸听。后来，辽国之所以跟西夏打起来，就是因为李元昊虐待自己的辽国妻子，让这个岳父辽兴宗很生气，最终兵戎相见了。

刘六符明白富弼的意思，他打岔道：“几十年后的事情，谁能保证？夫妻恩爱一生者，又不是没有，公不必杞人忧天。”

富弼继续道：“好，就算夫妻一生恩爱，但根据我宋朝制度，公主出嫁只能一次性给予十万缗钱陪嫁。十万缗钱虽然很多，但我有另一个办法，能让辽国挣到更多的钱。”

只要一涉及钱，那就热闹了，刘六符迫切地问道：“什么办法，还望赐教！”

富弼道：“如果北朝放弃和亲的话，我朝愿意每年增加十万岁币。与其一次性得到十万缗钱，不如拿这个钱。君请想想，岂若岁币无穷之利哉？”

谈判的最高境界，就是告诉对方——跟我合作，我能让您挣到钱！见富弼处处为辽国着想，对于这个条件，不管是刘六符还是辽兴宗，都会接受。

史料记载，在富弼的苦口婆心下，契丹主对富弼道：“俟卿再至，当择一受之，卿其遂以誓书来。”

就这样，经过一番艰苦的谈判后，双方终于达成了共识，富弼马上起身回国，去草拟誓书了。

数月之后，富弼回到了开封，将出使的情况报告给了宋仁宗。宋仁宗马上命大臣商量，最终按照富弼的意思，起草了两份国书、三份誓书，让富弼带回辽国，让辽兴宗签字。

这三份誓书，分别是：

一、正常情况的结盟，宋朝每年增加十万岁币。

二、若辽国能让西夏对宋称臣，宋朝则每年增加二十万岁币。

三、若辽国还是执意和亲，就以联姻的方式签署盟书，不增加岁币，一次给足十万缗嫁妆钱。

除了这三份誓书外，富弼还请求在誓书上增加三项内容：

一、两国边界的湖泊不得擅自拓宽；二、两国边境不得无故增加驻军；三、两国不得收留、扣押对方逃亡的百姓。

对于这三项内容，宋仁宗完全同意，他立刻让中书省草拟誓书，把这三项内容加进去。但是，撰写期间，已经到了富弼出使的日子。于是，中书省的官员告诉富弼：“您先走，等我们写好了，派人给你送去。”

富弼一行人走了数天后，送誓书的宦官才追上他，将誓书和副本都交给了富弼。

后来，富弼一行人又走了几天，富弼突然想到，自己要求增加的这三项内容，都是跟辽人事先约好的，可誓书并非自己亲自撰写。万一有什么出入，引起两国争端就不好了。

为安全起见，富弼偷偷打开了誓书，要好好查看一遍。结果，不看不要紧，一看吓一跳。富弼大惊，发现增加的条款内容，跟自己说的完全不一样！

富弼立刻上疏朝廷，说有重大事情要报告，必须回京。看见富弼的请求，宋仁宗岂敢怠慢，他立刻颁布圣旨，让富弼回京。

富弼命使团原地待命，自己则马不停蹄返回京城。富弼回到京城时，由于天色已晚，城门已经关闭了，守门官吏拘泥于旧制，让富弼第二天再进城。富弼气得责备门吏，这才进城。

富弼第一时间面见了宋仁宗，说明事情缘由。宋仁宗立刻召见宰相吕夷简和枢密使晏殊进宫，让他们当面对质。

对质期间，富弼大骂道："宰执大臣如此擅自改动条款，是要置臣于死地。臣死不足惜，但国家大事怎么办！"

吕夷简听完倒是认账，他从容道："这是失误，应当改正。"

吕夷简的认罪态度是不错，可富弼依旧不买账。在他看来，吕夷简是故意这样做的，他怕自己和谈成功，立一个大功，风头盖过他，所以才暗算自己。

一想到这些，富弼就不依不饶，进一步攻击吕夷简，痛骂他荒嬉政务、贻害国家、祸害忠良，等等。

看见富弼没完没了，一旁的枢密使也是富弼的岳父晏殊就赶紧打圆场，道："以吕公的为人，不会干那种事情，这就是一时疏忽罢了。"

晏殊本是好意，结果这个女婿根本不买账。听完岳父的话后，富弼更加怒了，怒火中烧地指着岳父的鼻子，对宋仁宗道："晏殊乃一奸邪小人，与吕夷简结为朋党，共同欺骗陛下！"

这一下子，事情闹大了。晏殊这个冤呀，心说我这个女婿，真是狗咬吕洞宾，不知好人心。晏殊气得立刻反击，吕夷简也开口反驳，富弼继续大骂。这三个人就在皇帝面前吵了起来。最终，他们吵得皇帝不厌其烦，宋仁宗下令："统统闭嘴，有没有正事了，赶紧修改誓书去。"至此，这三人才愤愤离开。

在修改誓书期间，富弼哪里也没去，就住在学士院里，看着他们修改。第二天，拿到修改好的诏书后，富弼这才重新出使辽国。

虽然这件修改誓书的事情，最终不了了之。但经过此事，富弼不但得罪了吕夷简，也把自己的岳父晏殊得罪了。后来，吕夷简下台，富弼、范仲淹推行新政时，晏殊身为当朝宰相，对女婿的事情不支持也不反对，还有点儿跟他们对着干，其中一个很大的原因，就在于此。

当然了，未来的事情，未来再议，富弼也不会想到那么遥远的事情，他只关心当下能赶紧回到辽国，让辽兴宗在誓书上签字，两国好建立一个新的盟约。

然而，让富弼万万没有想到的是，已经谈好的盟约条款，竟然还能再起波澜，而这个竟然是因为一个字。

那么，这是一个什么字呢？这个字，为什么又那么重要呢？

宋辽议和

庆历二年（1042 年）八月，富弼带着修改好的誓书，第二次出使辽国，与辽兴宗谈判。

当时，按照约定好的协议，宋辽不通婚，只每年增加十万贯岁币，即可免除一场兵戈，让两国继续和平发展。

对于这个约定，辽兴宗并没有反悔，他对富弼道："通婚使南朝骨肉分离，公主与梁王（未来的辽道宗耶律洪基）也未必互相喜欢，还是每年增加金帛划算。但是……南朝必须在盟书上加一个'献'字才行。"

一听这话，富弼立刻强烈反对道："藩属对宗主进贡，才用'献'字。宋辽是平等的国家，为何用这种以下奉上的词语？何况，澶渊之盟时规定，宋朝为兄，辽国为弟，岂有兄长进献弟弟的道理？"

辽兴宗听完后，想了一会儿，道："好吧，南朝可不用'献'字，但必须用'纳'字。"

在古代的外交礼仪中，等级从低到高，依次是"赠、纳、献"。"纳"居中，在"赠"的上面，"献"的下面。昔日，唐高祖李渊向突厥借兵时，就在国书中使用了"纳"字。

虽然"纳"比"献"的等级低，但"纳"字也具有浓厚的尊卑色彩，一旦把这个字写在国书上，宋辽就再也不是平等的国家了。

富弼饱读诗书，知道这个"纳"字的意义，所以对于这个建议，他还是那三个字——不同意。

看见自己的每一个要求，都被富弼无情拒绝，辽兴宗彻底火了，他大怒道："南朝送大量金帛给我，是惧怕我，何必吝惜一两个文字？若我率军南下，你可别后悔！"

富弼毫不惧怕道："我朝皇帝爱惜生灵百姓，才送上金帛化解兵戈，并不是惧怕北朝。若陛下坚持己见，就是放弃两国盟好。若北朝南下，我南朝也不惧兵刃相向！"

见富弼如此"难啃"，辽兴宗虽气急败坏，但也无计可施，他只能无奈道："好吧，依卿所言，不用那些字了。把那二十万的国书、誓书拿上来。"

见辽兴宗服软了，富弼非常高兴，他立刻呈上了宋朝的国书、誓书，希望辽兴宗马上签字。然而，就在这临门一脚时，辽兴宗又变卦了。

史料记载，看完宋朝的国书、誓书后，辽兴宗都把毛笔拿起来了，结果他又后悔了。

辽兴宗对富弼道："朕想，贵国还是增加一个'纳'字吧。贵使也不要太执着，若我率军南下，你就是南朝第一罪人了。"

面对这赤裸裸的威胁，富弼寸步不让道："公道自在人心。若我同意，才是南朝第一罪人！"

辽兴宗无可奈何，只能放下毛笔，道："贵使一点儿商量的余地都没有，我们就不要签署盟约了。数日后，朕将亲派使者去南朝，与贵国皇帝商量此事。若贵国皇帝同意用'献、纳'等字，不知贵使将如何应对。"

富弼大义凛然道："吾皇若答应此事，那是吾皇的事情。若陛下怪罪微臣今日的狂妄举动，请将臣的所作所为告知南朝皇帝。若我主怪罪于我，臣绝不推辞。"

辽兴宗哈哈大笑道："贵使精忠报国，令人敬佩，怎么会有罪呢？"说完，就让刘六符送富弼下殿了。

过了几天，辽兴宗命刘六符出使宋朝，商讨和谈之事。

当时，富弼已经命人快马赶回京城，告知宋朝君臣，自己据理力争后的谈判结果：辽兴宗一直不肯签字，其原因，就是他要在国书上加一个"纳"字。

对于是否加这个字，富弼的看法是："臣以死抗争，他们的气势已折，不用再加许诺，千万别加这个字！"

虽然富弼给出了态度，但是，宋朝的大臣则认为，不必拘泥这些小节，与辽国签署和平盟约才是头等大事。在这件大事面前，增加一个“纳”字，有何不可？何况，当时能与辽国和谈，已是重点了。

原来，富弼八月出使辽国，九月时，宋朝与西夏又爆发了一场大战。宋朝的大将郭怀敏轻敌冒进，结果中了李元昊的埋伏，全军覆没。不仅郭怀敏战死沙场、宋军十几员大将阵亡，宋朝士兵战死的更是达 9400 余人。

这是宋朝对西夏的第三次大败，史称定川寨之败。

获得了这么一场大胜，李元昊见宋军在西夏损失惨重，无力再战，立刻春风得意了起来。李元昊命张元起草了一份诏书送交宋朝，宣称“朕欲亲临渭水，直据长安”。

可见，正因为有这么一场大败，与辽国签署盟约，就成为宋朝最重要的事情了。只有赶紧与辽国签订协议，宋朝才敢从北线调回部队，去西线抵御李元昊。所以说，在这个国家危难之际，区区一个“纳”字，给辽人又如何？

最终，朝廷接受了枢密使晏殊的建议，在和辽使刘六符签署国书、誓书时，毅然决然地使用了“纳”字。

当然了，这一切都是瞒着富弼偷偷进行的，等富弼知道时，已经生米煮成熟饭，一切已成定局。

庆历二年（1042 年），历经万难、互相扯皮了数个回合后，宋辽终于达成了停战协议，即澶渊之盟后，两国又签署了第二个盟约。

这个盟约的主要内容，有二：

一、宋朝每年增加二十万岁币，由原来的三十万变为五十万。

二、原来，宋朝的岁币名称原叫“赠”，现改为“纳”，等于提高了辽国的地位。

至此，在精神和物资这两个层面，辽兴宗都占到了宋朝的便宜，达到了自己的目的。从此以后，辽国与宋朝罢兵休战，两国再次迎来了和平。

由于这个盟约发生在宋仁宗庆历与辽兴宗重熙年间，所以史书中，称这个事件为“庆历增币”或“重熙增币”。

盖棺论定一下吧：虽然这个“重熙增币”事件，让宋朝人很憋屈，但是，在当时那个危急时刻、在宋朝极有可能两面受敌的情况下，经过富弼的据理力争，宋朝一没割地，二没和亲，仅仅增加了一些岁币，还增加了一个有一些耻辱的“纳”字，就化解了这么一场巨大的危机。不管怎么算，宋朝在这次外交中，都是“赚”了。

当然了，如果大家对这个“赚”字有异议的话，那么我再解释一下：在宋辽的和谈中，宋朝可能没赚，但在这盘“三国杀”的棋局中，宋朝却“赚”了，而且还“赚”得可以。因为，宋辽签署盟约后没多久，“审时度势”的西夏李元昊就彻底消停了。这个男人终于放下了手中的武器，跟宋朝和谈，最终“臣服”于宋朝。

李元昊“投降”

签署了“重熙增币”后，宋朝终于解除了来自北面的威胁，宋军的精兵强将们开始源源不断涌入西线战场，准备与李元昊决一死战了。与此同时，收了宋朝的钱，辽国也得“意思意思”。辽兴宗特意派遣使者出使西夏，喝令西夏不得骚扰大宋边境。

后来，庆历三年（1043 年），当听说自己的女儿不受宠爱，还被李元昊欺负后，辽兴宗勃然大怒，他立刻御驾亲征，率领十万大军讨伐西夏。

这场大战，以辽兴宗的惨败而告终。辽国十万大军毁于一旦，自己还差点儿被生擒活捉。这也从侧面说明，这位辽兴宗，就是一位只能动嘴不能动手的昏君。

虽然打赢了一场大胜仗，但经过这么一场大战，李元昊也明白了：如今，在这个“三国杀”的棋盘中，那哥俩联手了，自己要是还不归顺的话，只能死无葬身之地了。

李元昊的这种想法，绝非危言耸听。经过与宋朝的多年作战，虽然李元昊抢夺了宋朝数座城池，还送给了宋朝三川口之战、好水川之战、定川寨之战三场大败，但西夏军的阵亡人数，实际上是远超宋军的。此时的西夏军，虽然看着威武雄壮，但其实早已是强弩之末了。

此时此刻，对于李元昊而言，对内，国家连年征战，土地一片狼藉，百废待举，百姓急需休养生息。对外，辽国被打败后，对其一直虎视眈眈，时刻准备要报仇雪恨；那个软弱的宋朝，也不再认㞞了，国内也出现了不少讨伐西夏的言论。

在这种内忧外患的双重压力下，和谈称臣，就成为李元昊唯一的选择。或者说，反正也抢够了，是时候该见好就收了。

在审时度势后，李元昊这个“俊杰”，终于选择了“识时务”，他向宋朝抛出了橄榄枝，与宋朝和谈了。

西夏准备和谈的消息传到宋朝后，宋朝群臣立刻分成了两派，主战派与主和派。

主战派认为，西夏想和谈？没门儿，继续打，打到他亡国为止。现在国际局势良好，西夏被宋辽围攻，为什么要偃旗息鼓，不给李元昊致命一击呢？何况，我们跟西夏打了这么久，死了那么多人，花了那么多钱，这些账怎么算？这里面，还有一个“面子”问题。总之，在主战派的眼中，如果宋朝不想丢面子，只能让李元昊丢命，否则绝不能停！

虽然主战派言辞激动，说得慷慨激昂，但宋仁宗最终还是接受了主和派的想法，同意与西夏和谈。

主和派的首领，就是那位大名鼎鼎的范仲淹。

史料记载，在经历了定川寨之败后，范仲淹就敏锐地意识到，西夏绝非癣疥之疾，无关大局；李元昊也绝非“蕞尔小丑”，可一鼓灭之。如今的西夏王朝，是一个要人有人、要财有财，还有一个强权统治者领导的“强国”。对付这样的国家，绝不可能通过一两场战役就能解决。

认清了形势后，范仲淹上书朝廷，阐述了自己对西夏的理解，希望宋朝与西夏和谈，用金钱换来和平。

自古兵马精劲，西戎之所长也；金帛丰富，中国之所有也。礼义不可化，干戈不可取，则当任其所有，胜其所长，此霸王之术也。臣前知越州，每岁纳税绢十二万，和买绢二十万，一郡之入，余三十万，偿以啖戎，是费一郡之入，而息天下之弊也。

——《续资治通鉴长编·卷一三五》

这段话的意思是说：西夏的长处是兵马精劲，他喜欢打仗，也能豁得出去打仗，咱们这点比不了，也没法比。物产丰富，有的是钱，这是咱们的优点。

既然打不过李元昊，也没法教化李元昊，就索性花钱买平安吧。据臣所知，咱们一个州的赋税，就有三十万缗，就算全给李元昊，也能把他乐疯了。咱们用一个州的钱，就能换一个天下太平，这笔买卖很值呀，还望陛下三思。

宋仁宗一看，范仲淹言之有理，就接受了他的建议，开始与西夏谈判。

当时，李元昊为了跟宋朝砍价，来了一个狮子大开口，直接开出了十一个和谈条件。这就是漫天要价，等着宋朝就地还钱。

和谈条件送到宋朝后，宋朝君臣展开了一番激烈的讨论，最后把这十一个和谈条件压缩到了六个。

那么，宋朝擅自减了一半的条件，李元昊会不会恼怒呢？宋夏之间，又将如何谈判呢？

庆历合约

宋朝的六个和谈条件，如下：

第一条，你李元昊是我大宋的臣子，必须懂得避讳，不能在国书上随便写我大宋天子的名讳。

在古代，避讳可是一件极其重要的事情，这远远超出我们的想象。

举一个很简单的例子，根据《青箱杂记》记载，宋朝把馒头叫“蒸饼”，到宋仁宗时期，因为皇帝叫赵祯，“祯”与“蒸”发音相似，为了避讳，“蒸饼”就叫“炊饼”了。可见，所谓的“武大郎炊饼”，根本不是现在的烧饼。要不然，武大郎怎么可能早出晚归、还一卖就是一整天？

为了避讳，宋朝人连食物的名称都改了，你个小小的党项人，竟然不知道避讳，这让宋朝人情何以堪。

第二条，李元昊不能以“大白高国之主”的名义上书朝廷，必须称臣。称臣后，再由我们皇帝册封你为“西夏国主”，这个顺序不能乱。你擅自称霸，这个和谈会议没法开。

第三条，允许你李元昊自行设立行政机构，随意任免官员，这个我们宋朝不管。但是，西夏所有的官员必须改名，不能用中原的官名，而应用西夏的官名代替。

之所以提出这么一个条件，是宋朝官员的嫉妒心理在作祟。史料记载，当时负责和谈的，是宋朝的参知政事、同中书门下平章事庞籍。庞籍的官职，也算是位高权重了。然而，西夏负责和谈的人，竟然是一个“某某太尉”。

在宋朝的官职里，太尉是辅佐皇帝的最高武官，为三公之一，正二品，位高权重。此外，太尉还是一个荣耀证明，除了皇帝亲信之人外，一般不能胜任。前朝痛骂冯拯的高怀德、未来坑害林冲的高俅，他们就是太尉。

在庞籍的眼中，老子死了以后，都未必能够追封一个太尉的官职，你个小小的蛮夷大臣，竟然也敢称太尉？真是忍无可忍。赶紧改名，用你们西夏文的什么“宁令、谟宁令”代替。

第四条，允许两国开放边境贸易。

第五条，两国罢兵休战，边境线上不得另筑城池，增加装备。所有军械，维持现状。

第六条，宋每年赏赐西夏七万岁币，相当于辽的“助军旅之费”。辽国那个叫“纳”，你的这个必须叫“赠”，这个没得商量。

史料记载，李元昊看完这六个条件后，同意了前五条，但最后一条却坚持不同意。

对于李元昊而言，避个讳、称个臣、改个名，这些都是小事，反正我关门做天子，你也管不着。但是，你宋朝给的钱，也太少了点儿。

李元昊狮子大开口，告诉宋朝，给我三十万岁币，否则没得聊。

此数字一出，宋朝集体疯掉了。三十万岁币什么概念？当年澶渊之盟，宋朝才给辽国三十万岁币！虽然后来因为西夏前后受敌被迫涨到五十万了，但辽国那么强大，我们最初才给他三十万，你个小小的西夏，凭什么？这要是让辽国知道了，还不得跟我拼命呀！

宋仁宗告诉李元昊：“最多给你十万，多一分也没有。”

李元昊回复道：“那就降到二十五万，少一分也不行。”

宋仁宗：“来劲是吧？最多十万，爱要不要。”

李元昊：“十万也行，但必须加一个条件。”

宋仁宗：“什么条件？”

李元昊：“每年允许我兜售一千万担青白盐。”

咱们前面讲过，当年为了招降李德明，宋真宗确实允许过西夏私自兜售青白盐。但后来，宋朝人琢磨清楚了，不能这么干，因为这会严重扰乱国家的食盐制度，摧毁宋朝的食盐市场。万一，辽国人也看出了这里面的甜头，也来宋朝私自兜售牛羊，到时候咋办？

双方无法求同存异，只能继续谈判。

宋仁宗庆历四年（1044年），北宋与西夏达成协议，规定如下：

第一，西夏向宋称臣并取消帝号，李元昊接受宋的封号，称“夏国主”。

第二，宋夏战争中双方所掳掠的将校、士兵、民户，归自己所有，不再归还对方。

第三，边境的人逃往对方领土，双方都不能派兵追击，由对方负责缉捕。抓住后，双方互相归还逃人。

第四，宋夏战争中，西夏占领的宋朝领土以及其他边境番汉居住地，全部归还宋朝。双方可在自己疆土上建立城堡以及其他防御设施。

第五，宋朝每年赠给西夏银七万两，绢十五万匹，茶三万斤，作为君主给臣下的赏赐。

这个合约签署在宋仁宗庆历年间，所以史称“庆历合约”。这是继宋真宗“景德合约”后，宋朝与西夏签署的第二份停战合约。

对于宋朝而言，又签署了一封停战合约，又一次花钱买平安，虽耻辱无比，但不管怎么样，从此之后，宋朝的西疆再无兵戈（虽然期间有过“小打小闹”），但天下总算太平了。

这种局面，一直持续了小半个世纪，直到38年后，元丰五年（1082年），西夏那位红颜祸水、口蜜腹剑、大逆不道、阴险毒辣的女子执政后，宋夏之间才重新开战。

这个女子，就是西夏历史上大名鼎鼎的梁太后，也称大梁太后。

关于这个女人的故事，则是宋神宗时期的事情了。

第二十一章 重塑国家

三冗三费

憋屈，真是憋屈！

一口气签署了两个耻辱无比的“卖国条约”，你要是宋仁宗，也得憋屈死。

现在，再重新审视一下这个国家吧。从太祖建国开始，一直到宋仁宗庆历年间，大宋王朝已有八十余年，虽然表面上，这个国家还是一片繁花似锦，但是其内部早已危机四伏、矛盾重生了。

如今的大宋王朝，早已失去了朝气蓬勃、锐意进取的精神，变成了一个蹒跚的老人了；若再不好好吃药、护理的话，就差不多了。

这种说法，绝非危言耸听。其实，当时的大宋王朝，已经开始呈现亡国之相。

这个亡国之相最典型的症状，就是宋祁（抢皇帝女人的那个）描述的“三冗三费”。

史料记载，庆历二年（1042 年），宋朝西北边境战事不断，在这种财政吃紧的情况下，天章阁待制、同判礼院宋祁写下了关于“三冗三费”的奏疏，直言朝廷应该精兵简政、节约财政。

何为“三冗”？即冗官、冗兵、冗僧。

宋祁告诉宋仁宗，如今的天下，无官职额度限制，官员泛滥，严重超额，此为“冗官”；朝廷为了打仗，大规模地招兵，严重消耗国家的赋税，已经成为国家的累赘，此为“冗兵”；国家对僧人、道士不规定数额，导致很多人以此逃避赋税、不服徭役，寺院还不给国家上交财富，此为“冗僧”。

何为“三费”？即修建寺观太多、道场斋醮太多、靡费公用太过。

宋祁继续告诉宋仁宗，国家频繁地以为皇帝祝寿、为百姓祈福的名义，建道场、设斋坛，向神佛祈祷，严重耗费了国家的财政，此为“道场斋醮、修建寺观太多”；上下挥霍无度，官员三公消费无数，宋朝一片纸醉金迷，有多少钱都不够花，此为“靡费公用太过”。

此“三冗三费”，已经成为大宋王朝一个致命的“毒瘤”，再不根除，必成大患。稍有不慎，甚至会引发亡国！

宋祁告诉皇帝，现在的大宋王朝，必须进行一场大规模的改革，以扭转乾坤，重铸太平盛世。

宋祁的这个观点，得到了朝廷很多有识之士的共鸣。宋仁宗也认可他的观点，准备进行改革，清除掉这个巨大的毒瘤了。

就这样，一场轰轰烈烈的变法孕育而出，准备席卷整个大宋王朝。

此时，吕夷简突然下岗，也给这个国家的变法带来了一个巨大的契机。

史料记载，庆历二年（1042年）冬，年过60岁的吕夷简重病缠身，请辞回家。至此，这位独断朝纲长达二十多年的独相，终于下台了。

在长达二十多年的时间里，大宋王朝的每一个决策、每一个高级官员的任命，都在吕夷简的掌控之下，在群臣的眼中，吕夷简简直就是一座大山，俯瞰天下，其威严、其力量，甚至比皇帝还要强大。

这座大山终于倒塌了。此后，官员再也不用看吕夷简的眼色，可以畅所欲言了；宋仁宗也不用顾忌吕夷简的感受，可以任用自己信任的人，主持改革、施展自己的抱负了。

一个变法改革的时代，终于到来。

然而，还未开始改革，宋仁宗就遇到了一个大难题，派谁来改革呢？

放眼整个朝廷，当官的这些人不是能力不足，就是暮气沉沉，难堪大用。从他们当中选择一个合适的改革人选，真不是一般的难。

这责任全怪吕夷简。谁让他排除异己，把那些直言进谏、有能力的大臣，全都贬到地方去了呢？他留下的大臣，只是一些阿谀奉承、熬资历、跑关系的奸臣。

吕夷简为政，二十年间坏了天下！——欧阳修对其的评价，真是一点儿没有冤枉。

看来，在宋仁宗的眼中，也只有那个人，能够委以重任，主持变法了。

那个人是谁，不说自明。

千呼万唤始出来

庆历三年（1043 年）三月，在同意了吕夷简的辞呈，免去吕夷简宰相一职后，宋仁宗公布了自己新一代的执政班底。他准备推陈出新、大干一场。

史料记载，这个新的执政班底，一共有八个人。中书省方面，晏殊、章得象出任宰相兼枢密使；王举正、王贻永、任中师、贾昌朝为副相（参知政事）。枢密院方面，夏竦为枢密使，富弼出任枢密副使。

此诏令一出，百官一片哗然。皇帝的这个崭新的班底，可谓活力十足，青春无限呀，特别是晏殊的加盟，能让这个团队搞出很多事情呀。

看来，宋仁宗是雄心勃勃，准备大干一场了。然而，宋仁宗还没有开工，就被一个人狠狠地泼了一身冷水。

这个泼冷水的人，就是刚刚出炉的枢密副使——富弼。

史料记载，得知自己要当枢密副使后，富弼三番五次上疏，请求辞去这个职务。富弼辞去这个职务的原因有二：

第一个原因，刚刚跟辽国签订完合约，辽国是否遵守盟约，还需要再观察一段时日。在这个关键时刻，他要在边境整顿兵马，防止辽国背信入侵，所以没法入朝为官。

当然了，这些都是富弼的客气话，他的第二个原因，才是根本。

第二个原因，富弼告诉皇帝，有一个人比自己更适合当宰执。

咱们前面讲过，富弼一生刚正不阿，办事绝不感情用事，即使是自己的岳父晏殊干出不当的事情，也会当场批评，绝不客气。所以，得知富弼推荐的这个人选后，宋仁宗也很是动心。不仅如此，宋朝历史上最直言进谏、最不畏权威的那几位“大佬”，如欧阳修、王素、蔡襄等人，也对富弼提出的这个人选赞不绝口，大家纷纷上书，恳请宋仁宗重用此人。

这个被大家推崇备至的人，不说自明。

就这样，在群臣的举荐下，宋仁宗终于“忘掉”了范仲淹结党营私的嫌疑，颁布了一道圣旨，让范仲淹即刻入京，准备对其委以重任了。

然而，命令下达了，范仲淹却狠狠地泼了宋仁宗一身凉水，他回复了两个字——不去！

对于范仲淹的这个决定，不管是皇帝还是群臣，皆百思不得其解。在大家眼中，范仲淹一直以天下为己任，不可能不想一展抱负、推行新政、匡夫天下。何况，当时的范仲淹已经55岁了。这个年龄段在古代，已经一只脚进棺材了，留给他的时间不多了，他怎么还反其道而行之，拒绝了朝廷的任命呢？

最终，还是宋仁宗给出了一个完美的答案。在皇帝的眼中，范仲淹之所以拒绝任命，就一个原因——他没有副手呀。一个光杆司令，怎么变法呢？

想明白这个原因后，宋仁宗立刻下诏，提拔王素、欧阳修、余靖、蔡襄为监察御史，负责规谏朝廷、监察百官。

在这四人中，欧阳修、余靖是“四贤”之一，蔡襄是书写《四贤一不肖》的人，这三人都是范仲淹的铁杆粉丝，也是他的死党。王素虽然不是范仲淹的死党，平时与范仲淹也没啥私交，但王素这种敢把皇帝挤对得掉眼泪的个性，肯定跟范仲淹是一路人，这俩人也肯定有不少共鸣。

宋仁宗这样的任命，就是在给范仲淹“铺路”了。以后，范仲淹在变法时，但凡是敢挡他路的人，都会被这“四个打手”玩命攻击，最终出局。

如何？亲爱的范仲淹同志，如此人事安排，爱卿该满意了吧，还不赶紧回京复命。

然而，对于这样的人事安排，范仲淹依旧不为所动，他还是回复了两个字——不去。这一下子，皇帝彻底没招了。

皇帝没招数，范仲淹的亲信们却猜出来他的心思，也明白了范仲淹不入京的根本原因。在富弼、欧阳修等人的眼中，范仲淹之所以迟迟不接受任命，是因为现在的朝廷内还有一个余孽存在，范仲淹不愿意与他一起共事。这个人，就是枢密使——夏竦。

毕竟，当年在西线战场时，范仲淹早就受够了夏竦，这俩人的关系之恶劣，也是天下皆知。如今，夏竦掌管着枢密院，他肯定不会让范仲淹轻易变法。因此，夏竦不下岗，范仲淹就没法改革，也没法回京。

富弼等人决定驱逐夏竦，当然这里面还有一个不可告人的秘密——他们认为夏竦是吕夷简的亲信，驱逐了夏竦，就等于彻底驱除了吕夷简的势力。

原来，天圣年间，为了争权，吕夷简和夏竦明争暗斗，打得很厉害。在一番较量后，吕夷简技高一筹，把夏竦轰到了地方，镇守边疆去了。

多年后，吕夷简下台，夏竦正值壮年。为了化解这段仇恨，也为了不让夏竦报复自己，所以在下台前，吕夷简玩命推荐夏竦入京，夏竦这才当上了枢密使。

因此，凭借他俩的这种关系，在富弼等人的眼中，驱逐夏竦，就成为一件必须要干的事情了。

史料记载，为了驱逐夏竦，欧阳修等人立刻行动了起来，大家轮番轰炸，玩命上呈奏折，要求罢免夏竦。最终，宋仁宗听从了他们的意见，把夏竦驱逐出京，轰到地方去了。

驱逐了夏竦后，欧阳修等人自信地认为，这不仅给范仲淹铺好了路，也彻底驱逐掉了吕夷简的势力。

其实，欧阳修等人的这种思想，确实需要商榷一番。

一年后，庆历四年（1044 年）九月，当变法失败、离开京城前往陕西、路经郑州时，范仲淹特意去了一趟吕夷简的府邸，拜访了一下这位退休在家的老宰相。

虽然在历史中，范仲淹和吕夷简是一对政敌，为了不同的政见，双方唇枪舌战、水火不容，也上演过一场有你没我的大戏（进献《百官图》），但是，不管是范仲淹，还是吕夷简，实在没有必要互相仇恨一生，也完全可以坦诚相待，一笑泯恩仇。

双方的那次会面，是在亲密友好的氛围中进行的。他们谈了很久很久，直到太阳下山后，范仲淹才告辞离开。范仲淹离开时，吕夷简亲自将他送出家门，目送他离开。

这次谈话，让范仲淹受益匪浅，他不仅明白了吕夷简的为官之道，也终于明白了吕夷简当年提拔夏竦的真正原因。

作为宋朝顶级的官员，做事缜密，未雨绸缪，乃是吕夷简的生存之道。同样是未雨绸缪，范仲淹、欧阳修等人的考虑时间，可能仅仅是数周，或者是数月，而吕夷简，则是数年，甚至是几十年（参考追封李宸妃的事情）！

在欧阳修等人的眼中，吕夷简重用夏竦，就是想卖他一个人情，保自己的下半辈子。其实，仅仅猜对了一半。吕夷简之所以重用夏竦，更多的是为了防止这个人“做恶”！

吕夷简清楚地知道，宁可得罪君子，也不能得罪小人。夏竦，就是一个不折不扣的小人！若把这种小人关在笼子里，让他在朝廷为官，届时，有皇帝看着他，有晏殊、章得像这样的大臣管着他，任凭夏竦有通天的本领，也无法掀起什么大浪。反之，若把夏竦驱除出京，就彻底坏事了。届时，夏竦必定像一条疯狗一样，不择手段地进攻，不把对手搞臭、搞死，绝不罢休！

事实证明，吕夷简的预测，完全正确！

最终，把范仲淹搞下台、彻底结束这场“庆历新政”的人，正是这个夏竦。

再出山

欧阳修没有吕夷简那么高深的本领，他只知道，干掉夏竦，就能为范仲淹除去一个心头之患，让范仲淹回朝。

庆历三年（1043 年）四月，在罢黜了夏竦后，宋仁宗任命杜衍出任枢密使。

杜衍（978—1057 年），字世昌，越州山阴（今浙江绍兴）人。杜衍为官公正、两袖清风，是朝廷公认的“素有清名”的好官。欧阳修评价其为：“以恭俭孝谨称乡里，至公为人尤洁廉自克。其为大臣，事其上以不欺为忠，推于人以行己取信……伟如也。”

宋仁宗提拔这么一个“君子儒”类型的官员，就是继续给范仲淹铺路，让他赶紧回来，主持变法。

然而，即使罢黜了夏竦，重用了杜衍，也无法改变范仲淹的想法，他依旧拒绝任命、绝不回京。

范仲淹的这种抵制行为，甚至到了“五辞不允”的地步。

对于范仲淹的这种反常举动，富弼、欧阳修等人百思不得其解。在一番思考后，欧阳修得到一个结论：名不正，则言不顺。范仲淹之所以不回来，是因为他不是参知政事，无法处理朝政，即使讨论新政也是越俎代庖、被人说成是“狗拿耗子”。

毕竟，当年范仲淹离京时的罪名可是“越职言事，荐引朋党，离间君臣”。对于这种“越职言事”的罪证，范仲淹不得不防。

于是，在欧阳修等人的眼中，只要给范仲淹一个参知政事的官职，他就会乖乖回来了。

然而，这个任命却非常难办。参知政事是皇帝直接任命的官员，位高权重。在毫无理由的情况下，贸然让范仲淹坐上这个位置，只会让百官不服；且现在的参知政事们，皆没有出现重大错误，朝廷要罢黜他们，也没有借口呀。

没有位置，也没有“抢座”的理由，凭什么让范仲淹担任参知政事呢？

正当欧阳修等人苦思冥想时，参知政事王举正自告奋勇地站了出来，把这个问题解决了。

这件事情还得从头说起。

当时，在选举了中书省和枢密院的官员后，宋仁宗任命王拱辰为御史中丞，统治御史台（记住这个任命）。王拱辰上任后，就想提拔自己的亲信上位。王拱辰奏请宋仁宗，请求把一个叫李徽之的官员调到御史台。对于这个任命，宋仁宗也同意了。然而，当李徽之的调任报告进入中书省后，却让中书省驳回了。驳回这篇调任报告的人，正是王举正。

得知这个结果后，朝野震惊，大家对此事疑问重重，很不理解。因为，李徽之和王举正的关系不一般，他们两个人的妻子，可是一对亲姐妹呀！亲姐妹骨肉相连，本应互相援助、互相照顾，为什么王举正要“大义灭亲”、阻挡李徽之升官呢？

很简单，坏就坏在连襟上了！

咱们都知道，但凡是年龄相近的姐妹，就会产生竞争感，互相攀比、较劲儿，你找了一个好男人，我要找一个更好的男人方才罢休。

李徽之和王举正的妻子，这对姐妹花，也是这个德行。

当时，姐姐嫁得好，妹妹就眼红，她冷嘲热讽，跟姐姐对着干。有一天，在一次家庭聚会时，李徽之的妻子讽刺姐姐，说别看姐夫官大钱多，姐姐依旧是一个土鳖，啥也不懂、啥也不是！姐姐若依旧如此行事，就要小心了。至于小心什么，你我心知肚明，等等。

妹妹的这番话，把姐姐气疯了，两姐妹当场翻脸，就此决裂。王举正是一个妻奴，凡事都听夫人的，所以在妹夫升迁时，他只能选择了驳回。

得知任命文件让姐夫驳回后，李徽之大怒，他立刻上疏宋仁宗，狠狠地告了王举正一状。李徽之道："我们老婆出了矛盾，王举正就伺机报复，驳回了我的任命文件，这是公报私仇！这样一个心胸狭隘的人，何以为相？王举正连自己老婆都不能约束，又怎么能够治理国家？"

这下子，一个普通的家庭纠纷案，成为一场公报私仇的大案。而一向勤勉、小心谨慎的王举正，也因为这件案子形象大损。

在这种情况下，欧阳修等人若不下手，更待何时？

史料记载，得知王举正出事后，谏官欧阳修、余靖、蔡襄等人立刻联名上书，痛骂现任参知政事王举正碌碌无为、不堪大用，这么一个连"齐家"都费劲的人，何以"平天下"？因此，要把他罢免，以谢民愤（也不知道哪来的民愤）。

然后，欧阳修等人建议，推举范仲淹为参知政事，取代王举正的位置。

看见欧阳修等人的奏折后，宋仁宗立刻明白了这些人的意思，他马上颁布了一道圣旨，同意了欧阳修等人的建议——罢黜王举正，任命范仲淹为参知政事。

这一下子，似乎所有的路障都为范仲淹清除了，他终于可以回京复命了吧。然而，对于这个任命，范仲淹还是回复了两个字——不去。此外，范仲淹还给出了一个不回京的理由："执政岂可由谏官而得乎？"

范仲淹这样说，真可谓吃一堑，长一智。

范仲淹当年下岗的罪名，就是"朋党"。傻子都知道，谏官欧阳修、余靖、蔡襄等人，都是范仲淹的"朋党"！在他们的保举下当官，范仲淹不就彻底坐实了"朋党"之名？未来，若有人拿这件事情说事，范仲淹恐怕要以"朋党"罪名再次下岗了。而且下一次的下岗，不会像上一次那样，能够轻轻松松地

“全身而退”了。

事实证明，范仲淹的顾忌，完全正确。不久的将来，他就是以“朋党”的罪证遭到弹劾，再次下岗。

此时此刻的范仲淹，脑袋还是很清醒的，所以他才再三推辞，打死也不回京当官。殊不知，范仲淹这次清醒，是在整个庆历新政中唯一的一次。马上，这个人就彻底糊涂，最终一败涂地了。

书归正传，为范仲淹做了这么多的事情，范仲淹还是不回京，对于这种结果，欧阳修等人也彻底没招了。后来，在互相扯皮了数月后，宋仁宗的一道圣旨，终于让他乖乖回京复命了。

原来，庆历三年（1043 年）八月，宋仁宗再次下诏，任命范仲淹为参知政事。同时，宋仁宗派遣宦官告知范仲淹：“此番任命，是我个人的决定，跟其他人无关。希望你以国家社稷为重，不要再推辞了！”

皇帝都这么说了，范仲淹也没法继续“违抗圣旨”了，他终于规规矩矩地重返朝廷了。

范仲淹回京后，任参知政事，富弼为枢密副使，一场轰轰烈烈的变法，即将席卷整个大宋王朝！

这场变法，史称“庆历新政”。

尾声 庆历新政

史料记载，范仲淹回到京城后，立刻投身改革国家、治理天下的宏伟大业。在经过了一个多月的构思和完善后，范仲淹终于提交了一份详细、合格的改革报告。

庆历三年（1043 年）九月，范仲淹上千古名文《答手诏条陈十事》，提出了十条改革主张，请求推行新政。这就是历史上大名鼎鼎、中国最简陋的历史教科书都不会忘记记录的“庆历新政”。

《答手诏条陈十事》的十条内容，如下：

第一条，明黜陟，推行新的官员考核办法。

第二条，抑侥幸，限制官员子弟出仕。

第三条，精贡举，严格官员考核制度。

第四条，择官长，精心挑选地方长官。

第五条，均公田，按照官员的“实际能力”发放工资。

第六条，厚农桑，大力发展农村经济。

第七条，修武备，加强军事建设。

第八条，减徭役，让人民休养生息。

第九条，覃恩信，广泛落实朝廷的惠政和信义。

第十条，重命令，朝廷严肃对待和谨慎发布号令，绝不朝令夕改。

以上十条，就是范仲淹变法的大概内容。这个改革的涉及面非常广，从选择官员到科举教育，从农田水利到恩信命令，从与民休息到军事建设，从公布薪资到减少赋税……总之一句话，这个变法不是小打小闹，而是一场对宋朝全面改革的大方案，堪称是一个“大手笔”！

这些变法条款，随便抽出来一条，内容就能写一本书。如果都要写的话，不仅深奥而且麻烦，估计我写出来了，您也不爱看。为了方便，您只要记住一句话——范仲淹改革的目的，就两点，即“吏治改革”和“改善民情”，两者各占五条。在这两者中，范仲淹又以“吏治改革”为核心和重点。

换句话说，范仲淹此次改革的目的，是要打造一支高效廉洁、爱民如子的干部队伍，培养出一批恭俭、敦敬、忠信的人民公仆，最终开创一个盛世。

事实证明，范仲淹的思想，是对的！

当时，大宋王朝的官僚机构之臃肿、办事效率之低下、行政能力之弱……何止是人浮于事、运转不灵，简直是天怒人怨！

宋朝官吏腐败、行政效率低到什么程度？从刘太后无法扳倒一个地方贪官的事件上，就能以点见面地好好体验一番了。

史料记载，刘太后垂帘听政时，有一天，她问宰执王曾、吕夷简道：“听说，福建有一个叫陈绛的官员，贪污得声名狼藉了，你们知道吗？”

王曾道：“知道，早有耳闻。”

刘娥大怒道：“既然早有耳闻，为何不去查处？”

王曾道：“现在无任何御史弹劾，中书省不便管理。”

原来，宋朝有一个明文规定——地方上出了事，必须得有本路（相当于现在的省）的监察官员举报，或者是御史弹劾，中书省才能处理。换句话说，只要给够了好处，监察官员不举报、御史不弹劾的话，不管地方官员干什么，中央政府都不能干涉。除非官逼民反，中央政府才能去管。这样的制度放在今天，简直匪夷所思，这也是当时宋朝行政体系落后、无能的证明。

话虽如此，但对于刘娥这种喜欢打破规则的人来说，根本不算事儿！管你什么制度不制度，官员贪污，我就得管！刘娥当即颁布圣旨：“速派有魄力、会办事的官员任福建路转运使，去查办福州陈绛的贪污一案。”

两位宰相领旨后，选拔了一个叫王耿的官员出任福建路转运使，去办理此事。

王耿，人如其名，以耿直、不畏强权闻名天下。刘太后深信，这是一个不错的人选，绝对能够不负众望。可惜的是，最终还是变成了不孚众望……

史料记载，王耿得到任命后，为了不打草惊蛇，乔装打扮了一番，微服私访（注意这里），带着儿子、下人出发了。

途中，王耿偶遇一个押送茶叶去京城的福建官员，便跟他攀谈了起来。刚开始，王耿只是询问了一些福建的气候、交通、人文等问题，没有透露自己的行踪和目的。

后来，两人越聊越投机，王耿逐渐对他有了好感，便秘密问道：“我听说，福建官员陈绛贪污腐败严重，已经到了天怒人怨的地步，可有此事？”

那福建官员一听，立刻哭道：“福建百姓被陈绛害惨了，大家恨不得吃其肉、喝其血，方解心头之恨！”

王耿一听，疑惑道：“果真如此？”

福建官员道：“可不是吗！”说罢，这官员一口气检举了陈绛十几件贪污腐败的事情，全都是骇人听闻的严重违法之事。

听完这些事情后，王耿大喜，他立刻挑明了身份，对福建官员道：“实不相瞒，本官就是新任的福建路转运使，正要去查处陈绛贪污一案。你若肯当人证，我必让陈绛下岗，还福州百姓一片朗朗乾坤。”

王耿说完后，福建官员又惊又喜，他立刻跪倒道：“青天大老爷在上，受下官一拜。福州百姓被陈绛害惨了，原本以为永无天日了，没想到今日端公（对御史的一种美称）降临，我们福建百姓有救了。我愿意当人证，弹劾陈绛！”

见福建官员如此表态后，王耿大喜，他把此人留在转运使衙门，命他撰写陈绛的罪证，并下令加快速度，直奔福州。

到了福州后，王耿下令缉捕陈绛。刚开始，陈绛很不服气，大喊冤枉，后来，见王耿人证物证俱在，只能乖乖俯首认罪。他被押送到了京城，等候圣裁。

贪官污吏被关进了天牢，只需最后一次审讯，就能被斩首示众了。然而，没有一个人能够想到，在最后的审讯环节，竟然峰回路转，得到了一个不一样的结论！

原来，官员们经过详细的审讯和调查后，得到了这么一个结果——王耿向朝廷揭发陈绛的十几条罪状，无一属实，王耿有诬告“忠良”之嫌！

同时，官员们还查出来这么一个事实——那位福建官员在转运使衙门居住期间，不仅跟王耿的儿子攀上了交情，还送给了他一些只有皇家才能使用的玳瑁器皿。因此，王耿有教子无方、贪污受贿之嫌。

得到这么一个结果，刘太后气得把王耿打入天牢，让他吃了几天牢饭，而后贬到淮南去了。对于陈绛，刘太后只能宣布其无罪，还送给了他一些礼物以示安慰。

福建陈绛贪污受贿一案，是刘太后、两位宰相亲自督办的案子，可谓云集了帝国最强的力量。然而，这么强的人员办案、这么大的力量办公，却连一个小小的地方官员也惩治不了，还把他无罪释放了。可见，宋朝行政体系的无能，已经到了多么令人发指的地步！宋朝的官场内部，又暴露了多少难以解决的问题！

这些问题，主要有三：

第一，刘太后有反贪的决心，也有反贪的能力。但在这个案件中，刘太后却拿一个地方官毫无办法。可见在当时，“天子政令不出皇宫”，中央对地方的统治已经完全失控。

第二，两位宰相有反贪的能力，却没有反贪的决心。这说明当时的官场，已经默认了官员贪污的事实。而且，陈绛能够事先得到风声，准确找到微服私访的王耿等人，说明朝中必有通风报信之人，官场已经集体腐败，全都不干净了。

第三，王耿有反贪的决心，却没有反贪的能力，这说明他不是一个好官，至少不是一个惩治贪官的合适人选。而且，王耿连自己的孩子也教育不好，证明当时的官场风气，已经到了无官不贪污，无官不受贿的地步。否则王耿的子嗣，也不会那样心安理得地收取贿赂，贪污腐败。

这些都是范仲淹要面对的现实。其实，对于这个问题，范仲淹更是深有体会。

范仲淹清楚地记得，庆历元年（1041 年）二月，宋军在好水川被西夏军击败后，此时应该是八百里加急文件，第一时间送到皇帝的面前。

结果在宋朝官员推诿扯皮、拖拉积压的办事效率下，过了十多天，皇帝还是看不见战败的奏章，气得宋仁宗捶胸顿足、不能自已。连这种军国大事都敢耽误，根本无法想象，宋朝这样的行政体系还将干出多少事情。或者是说，还有什么事情，这种行政机构干不出来！

为了这个国家的未来，像这样的政府机构，已经到了不破不立的地步了。范仲淹必须打破这套原有的体系，建立一套新的体系，才能还百姓一片朗朗乾坤，让大宋王朝重振昔日风采。

因此，“吏治改革”就成为范仲淹变法的核心点，而这次的“庆历新政”，也将以这个核心点展开。

然而，这么大规模地整治官场，这么大规模地触动士大夫的奶酪，范仲淹真的能够顺利地变法，实现自己的抱负吗？

遥想当年，寇准罢免了一个老而不退的王嗣宗，都闹出了那么大动静。范仲淹改革面对的压力，又何止是寇准的数倍？

这个在历史上轰轰烈烈的“庆历新政”，又将有哪些故事呢？

让我们拭目以待。